Enne Freese / Elsa Toben-Vollmer

HAUSWIRTSCHAFT

nach Lernfeldern

KOMMUNIZIEREN UND BETREUEN

Herausgeberin: Dorothea Simpfendörfer

3. Auflage

Dr. Felix Büchner · Handwerk und Technik

ISBN 3.582.04204.9

Verlag Handwerk und Technik GmbH,
Lademannbogen 135, 22339 Hamburg;
Postfach 63 05 00, 22331 Hamburg – 2005

Internet: www.handwerk-technik.de
E-mail: info@handwerk-technik.de

Umschlaggestaltung: tiff.any GmbH, Berlin
Layout, Satz und Lithos: tiff.any GmbH, Berlin
Illustrationen: Scott Krausen, Düsseldorf
Druck und Bindung: Druckhaus Altenburg

VORWORT

Die Neuordnung der Berufsausbildung zur Hauswirtschafterin/zum Hauswirtschafter erfordert neue Unterrichtswerke.

Die vier Themenbände sind als Gesamtwerk, aber selbstverständlich auch einzeln einsetzbar.

Folgende inhaltliche Schwerpunkte der Ausbildung sind von besonderer Wichtigkeit und werden durchgängig in allen Bänden berücksichtigt:

- **Hauswirtschaftliche Leistungen** aus den Bereichen der Versorgung, Betreuung und Vermarktung werden gleichberechtigt nebeneinander in unterschiedlichen Einsatzgebieten erbracht.
- **Hauswirtschaftliches Handeln** erfolgt in personenbezogenen Dienstleistungen und nicht durch verrichtungsorientierte Tätigkeiten oder durch schematisierte Produktionsabläufe.
- Das **Qualitätsbewusstsein** für die erbrachten Leistungen muss entwickelt werden.
- Alle hauswirtschaftlichen Leistungen sind in **gesellschaftspolitische Prozesse** eingebunden, wie nachhaltiges Wirtschaften entsprechend der Agenda 21, Gesundheitsförderung und Umsetzung und Beachtung vieler gesetzlicher Vorgaben.

Die methodisch-didaktische Konzeption des Unterrichtswerkes berücksichtigt den derzeitigen Stand der Fachdiskussion. Es orientiert sich an den Vorgaben des KMK-Planes und hat die darin konzipierten Lernfelder übernommen, so wird es den Lernenden ermöglicht, sich die notwendigen Kompetenzen nach dem Prinzip der vollständigen Handlung anzueignen. Unterstützt wird dies durch das Layout der einzelnen Bände. In der Hauptspalte findet sich das jeweilige Kernwissen, handlungsorientiert ausgewählt und sachlogisch dargestellt. In der Randspalte sind notwendige fächerübergreifende Aspekte als vernetzende Elemente hervorgehoben. Übersichten, Grafiken und Abbildungen dienen darüber hinaus der Veranschaulichung. Sachwortverzeichnis, Glossar und eine Übersicht über die Standardabläufe helfen beim eigenständigen Lernen. Zur Verbesserung der Übersicht und möglichen Systematisierung der Randspalteninhalte werden folgende Symbole verwandt:

Hinweise zur **Arbeitssicherheit,** die den Blick dafür schärfen, wo bei hauswirtschaftlichen Tätigkeiten Unfallgefahren bestehen und wie Arbeitsunfällen vorgebeugt werden kann.

Die Gestaltung der Arbeitsabläufe im Sinne der **Ergonomie,** deren Ausführung professionelle Kenntnisse und einen bewussten Einsatz der Kräfte erfordern.

Umweltschutzaspekte (Ökologie), die in allen Bereichen immer wieder ins Bewusstsein gerückt werden müssen.

Wirtschaftliche Gegebenheiten (Ökonomie), die viele Entscheidungen in der Hauswirtschaft beeinflussen und deshalb nie außer Acht gelassen werden dürfen.

Gesetze und Verordnungen, um die Verbindlichkeit bestimmter Anforderungen zu unterstreichen.

Hinweis auf praktische **Übungen** und praxisbezogene Aufgabenstellungen zum theoretischen Lernstoff, die eine Weiterentwicklung der Kompetenz fördern.

Kurze **Übersichten** am Beginn eines Themas, die den Einstieg erleichtern oder den Bezug zur beruflichen Realität verdeutlichen.

Teamfähigkeit entwickelt sich,
- **wenn miteinander geredet wird,**
- **wenn Fragen gestellt und beantwortet werden,**
- **wenn dem anderen zugehört wird,**
- **wenn nach Kompromissen gesucht wird.**

Projektideen für jedes Lernfeld geben Anregungen zur Beschreibung von Lernsituationen und unterstützen die Handlungsorientierung. Zur Ergebnissicherung finden Sie innerhalb der Kapitel zusätzliche Arbeitsaufträge, Wiederholungsfragen und anwendungsbezogene Aufgaben der verschiedenen Ausbildungsbetriebe.

Der wesentliche Inhalt des vorliegenden Unterrichtswerkes ist, sich selbst und seine Mitmenschen wahrzunehmen und zu beobachten, das eigene Verhalten, die persönliche Ausstrahlung und die Wirkung auf andere zu erkennen und angemessen zu beeinflussen, ohne sich dabei selbst zu vernachlässigen. Personenbezogene Dienstleistungen stellen erhöhte Anforderungen an die Sozialkompetenz der ausführenden Fachkräfte.
Zu den vielfältigen Aufgaben einer Hauswirtschafterin gehören auch Betreuungsleistungen. Der Anteil dieser Betreuungsleistungen variiert innerhalb der verschiedenen Ausbildungsbetriebe sehr stark. Im Umgang mit Kindern, Jugendlichen, alten Menschen und Menschen mit Behinderungen benötigt eine Hauswirtschafterin neben kommunikativen Fähigkeiten auch spezielle Kenntnisse im Umgang mit den zu Betreuenden. Ausgehend von der Wahrnehmung und Umsetzung der Grundbedürfnisse eines Menschen obliegt es ihr, sach- und fachgerecht Hilfe bei den Alltagsverrichtungen und im Krankheitsfall zu leisten, unterstützend einzugreifen und auf die jeweilige individuelle Lebenssituation einzugehen.
Ein Auszug der für diesen Beruf relevanten Rechtsgrundlagen rundet diesen Band ab.
In den Ausführungen wird vorwiegend von der Hauswirtschafterin gesprochen, da die weiblichen Auszubildenden deutlich in der Überzahl sind. Gemeint sind aber auch die männlichen Auszubildenden sowie Schüler und Teilnehmer beider Geschlechter, obwohl sie nicht immer einzeln aufgeführt sind.

Die Autorinnen

GELEITWORT

Wert und Bedeutung hauswirtschaftlicher Dienstleistungen wurden mit der Verordnung der Ausbildung zum Hauswirtschafter/zur Hauswirtschafterin vom 1. 8. 1999 neu definiert. Mit der Schulbuchreihe »Hauswirtschaft« des Verlages Handwerk und Technik gibt es jetzt eine wichtige Grundlage, um diese Neuausrichtung in der Ausbildung angehender Hauswirtschafter und Hauswirtschafterinnen zu vermitteln.
Auf den ersten Blick sind hauswirtschaftliche Dienstleistungen etwas ganz Alltägliches und Selbstverständliches. Doch hinter dieser unauffälligen Passgenauigkeit steckt hohe Professionalität. Damit Menschen sich wohl fühlen und gut versorgt wissen, ist eine hauswirtschaftliche Dienstleistung erforderlich, die exakt auf ihre Wünsche und Erfordernisse abgestimmt ist. So leistet die Hauswirtschaft einen wichtigen Beitrag zur grundständigen Versorgung des Menschen. Sie gestaltet und strukturiert den Alltag und erbringt dabei einen unverzichtbaren Beitrag zum Wohlbefinden und zur Gesunderhaltung. Als tragendes Element ist sie im tagtäglichen Miteinander nicht wegzudenken.
Hauswirtschafter und Hauswirtschafterinnen sind als Fachkräfte dafür zuständig, dass Wünsche und Bedürfnisse befriedigt werden und dabei fachliche Erfordernisse Berücksichtigung finden. Für dieses anspruchsvolle Handlungsleitbild werden in der schulischen und/oder betrieblichen Ausbildung die Kompetenzen vermittelt, die im später zu wählenden beruflichen Einsatzfeld zum Tragen kommen sollen. Die Palette hauswirtschaftlicher Einsatzfelder ist breit angelegt: So bunt und vielfältig menschliches Leben sich gestaltet, präsentieren sich auch die Tätigkeitsfelder in der Hauswirtschaft. Wie kaum in einem anderen Berufsfeld besteht in der Hauswirtschaft die Möglichkeit, sich entsprechend seinen Fähigkeiten und Neigungen zu entscheiden.
Damit standen die Autorinnen des Verlages Handwerk und Technik, der sich seit Jahrzehnten in dankenswerter Intensität und sehr erfolgreich mit der Hauswirtschaft befasst, vor einer großen Herausforderung. Vom privaten Haushalt über soziale Einrichtungen bis hin zu den spezialisierten hauswirtschaftlichen Dienstleistungsangeboten im ländlichen Raum war allen Einsatzfeldern Rechnung zu tragen. Mit dieser Schulbuchreihe schlagen sie als Erste den Bogen, um hauswirtschaftliche Versorgungsleistungen mit hauswirtschaftlichen Betreuungsleistungen zu verbinden. Sie haben die Idee der personenorientierten hauswirtschaftlichen Dienstleistung herausgearbeitet und für die Ausbildung umgesetzt. Damit nimmt diese Schulbuchreihe eine exponierte Stellung in der Reihe der hauswirtschaftlichen Veröffentlichungen ein.
Ich wünsche all jenen, die mit diesen Büchern arbeiten, dass angesichts der vielfältigen Fachinhalte, die für Schüler und Lehrkräfte hier sehr gut aufgearbeitet wurden, ein Funke überspringt und damit nicht nur Interesse, sondern auch Freude an hauswirtschaftlichem Handeln geweckt wird.

Martina Feulner

Vorsitzende der Bundesarbeitsgemeinschaft Hauswirtschaft in der Deutschen Gesellschaft für Hauswirtschaft e.V., Aachen

INHALT

Hinweis zum methodischen Vorgehen bei Projekten

In den Vorbemerkungen des Rahmenlehrplanes für den Ausbildungsberuf Hauswirtschafter/Hauswirtschafterin wird selbstständiges Planen, Durchführen und Beurteilen als übergreifendes Ziel aufgeführt. Um dies erreichen zu können, sind methodische Hilfen für eine handlungsorientierte Vorgehensweise notwendig. Das Projektlernen ist eine Methode, das Lernen mit »Kopf, Herz und Hand« zu unterstützen, immer mit dem Ziel, eine Aufgabe selbstständig zu lösen. Projektlernen bedeutet ein ganzheitliches Lernen unter Weiterentwicklung der Kompetenzen. Im Folgenden wird das Grundmodell des Lernens und Arbeitens in Projekten aufgeführt.
Dieses besteht aus sieben Handlungsschritten.

Die sieben Handlungsschritte sind:	
1. Initiativen zum Projektthema einbringen	■ z.B. aus den betrieblichen oder unterrichtlichen Belangen oder Aufgabenstellungen
2. Thema formulieren	■ Ideen sammeln und strukturieren ■ Interessenschwerpunkte konkretisieren ■ Thema formulieren
3. Projekt- (Teil-)gruppen bilden	■ Thema oder Interessenschwerpunkt wählen ■ Absichten und Fähigkeiten bekannt geben und in einem Projektvertrag festhalten ■ Regeln zur Zusammenarbeit vereinbaren – soziale Organisation
4. Arbeitspläne entwerfen	■ unterschiedliche Pläne (Gruppen-, Einzel-, Teil-, Zeit-, Arbeitspläne) erstellen und mit den anderen Gruppen im Rahmen einer Projektkonferenz besprechen
5. Realisieren der Arbeitspläne	■ Pläne umsetzen ■ praktische Durchführung
6. Veröffentlichen der Arbeitsergebnisse	■ Präsentation der Ergebnisse ■ evtl. Mitmach-Präsentation
7. Auswerten der Projekterfahrungen und -ergebnisse	■ Reflexion

Jeder Handlungsschritt fordert das Auffinden von Lösungswegen und ist offen und vorher nicht bestimmbar. Wege entwickeln sich aus dem vorherigen Schritt oder mehreren Handlungsschritten, wobei auch jeder öfter bearbeitet werden kann. Die Reihenfolge ist also nicht verpflichtend einzuhalten.

Die Methode des Projektlernens entspricht in vielen Phasen dem Modell der vollständigen Handlung.

1 DIE BERUFSAUSBILDUNG MITGESTALTEN

Der Ausbildungsberuf des Hauswirtschafters/der Hauswirtschafterin

Unterstützung bei der Betreuung und Versorgung der Familienmitglieder

Einen Haushalt führen – so meinen viele – das kann doch jeder!
Jeder ist in einem Haushalt aufgewachsen und hat deshalb erlebt, wie gekocht, geputzt, gewaschen, gebügelt, betreut, organisiert und zusammengelebt wird. Und jeder hat erfahren, wie mit der Umwelt umgegangen wird, Hygienemaßnahmen berücksichtigt werden sowie Gesundheitsschutz und Sicherheitsmaßnahmen Beachtung finden.

Wir können feststellen, dass sich Haushalte voneinander unterscheiden durch

- die variierenden Wohnraumgrößen
- den Standort und das Wohnumfeld
- die zur Verfügung stehenden finanziellen Mittel
- die Vorgehensweise bei der Durchführung von Arbeiten
- die Verschiedenheit der zu betreuenden und zu versorgenden Personen
- die unterschiedliche Aufgabenverteilung auf die im Haushalt lebenden Familienmitglieder oder Mitbewohner
- die Ausstattung mit Maschinen, Geräten, Hilfsmitteln, Möbeln etc.
- die unterschiedlichen Anforderungen an das Zusammenleben

Vorbereitungen für eine Gästebewirtung

Familien- und Privathaushalte sind und werden geprägt durch die individuellen Vorstellungen, Bedürfnisse, Wünsche und Ansprüche der Menschen oder der Personen, die in ihnen leben. Außerdem lässt sich erkennen und spüren, ob fachliche Kenntnisse und praktische Fähigkeiten das Handeln beeinflussen und eine entsprechende Atmosphäre schaffen.
Die Versorgung und Betreuung in **Großhaushalten** entsprechen in mehreren Aspekten denen im Familien- und Privathaushalt.
Für die in allen Haushalten zu erbringenden Betreuungs- und Versorgungsleistungen werden hauswirtschaftliche Fachkräfte benötigt. Die Ausbildung zur Hauswirtschafterin ist die erste Stufe zur Fachkraft in diesem Berufsfeld.
Die Inhalte des Lernfeldes 1 sind dem Fachbuch „Kommunizieren und Betreuen" zugeordnet, da der Umgang mit den Mitmenschen einen wesentlichen Teil einer erfolgreichen hauswirtschaftlichen Fachkraft ausmachen.

Projektideen für dieses Lernfeld:

- Den eigenen Haushalt bzw. Betrieb erkunden und vorstellen. Den Zusammenhang zur Ausbildung herstellen.
- Den Beruf der Hauswirtschafterin anderen vorstellen und dafür werben.
- Lernen in Schule und Betrieb im dualen System an Beispielen ausführen und präsentieren, wie z. B.
  - einen Raum für ein Fest gestalten
  - ein Beet anlegen
  - den Eingangsbereich des Hauses mit Pflanzkübeln dekorieren
  - ein Zimmer für eine hilfsbedürftige Person einrichten
  - eine Gästebewirtung planen und durchführen.

Das kalt-warme Buffet ist hergerichtet

1.1 HAUSWIRTSCHAFT ALS BERUF

Freundl. zuverlässige Hauswirtschafterin für Villenhaushalt gesucht. Chiffre-Nr. 44368

TAGUNGSHOTEL
sucht junge flexible Hauswirtschafterin oder Hotelfachfrau.
Rufen Sie uns an unter der Tel.-Nr.: ...

Hauswirtschafterin
mit entsprechendem Berufsabschluss für Tagungsstätte (36 Betten, Tagungen bis zu 70 Pers.) für folgende Aufgabenbereiche gesucht:

- Verantwortungsübernahme und ausführende Tätigkeiten in den wechselnden hauswirtschaftlichen Teilbereichen
- Hausreinigung, Wäschepflege, Nahrungsmittelzubereitung, Service und Belegung
- Wochenend-, Früh-, Abenddienste im Wechsel mit dem Hauswirtschaftsteam
- Anleiten und Motivieren der Mitarbeiterinnen

Bewerbungsunterlagen an ...

Altenwohn- und Pflegeheim
sucht **hauswirtschaftliche Fachkraft** zur Unterstützung des jungen Küchenteams.

Familienhaushalt – am Rande der Stadt – mit drei schulpflichtigen Kindern sucht eine Hauswirtschafterin zur Entlastung der Hausfrau und zur Betreuung der Kinder.

Diese Stellenanzeigen machen die Vielfältigkeit des Berufsbildes deutlich und zeigen einige der Anforderungen und Erwartungen auf, die an die Hauswirtschafterin gestellt werden. Sie zeigen außerdem, dass viele Verbindungen und Möglichkeiten der Zusammenarbeit mit anderen Fachbereichen bestehen.

Die Arbeitsfelder einer Hauswirtschafterin beinhalten teilweise andere Fachbereiche bzw. Berufsbilder, wie z. B.

- die Zubereitung von Speisen – Köchin
- die Gestaltung von Räumen mit Blumenschmuck – Gärtnerin, Floristin
- das Herrichten von Zimmern für Gäste – Hotel-/Restaurantfachfrau
- die Reinigung und Pflege von Räumen und Möbeln – Reinigungsunternehmerin
- das Ausbessern und Erstellen von textilen Gegenständen – Schneiderin
- das Schrankfertigmachen von Wäsche – Wäscherin/Textilpflegerin
- die Betreuung und Pflege von kranken Personen – Krankenpflegerin
- die Versorgung und Betreuung von älteren Menschen – Altenpflegerin
- die Betreuung und Beaufsichtigung von Kindern – Erzieherin, Lehrerin
- das Planen einer ausgewogenen Ernährung – Ernährungsberaterin, Diätassistentin

AUFGABE

Interviewen Sie zwei Personen aus zwei dieser Berufsgruppen und befragen Sie sie in Bezug auf ihre Tätigkeiten und Ziele.
Welche Unterschiede und welche Gemeinsamkeiten lassen sich zu dem Beruf der Hauswirtschafterin finden?
Überlegen Sie vorher gemeinsam, welche Fragen Sie stellen könnten. Stellen Sie Ihre Ergebnisse der Klasse vor.

1.1.1 DAS BERUFSBILD

Die Anforderungen an die hauswirtschaftlichen Fachkräfte sind umfangreich und verlangen ein hohes Maß an fachlichem Können, Einsatzbereitschaft, Flexibilität und Sicherheit im Umgang mit Menschen.
Die Gesamtheit aller Anforderungen, um die Dienstleistungen professionell erbringen zu können, erfordert berufliche Handlungsfähigkeit – Handlungskompetenz –, die sich im Zusammenhang mit den verschiedenen Kompetenzen (s. S. 7, 39) entwickelt.
Handlungskompetenz wird gegliedert in Fach-, Methoden-, Personal- und Sozialkompetenz, wobei die beiden Letzteren häufig zusammen betrachtet werden müssen.

Der Hauswirtschafter
Die Hauswirtschafterin
ist eine für den Arbeitsmarkt interessante Fachkraft, weil sie unter Berücksichtigung von

- *Ökologie,*
- *Ökonomie,*
- *Arbeitssicherheit,*
- *Hygiene*

hauswirtschaftliche Versorgungs- und Betreuungsleistungen

- *professionell und kundenorientiert*
- *produziert und vermarktet.*

HANDLUNGSKOMPETENZ

Fachkompetenz | **Methodenkompetenz** | **Personalkompetenz** | **Sozialkompetenz**

daraus ergeben sich die

ANFORDERUNGEN AN DIE HAUSWIRTSCHAFTERIN

- fachliche Qualifikation
- Professionalität
- Engagement und Kreativität
- Organisationstalent
- Teamfähigkeit
- Sicherheit im Umgang mit Bewohnern, Gästen, Kunden usw.
- Selbstständigkeit und Eigenverantwortlichkeit
- kaufmännische und EDV-Grundkenntnisse

Hauswirtschaftliche Dienstleistungen

Dienstleistungen sind für Personen oder Gruppen zu leistende Tätigkeiten. Sie bestehen aus dem Angebot von fachlicher professioneller Leistung und/oder einem Arbeitsergebnis oder Produkt. Sie sind sach- oder personenbezogen.

Die Dienstleistung kann

- als erforderliche Notwendigkeit, z. B. bei Hilfsbedürftigkeit, erbracht werden müssen,
- als Erleichterung und Entlastung empfunden werden und/oder
- als Unterstützung und Hilfestellung gesehen werden.

Beispiele für

personenbezogene Leistungen in der Hauswirtschaft

- Hilfe bei der Körperpflege
- Sorge für Nahrungs- und Flüssigkeitsaufnahme
- Pflege und Begleitung in besonderen Lebenssituationen

sachbezogene Leistungen in der Hauswirtschaft

- Wäscheservice – Hygiene
- Speisen- und Getränkeangebot – Bewirtung
- räumliche Sicherheit im Wohnbereich und Wohnumfeld
- Gestaltung festlicher Anlässe

AUFGABEN

1. *Erfassen Sie weitere personen- und sachbezogene hauswirtschaftliche Leistungen (s. a. S. 4 bis 6).*
2. *Wählen Sie drei der oben aufgeführten Anforderungen an die Hauswirtschafterin aus und beschreiben Sie, was darunter zu verstehen ist.*
3. *Welche Anforderungen werden in Ihrem Ausbildungsbetrieb / in der Schule gestellt?*

Getränke bereitstellen gehört zu den Versorgungsleistungen

Hauswirtschaftliche Dienstleistungen beziehen sich auf die **Versorgung und Betreuung**.

Zu den **Versorgungsleistungen** zählen die Bereiche
- Verpflegung: Planung, Einkauf, Erstellung von Speisen, Service
- Wäscheversorgung: Waschen, Schrankfertigmachen, Ausbessern
- Reinigung der Räume
- Gestaltung des Wohnumfeldes

Die Versorgungs- und Betreuungsleistungen entsprechen den Ausbildungsinhalten der Ausbildung zur Hauswirtschafterin unter Beachtung von:
- **Umwelt- und Hygieneschutzmaßnahmen**
- **Gesundheits- und Sicherheitsschutz**
- **gesetzlichen Regelungen**
- **Grundsätzen wirtschaftlichen Handelns**

Die hauswirtschaftlichen **Betreuungsleistungen**, die sich für Personen in unterschiedlichen Lebenssituationen ergeben, beinhalten

- Unterstützung bei den Alltagsverrichtungen
- Motivationshilfen, die bei bestimmten Verhaltensweisen fördernd und helfend Einfluss nehmen
- Kommunikation: als Informationsaustausch und sozialer Kontakt (Kommunikation/Interaktion, s. S. 58)
- Hilfen und Anregungen für eine sinnvolle Beschäftigung: Freizeitgestaltung, fördernde Weiterentwicklung
- pflegerische Unterstützung von hilfsbedürftigen Personen, wie z.B. Säuglingen, alten Menschen, Behinderten etc.

Gemeinsam etwas herstellen gehört zu den Betreuungsleistungen

Die Person, die Dienstleistungen in Anspruch nimmt, ist der »Kunde«. Der Kunde, ob nun im Privathaushalt, in der Seniorenwohnanlage, der Wohngruppe oder im Kinderkurheim, stellt eine bestimmte Anforderung an die Qualität der Dienstleistung und/oder an das Produkt. Seine Erwartungen und Wünsche müssen vom Dienstleister erfüllt werden. Das bedeutet, dass zwischen Kunde und Ausführendem mündliche Vereinbarungen oder Abmachungen getroffen werden und diese ggf. vertraglich schriftlich festgehalten werden.

Direktvermarktung vom Bauernhof

»Kunde« kann sein:

- der Bewohner im Seniorenwohnheim
- der Feriengast auf dem Bauernhof
- der Jugendliche im Jugendgästehaus
- der Mitbewohner in der Wohngruppe
- das Familienmitglied im Haushalt
- der Patient im Krankenhaus
- die berufstätige Mutter, die das Dienstleistungszentrum in Anspruch nimmt
- der Arbeitnehmer, der die Mahlzeiten in einer Kantine einnimmt
- der Student, der die Mahlzeiten in der Mensa zu sich nimmt
- der Bewohner eines Kurheims
- etc.

Dienstleistungen helfen die Lebensqualität zu verbessern!

Die beispielsweise in einer Wohngruppe zu erbringenden Dienstleistungen können darin bestehen, dass die Wohnräume in einer vereinbarten Zeit gründlich gereinigt werden, der Einkauf erledigt und eine Mahlzeit gemeinsam mit den Bewohnern unter Berücksichtigung der Vollwertigkeit zubereitet wird.
In einer Seniorenwohnanlage könnte der Auftrag z. B. sein, das Zimmer eines Bewohners regelmäßig zu reinigen und zu pflegen und die Wäsche schrankfertig und vollständig zu einer festgesetzten Zeit anzuliefern.
Eine weitere Dienstleistung stellen die Angebote z. B. von Biohofprodukten oder die Herstellung von verschiedenen Gebäcken für einen Geburtstag dar.

Außerdem werden von hauswirtschaftlichen Dienstleistungsagenturen bzw. Dienstleistungszentren speziell auf Privathaushalte abgestimmte Leistungen angeboten, vgl. Band 3 dieser Fachbuchreihe, HT 4203 Kap. 3. Die Dienstleistungen werden konkret auf die Bedürfnisse und Wünsche des Privathaushaltes ausgerichtet. Sie können stundenweise oder für bestimmte Leistungspakete, wie z. B. die Übernahme von Reinigungsarbeiten, die Zubereitung von Speisen oder Gebäcken und die Gestaltung von Familienfesten, erfolgen.

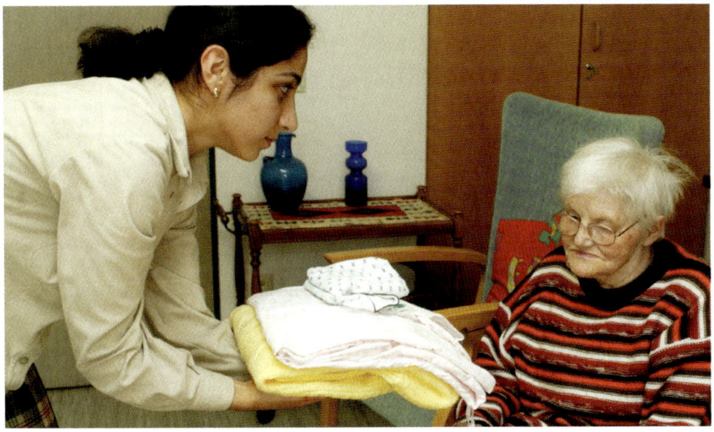

Wäscheübergabe an Heimbewohnerin

Für den Kunden muss das Ergebnis/Produkt **seinen** Anforderungen entsprechen, das kann beispielsweise heißen:

- eine wohlschmeckende Speise wird zubereitet
- das Zimmer muss ein bestimmtes Aussehen aufweisen
- Verschmutzungen müssen entfernt werden, ohne sichtbare Oberflächenbeschädigungen
- die Gegenstände müssen sich an den üblichen Plätzen befinden
- die Zeit muss eingehalten werden
- vereinbarte Absprachen müssen berücksichtigt werden
- das fachliche Können der ausführenden Person, z. B. im Umgang mit Maschinen und Material, muss am Ergebnis erkennbar sein
- ein freundlicher, höflicher und angemessener Umgangston muss selbstverständlich sein

Gäste- und Partyservice

Servicestraße 47a
12589 Berlin
Tel. 030/110815

Ihre Anlässe:

- Gäste zu Hause: Familienfeiern, Einladungen, Jubiläen
- Empfänge aller Art zu Hause oder im Betrieb
- Garten-Partys
- Hochzeiten
- Geschäftseinladungen
- Präsentationen
- Seminare/Tagungen

Unser Service:

- persönliche Beratung, individuelle Planung
- frisches fantasievolles, individuelles Essen
- Canapés, Snacks, Sandwichs, Salate
- kalte und warme Büfetts
- komplette Menüs
- Ausstattung: Dekoration, Geschirr usw.
- Personal zum Servieren, Auf- und Abräumen, Abwaschen

AUFGABEN

1. *Bringen Sie in Erfahrung, welche Bauernhof-Direktvermarktungen es in Ihrer Region gibt.*
2. *Ermitteln Sie, welche Leistungen die nächstgelegene Dienstleistungsagentur in Ihrer Stadt oder im ländlichen Umfeld anbietet.*

Aus den vielen Fertigkeiten und Kenntnissen, die sich die zukünftige Hauswirtschafterin im Laufe der Ausbildung bei der Ausführung der Aufgaben aneignen soll, ergeben sich die Anforderungen an das Berufsbild.

Es handelt sich um ein breit gefächertes Tätigkeitsfeld mit wechselnden Aufgaben und Arbeitsaufträgen.

Da die hauswirtschaftliche Fachkraft zurzeit vorwiegend in Großhaushalten tätig ist, kommt es häufig zu einer Eingrenzung oder Spezialisierung bzw. Schwerpunktbildung im Tätigkeitsfeld. Das kann einerseits bedeuten, dass ein oder zwei Fachbereiche, wie z.B. die Speisenzubereitung und die Wäschepflege, die Schwerpunkte darstellen. Andererseits können sich die Aufgaben auf alle im Bereich der Hauswirtschaft anfallenden Arbeiten beziehen, z.B. beim Einsatz in einer Wohngruppe.

AUFGABEN

1. *Erfassen, beurteilen und gewichten Sie die Anforderungen, die an Sie gestellt werden (Schule oder/und Betrieb).*
Sie können allein oder in Gruppen arbeiten.
Werten Sie Ihre Ergebnisse gemeinsam aus.
Tragen Sie Ihre Anforderungskriterien z.B. in eine Tabelle ein und begründen Sie deren Gewichtung.

Tabelle für die Gewichtung:

Anforderungskriterium (Beispiele)	sehr wichtig	wichtig	weniger wichtig
Kenntnisse über Pflege und Instandhaltung von Wäsche		×	
PC-Kenntnisse		×	
Befähigung zum Umgang mit Menschen	×		
Umweltschutz	×		

Übertragen Sie dieses Schema in Ihr Heft und ergänzen Sie es um weitere Anforderungen.

2. *Erkunden Sie an Ihrem Standort, welche Dienstleistungen angeboten werden. Erfassen Sie, welche sich davon auf hauswirtschaftliche Tätigkeiten beziehen. Stellen Sie die Ergebnisse dar (PC/Diagramme) und werten Sie diese in der Klasse aus.*

Anforderungen

- *fachliches Wissen und Können*
- *Nahrungsmittel- und Produktkenntnisse*
- *Einkauf und Beschaffung von Material*
- *Material- und Lagerwirtschaft*
- *Gestaltungs- und Präsentationsideen*
- *Befähigung im Umgang mit Menschen*
- *Einfühlungsvermögen in Situationen anderer Menschen*
- *Flexibilität, Kreativität*
- *Geschicklichkeit*
- *sprachliches und schriftliches Ausdrucksvermögen*
- *Verschwiegenheit und Taktgefühl*
- *Ertragen von Belastungen und Stress*
- *Bereitschaft zur Teamarbeit*
- *selbstständiges Handeln und Entscheiden*
- *Beachtung der Arbeitssicherheit, des Gesundheitsschutzes und der Hygienemaßnahmen sowie des Umweltschutzes*

Arbeitshilfe: Verordnung über die Berufsausbildung zum Hauswirtschafter/zur Hauswirtschafterin (vom 30. Juni 1999)

1.1.2 DIE AUSBILDUNG

Was gehört zu einer schriftlichen Bewerbung?

- **das persönliche Anschreiben**
- **der Lebenslauf**
- **ein Passfoto vom Fotografen**
- **Kopien der Zeugnisse und Praktikumsbescheinigungen**
- **ansprechende Aufmachung**

Fallbeispiel:

Helga und Rena besuchen die Berufsfachschule Hauswirtschaft und sind auf der Suche nach einem geeigneten Ausbildungsplatz für die Ausbildung zur Hauswirtschafterin. Ihr erstes Jahr der Ausbildung in schulischer Form ist zur Hälfte mit Erfolg absolviert und es steht für die beiden fest, dass diese Berufsrichtung für sie die richtige ist. Sie ist vielseitig, sie haben mit vielen Menschen zu tun und die Fort- und Weiterbildungsmöglichkeiten interessieren sie.
Sie versuchen nun, über die regionale Presse Kontakt zu möglichen Ausbildungsbetrieben zu bekommen. Durch den Besuch des Berufsbildungszentrums (BIZ), der Berufsberatung beim Arbeitsamt und über die Landwirtschaftskammer klären sie ihre Fragen zum Ausbildungsweg.
Die beiden Schülerinnen erhalten Informationen über die Ausbildung und darüber hinaus über das Arbeitsplatzangebot in der Region. Sie erfahren, dass Großhaushalte in der Region, wie ein Mutter-Kind-Kurheim, eine Jugendherberge auf der Insel und ein Seniorenwohnheim, Auszubildende für die Hauswirtschaft mit guten Zeugnissen für das 2. Ausbildungsjahr einstellen wollen.
Helga möchte jedoch gerne die Ausbildung in einem Familienhaushalt mit Kindern machen. Ein Angebot im näheren Umkreis liegt nicht vor, aber am Rande der nächstgelegenen größeren Stadt gibt es eine Möglichkeit. So entschließt sie sich, ihre Bewerbungsunterlagen dorthin zu senden. Rena entscheidet sich für das Seniorenheim, da sie sich den Umgang mit alten Menschen gut vorstellen kann.
Die beiden Schülerinnen hoffen, ihre weitere Ausbildung in den gewünschten Betrieben im Sommer aufnehmen zu können.
Helga und Rena fragen sich:
»Was kommt da auf uns zu?«

Die Lernorte des dualen Systems sind der Betrieb und die Berufsschule.
In einigen Fällen sind überbetriebliche Maßnahmen wahrzunehmen.

Die Grundlage für die Ausbildung ist die Verordnung über die Berufsausbildung zum Hauswirtschafter/zur Hauswirtschafterin vom 30. Juni 1999. Sie ist mit Wirkung vom 01. August 1999 in Kraft getreten.
Die Ausbildungsdauer beträgt drei Jahre, wobei im ersten Ausbildungsjahr eine berufsfeldbreite Grundbildung erfolgt. Diese kann nach landesrechtlichen Vorschriften als schulisches Berufsgrundbildungsjahr oder durch den Besuch der Berufsfachschule Hauswirtschaft erfolgen und bei erfolgreichem Abschluss Anrechnung finden.
Anschließend folgen zwei Jahre betriebliche Ausbildung mit dem Besuch der Berufsschule (duales System).
Es besteht auch die Möglichkeit, die gesamten drei Ausbildungsjahre im dualen System zu absolvieren.
Die Verordnung führt unter anderem im § 4 im Ausbildungsberufsbild (s. S. 11) auf, welche Fertigkeiten und Kenntnisse Gegenstand der Berufsausbildung sind. Diese wiederum werden im Ausbildungsrahmenplan nach beruflicher Grund- und Fachbildung auf die drei Ausbildungsjahre verteilt aufgeführt. Der ausbildende Betrieb entwickelt daraus einen Ausbildungsplan. Dieser ist auf die spezifischen Besonderheiten des jeweiligen Betriebes bezogen.

Übersicht über die »Ordnungsmittel«:

- *Ausbildungsrahmenplan für den Betrieb*
- *Rahmenlehrplan für die Schule*
- *Berichtsheft der Auszubildenden stellt die Dokumentation der Ausbildung dar*

Ausbildungswege

Hauswirtschafter/Hauswirtschafterin

Berufsfachschule oder BGJ – Hauswirtschaft	**Grundbildung**	3-jährige Ausbildung im dualen System	Ausbildungs- möglichkeit nach § 40,2 Abs. 2 des Berufsbildungsgesetzes
2-jährige Ausbildung im dualen System	**Fachstufe 1** **Fachstufe 2**		

Während der Ausbildungszeit ist von der Auszubildenden/dem Auszubildenden ein Berichtsheft zu führen, das innerhalb der Arbeitszeit geführt werden soll und als Ausbildungsnachweis gilt. Die Führung des Berichtsheftes ist vom Ausbildungsbetrieb zu überwachen.

Vor dem Ende des zweiten Ausbildungsjahres wird zur Ermittlung des Ausbildungsstandes die Zwischenprüfung durchgeführt (s. § 8 der Verordnung über die Ausbildung zum Hauswirtschafter / zur Hauswirtschafterin).

In § 9 der genannten Verordnung werden die Anforderungen der praktischen und schriftlichen Teile der Abschlussprüfung beschrieben.

Die Themen und Inhalte beziehen sich auf die Fertigkeiten und Kenntnisse, die im Ausbildungsrahmenplan für die drei Ausbildungsjahre aufgeführt sind, sowie auf den für die Ausbildung relevanten Lernstoff, der im Berufsschulunterricht vermittelt wird. Der Ausbildungsrahmenplan ist Bestandteil des Ausbildungsvertrages und wird diesem als Anlage beigefügt.

Vor Beginn der Ausbildung wird ein Berufsausbildungsvertrag abgeschlossen. Dieser wird vom Ausbilder des zukünftigen Betriebes, von der Auszubildenden und – bei Nichtvolljährigkeit – vom gesetzlichen Vertreter der Auszubildenden unterschrieben und der zuständigen Kammer (Landwirtschaftskammer, Handwerkskammer, Industrie- und Handelskammer) zugestellt, um im Verzeichnis der Berufsausbildungsverhältnisse aufgenommen zu werden.

Im Ausbildungsvertrag sind die beiderseitigen Pflichten und Rechte aufgeführt sowie Arbeitszeiten, Urlaubs- und Freizeitregelungen, Lohnzahlungen, Fürsorgepflichten, Arbeits- und Treuepflichten festgelegt. Hierbei müssen übergeordnete gesetzliche Regelungen, z. B. das Jugendarbeitsschutzgesetz, Arbeitszeitgesetz, Bundesurlaubsgesetz, sowie Tarifverträge berücksichtigt werden.

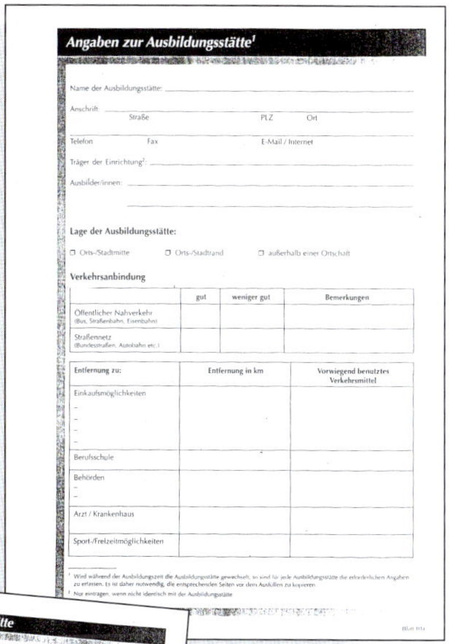

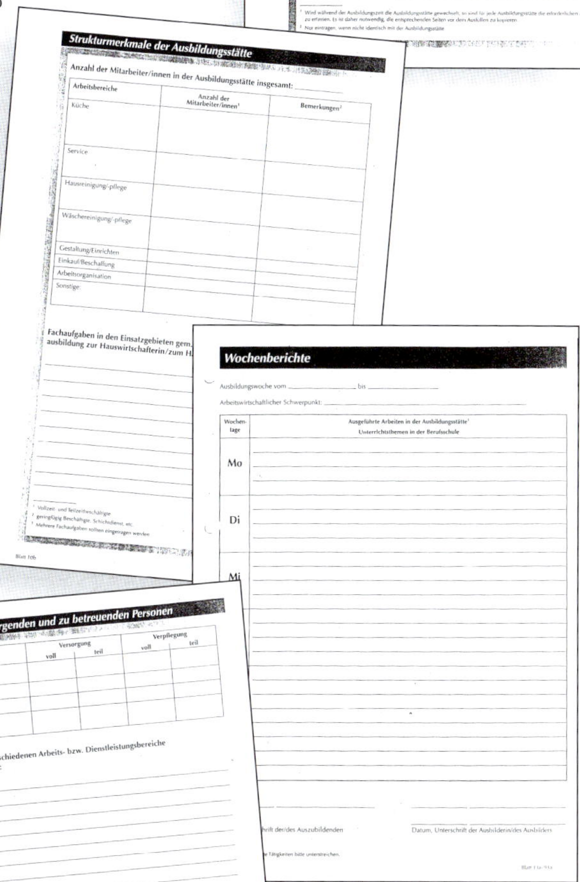

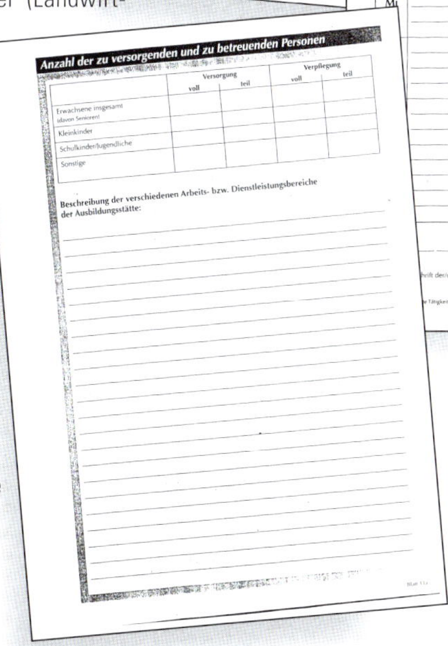

Berichtsheft

Mit dem Tag der bestandenen Prüfung ist das Ausbildungsverhältnis beendet.

Die Beendigung des Ausbildungsvertrages erfolgt nach der dreijährigen Ausbildung mit der bestandenen Prüfung. Bei Übernahme wird ein neuer Vertrag abgeschlossen.
Eine vorzeitige Kündigung ist nur in besonderen Fällen möglich und durch das Kündigungsschutzgesetz geregelt.

Ausbildungsvertrag (Schema)

LWK — Landwirtschaftskammer Weser-Ems — Für die zuständige Stelle

Berufsausbildungsvertrag

Zwischen der Ausbildungsstätte (Ausbildenden)

Name/Anschrift der Ausbildungsstätte
OT
Straße
PLZ / Ort — Tel.:
Landkreis
Betriebsnummer

Als Ausbilder/in gem. § 2 Nr. 2 ist beauftragt:

und der/dem Auszubildenden (Heimatanschrift)

Name, Vorname
OT
Straße
PLZ / Ort — Tel.:
geb. am — in
Staatsangehörigkeit
Geschlecht: männlich ☐ weiblich ☐
gesetzlicher Vertreter: beide Elternteile ☐ Mutter ☐ Vater ☐ Vormund ☐

wird nachstehender Vertrag zur Ausbildung im Ausbildungsberuf **Hauswirtschafter/Hauswirtschafterin**

Einsatzgebiet: ____________ **nach Maßgabe der Ausbildungsordnung geschlossen.**

Für das Ausbildungsverhältnis gelten die Bestimmungen des Berufsbildungsgesetzes vom 14.08.1969 – Bundesgesetzblatt Teil I, S. 1112 – in der jeweils gültigen Fassung. (Wesentliche Inhalte siehe Rückseite).

Eine vorzeitige Lösung sowie Änderung des Berufsausbildungsvertrages sind der Landwirtschaftskammer Weser-Ems unter Angabe des Grundes sofort mitzuteilen.

A Ausbildungszeit
Die Ausbildungszeit beträgt insgesamt 3 Jahre.
☐ Das Berufsgrundbildungsjahr/die Berufsfachschule des entsprechenden Berufsfeldes wird vorbehaltlich des erfolgreichen Abschlusses angerechnet.
☐ Verkürzung wird beantragt wegen Hochschulreife/Fachhochschulreife.
☐ Zweijährige Ausbildungszeit wegen abgeschlossener Berufsausbildung in einem anderen Ausbildungsberuf.
Das mit diesem Vertrag geschlossene Ausbildungsverhältnis beginnt am: ________ endet am: ________
Es gilt als ________ Ausbildungsjahr.
Die Probezeit beträgt ________ Monate (1-3 Monate).
Für den Auszubildenden ist dieser Vertrag ein Folgevertrag.
☐ nein ☐ ja; wenn ja, ________ Vertragsnummer und vorherigen Vertrag (Kopie) beifügen.

B Vergütung
Der Ausbildende zahlt dem Auszubildenden mindestens die im jeweils gültigen Tarifvertrag festgelegte Vergütung. Die Vergütung beträgt z.Zt. monatlich

1.	2.	3.	Ausbildungsjahr
			EURO brutto

Kost und Wohnung werden ☐ gewährt ☐ nicht gewährt

C Urlaub
Der Ausbildende gewährt dem Auszubildenden Urlaub nach den jeweils geltenden Bestimmungen (Jugendarbeitsschutzgesetz bzw. dem entsprechenden Tarifvertrag).

D Regelmäßige Ausbildungszeit
Die regelmäßige Ausbildungszeit beträgt
☐☐ Stunden täglich
☐☐ Stunden wöchentlich
Es gelten die Bestimmungen des jeweils gültigen Tarifvertrages bzw. des Jugendarbeitsschutzgesetzes.

E Die betriebliche Ausbildung findet in ________ (Name u. Ort der Ausb.-Stätte)
und den mit dem Betriebssitz für die Ausbildung üblicherweise zusammenhängenden sonstigen Arbeitsstellen statt.
a) Die betriebliche Ausbildung **wird ergänzt** durch die von der Landwirtschaftskammer für den Ausbildungsberuf allgemein angeordneten Ausbildungsmaßnahmen (z. B. überbetriebliche Ausbildungsmaßnahmen)

F Sonstige Vereinbarungen
(Eine Vereinbarung, die zuungunsten des Auszubildenden von den §§ 3-19 Berufsbildungsgesetz abweicht, ist nichtig.)

G Die umstehenden Vereinbarungen sind Gegenstand dieses Vertrages und werden anerkannt. Die Eintragung in das Verzeichnis der Berufsausbildungsverhältnisse wird beantragt. Mündliche Nebenabreden, die das Berufsausbildungsverhältnis betreffen, bestehen nicht. Änderungen und Ergänzungen bedürfen zu ihrer Wirksamkeit der Schriftform.

Ort: ________, den ________
Ausbildender/Betriebsinhaber/-in
Auszubildender
gesetzliche Vertreter

Dieser Vertrag ist im Original von den Vertragsparteien unterzeichnet und bei der Landwirtschaftskammer in das Verzeichnis der Berufsausbildungsverhältnisse eingetragen unter
Nr.: ________ Siegel
Datum: ________
Im Auftrag

Statistische Angaben * (vom Auszubildenden auszufüllen)
Allgemeine Schulbildung:
☐ 1 = ohne Hauptschulabschluss
☐ 2 = mit Hauptschulabschluss
☐ 3 = Sekundarabschluss (Realschule)
☐ 4 = Fachhochschul-/Hochschulreife

Berufliche Schulbildung: (Abschlusszeugnisse bzw. Nachweise beifügen)
☐ 1 = BGJ Ernährung u. Hw, **ohne** Abschluss
☐ 2 = BGJ Ernährung u. Hw. **mit** Abschluss
☐ 3 = Berufsfachschule Hw. mit Abschluss/Anrechnung
☐ 4 = Abgeschlossene Berufsausbildung
☐ 5 = Sonstiges
☐ 6 = keine

* Für Berufsbildungsstatistik nach dem Berufsbildungsförderungsgesetz.

Allgemeine Ziele der Ausbildung

Eines der Ziele der Ausbildung besteht darin zu lernen, wie Aufgaben eigenständig gelöst werden können. Das selbstständige Handeln beinhaltet das Planen und Durchführen der Aufgaben sowie die Eigenkontrolle und Selbstkritik der Arbeitsergebnisse (s. S. 41).
Weitere Kernpunkte sind während der gesamten Ausbildungszeit, die Einhaltung von Sicherheits- und Hygienevorschriften sowie die Beachtung von Umweltschutzmaßnahmen zu erlernen.

Außerdem soll
- das Qualitätsbewusstsein geschärft (s. S. 34),
- nach ergonomischen Grundsätzen gearbeitet und
- ökonomisches Handeln entwickelt werden (s. S. 32).

Das Ausbildungsberufsbild (siehe § 4 in der Ausbildungsverordnung Hauswirtschafter / Hauswirtschafterin) **beschreibt die Inhalte der Ausbildung wie folgt:**

1. der Ausbildungsbetrieb, betriebliche Zusammenhänge und Beziehungen:
1.1 Aufbau und Organisation des Ausbildungsbetriebes,
1.2 Berufsbildung,
1.3 arbeits-, sozial- und tarifrechtliche Bestimmungen,
1.4 Sicherheit und Gesundheitsschutz bei der Arbeit,
1.5 Hygiene,
1.6 Umweltschutz;
2. Arbeitsorganisation, betriebliche Abläufe, wirtschaftliche und soziale Zusammenhänge:
2.1 Arbeitsorganisation,
2.2 qualitätssichernde Maßnahmen,
2.3 betriebliche, marktwirtschaftliche und soziale Zusammenhänge und Beziehungen,
2.4 Bedarf und Ansprüche von zu versorgenden und zu betreuenden Personen,
2.5 Beschaffen und Bewerten von Informationen,
2.6 betriebliche Geschäftszusammenhänge;
3. Betriebsräume und Betriebseinrichtungen:
3.1 Einsetzen von Maschinen, Geräten und Gebrauchsgütern,
3.2 Beurteilen und Planen von Betriebseinrichtungen;
4. hauswirtschaftliche Versorgungsleistungen:
4.1 Speisenzubereitung und Service,
4.2 Reinigen und Pflegen von Räumen,
4.3 Gestalten von Räumen und des Wohnumfeldes,
4.4 Reinigen und Pflegen von Textilien,
4.5 Vorratshaltung und Warenwirtschaft;
5. hauswirtschaftliche Betreuungsleistungen:
5.1 personenorientierte Gesprächsführung,
5.2 Motivation und Beschäftigung,
5.3 Hilfe leisten bei Alltagsverrichtungen;
6. Fachaufgaben im Einsatzgebiet:
6.1 betriebsspezifische Produkt- und Dienstleistungsangebote,
6.2 Kundenorientierung und Marketing
6.3 Kalkulation und Abrechnung von Leistungen.

AUFGABEN

1. *Ermitteln Sie aus dem § 4 der Ausbildungsverordnung, welche Bildungsinhalte, Fertigkeiten und Kenntnisse im Laufe der dreijährigen Ausbildung gefordert sind.*
   Stellen Sie fest, welche der Inhalte Ihnen vertraut sind, an welchen Sie zur Zeit gerade arbeiten und/oder welche Sie interessieren. Stellen Sie Ihre Ergebnisse vor. Tauschen Sie sich mit den anderen in der Klasse aus und vergleichen Sie. Erfassen Sie, worin die Unterschiede begründet sind.
2. *Sind in Ihrem Arbeitsvertrag Besonderheiten aufgeführt? Wenn ja – welche?*
3. *Bringen Sie in Erfahrung, wann der Kündigungsschutz aufgehoben ist.*

Hygiene

Arbeitssicherheit

Umwelt

Ökonomie

Ergonomie

Recht

Arbeitsplatz:
Familien-/Privathaushalt

- enger Kontakt zur Familie
- enger Kontakt zu den Kindern
- Anpassung an die Familiengewohnheiten und den Lebensstil
- oft keine weiteren Mitarbeiter
- Ausführung aller im Haushalt anfallenden Aufgaben

Arbeitsplatz:
Haushalte landwirtschaftlicher Unternehmen

- die fünf zum Familien-/Privathaushalt aufgeführten Aspekte (siehe oben)
- in besonderen betrieblichen Arbeitsphasen wie z. B. zur Erntezeit evtl. Mithilfe oder die Übernahme der Versorgung zusätzlicher Hilfskräfte

Arbeitsplatz:
Großhaushalt

- mehrere Mitarbeiter
- Anpassung an das Mitarbeiterteam
- Weitläufigkeit der Betriebsräume
- ohne ständigen/häufigen Kontakt zum Ausbilder
- Durchführung von Schwerpunktaufgaben, z. B. in der Großküche, der Wäscherei, der Hausreinigung, dem Service

Arbeitsplatz:
Dienstleistungsagentur

- wechselnde Einsatzhaushalte
- hohes Maß an Eigenverantwortung
- selbstständiges Entscheiden
- Flexibilität
- Anpassungsfähigkeit

1.1.3 DIE ARBEITSPLATZANGEBOTE UND DEREN TÄTIGKEITSBEREICHE

Die Arbeitsplatzangebote für die Tätigkeiten der Hauswirtschafterin sind bezogen auf die zu versorgenden und zu betreuenden Menschen und deren Lebensumfeld zu sehen. Diese können in Großhaushalten oder Privathaushalten leben und hauswirtschaftliche Dienstleistungen in Anspruch nehmen. Sie können zusätzlich durch soziale Einrichtungen Unterstützung bei der Bewältigung der Alltagsverrichtungen und pflegerischen Maßnahmen erhalten.

Beschäftigungsmöglichkeiten für hauswirtschaftliche Fachkräfte werden u. a. angeboten in:

- Großhaushalten: allgemeine Kurkliniken, Mutter-Kind-Kurkliniken, Kinder- und Jugendheime, Seniorenwohnheime, Erholungsheime, Sanatorien, Krankenhäuser, Pensionen und Hotels, soziale Einrichtungen, betreutes Wohnen
- privaten hauswirtschaftlichen Dienstleistungszentren/-agenturen
- Privathaushalten und landwirtschaftlichen Unternehmen

Die Tätigkeits- bzw. Einsatzbereiche der hauswirtschaftlichen Fachkräfte in Privat- oder Großhaushalten unterscheiden sich teilweise voneinander. Die Anforderungen an das Fachwissen, die praktischen Fähigkeiten und Fertigkeiten sowie an den Umgang mit den Menschen sind jedoch gleich.

Folgende Tätigkeiten müssen sicher beherrscht und ausgeübt werden:

- **Organisation** des Haushalts, immer unter Berücksichtigung der Bedürfnisse der zu versorgenden und zu betreuenden Personen und deren finanzieller Situation
- **Einkauf, Konservierung und Lagerung** von Lebensmitteln
- **Zubereitung von Speisen und Getränken** unter ernährungsphysiologischen Gesichtspunkten
- **Anrichten und Servieren**
- **Erstellen von Arbeitsplänen**
- **Reinigung und Pflege** der Räume, Textilien, Maschinen und Geräte
- **Nutzung und Kenntnis der Funktionsweisen** von Arbeitsgeräten und Maschinen
- **Einsatz von Reinigungs-, Wasch- und Pflegemitteln** unter Berücksichtigung ihrer Wirkungsweisen
- **Umgang mit Menschen** im Hinblick auf deren Betreuung, Aktivierung und Motivation
- **Durchführung von Kalkulationen**

Eine Vision: ?!

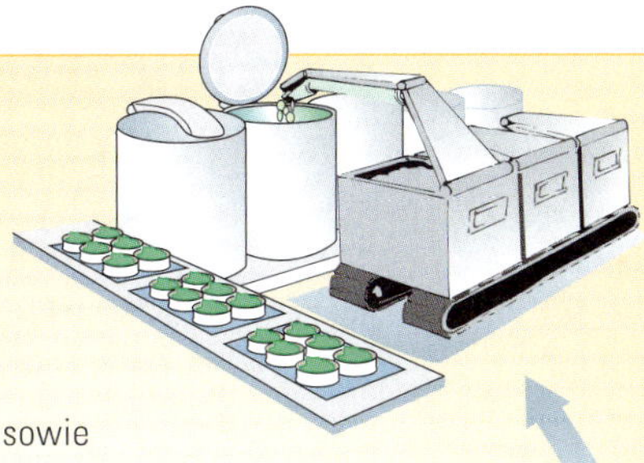

Arbeitsplatzangebote für computerunterstützte hauswirtschaftliche Organisation.

In Zukunft gibt es viele Arbeitsplätze im Bereich der Versorgungs- und Betreuungsleistungen.

Sie erfordern Organisations- und Planungstalent sowie Computerkenntnisse.

Die Arbeitsaufträge müssen sinnvoll koordiniert und gestaltet werden, um die PC-gesteuerten Maschinen, Geräte und Roboter korrekt arbeiten zu lassen.

Viele talentierte und qualifizierte Frauen erledigen diese Führungspositionen von ihrem Haus-PC aus.

Stellen Sie sich vor: Morgens geben Sie in Ihren Haus-Computer ein, was im Betrieb X am Mittag gegessen werden soll und für wie viele Personen die Speisen zubereitet werden sollen. Außerdem erteilen Sie dem »Putz-Roboter« den Auftrag, den Wohn- und Essbereich zu reinigen und den Nassbereich heute einer gründlichen Reinigung zu unterziehen.

AUFGABEN

1. *Welche Tätigkeiten könnten Ihrer Meinung nach von Maschinen oder Robotern übernommen werden? Diskutieren Sie darüber.*
2. *Worin sehen Sie noch weitere Unterschiede zwischen der Tätigkeit in einem Privathaushalt, einem Großbetrieb und einer Dienstleistungsagentur? Welche sind für Sie von besonderer Bedeutung? Begründen Sie Ihre Aussagen.*
3. *Welche Arbeitsplatzangebote sind in Ihrem Wohnumfeld vorhanden?*
4. *Aus welchen Gründen haben Sie sich für den Beruf der Hauswirtschafterin entschieden? Welche Tätigkeitsbereiche finden Sie besonders interessant – welche weniger?*
5. *Welche Berufsausbildungen haben Ihre Freunde und ehemaligen Klassenkameradinnen aufgenommen?*
   Welche Begründungen gibt es Ihrer Meinung nach dafür?

Es gibt unterschiedliche Gründe für Weiterbildung:
Die Aufstiegsfortbildung eröffnet z. B. Möglichkeiten,
- **Führungspositionen im Management im hauswirtschaftlichen Bereich von Großhaushalten zu übernehmen**
- **Firmenberatungen durchzuführen**
- **in öffentlichen Einrichtungen tätig zu werden**

1.1.4 INFORMATIONS- UND WEITERBILDUNGSMÖGLICHKEITEN

Nach Beendigung der beruflichen Erstausbildung (im Wesentlichen geregelt durch das Bundesbildungsgesetz) und der bestandenen Abschlussprüfung beginnt die Anwendung dessen, was erlernt wurde. Abgeschlossen sind die Prüfungen mit Themen aus den praktischen und schriftlichen Prüfungsbereichen der hauswirtschaftlichen Versorgungs- und Betreuungsleistungen sowie aus den Bereichen Wirtschaft und Sozialkunde.
Der Berufsalltag nimmt jetzt seinen Lauf.
Da jedoch jeder Arbeitsplatz neue und andere Anforderungen an den Einzelnen stellt, sind **Weiterbildung** bzw. Weiterqualifikation und Spezialisierung erforderlich. Diese können erfolgen durch die Teilnahme an Seminaren, Lehrgängen und Kursen, die von den unterschiedlichsten Institutionen und Einrichtungen angeboten werden. Schulische Angebote, wie der Besuch von Fach- oder Fachhochschulen, bieten weitere Chancen.
Die berufliche **Anpassungsfortbildung** dient dazu, vorhandene Kenntnisse und Fertigkeiten für den aktuellen Arbeitsplatz zu ergänzen und zu vertiefen.
Häufig machen die Betriebe Angebote für die berufliche Fortbildung. Aber auch die Bildungseinrichtungen der Industrie- und Handelskammern, des Handwerks sowie das Berufsfortbildungswerk der Gewerkschaft (DGB) oder der Vereinigten Dienstleistungen (Ver.di) und eine Vielzahl von Bildungseinrichtungen der Wirtschaft ermöglichen eine Weiterqualifizierung.

Ausbildungswege – Fortbildungsmöglichkeiten aufbauend auf den Beruf der Hauswirtschafterin/des Hauswirtschafters

Geprüfte Fachhauswirtschafterin	Meisterin der Hauswirtschaft	Staatlich geprüfte Wirtschafterin für Hauswirtschaft	Staatlich geprüfte Technikerin für Hauswirtschaft und Ernährung
2 Jahre Berufspraxis + Lehrgang	3 Jahre Berufspraxis + Lehrgang	1 (2) Jahr(e) Berufspraxis + 1 Jahr Fachschule für Hauswirtschaft	2 Jahre Berufspraxis + 2 Jahre Fachschule für Technik
Staatlich geprüfte hauswirtschaftliche Betriebsleiterin	**Staatlich anerkannte Familienpflegerin**	**Diplom-Ökotrophologin (FH)**	**Diplom-Ökotrophologin**
1 Jahr Berufspraxis + 2 bis 3 Jahre Fachschule für Hauswirtschaft	2 Jahre Fachschule für Familienpflege	Fachhochschule (6 Semester) + Praktikum	Universität (8 Semester) + z. T. Praktikum

AUFGABE

Welche Weiterbildungsmöglichkeit interessiert Sie?
Besorgen Sie sich Informationen über diese Weiterbildung, indem Sie in Erfahrung bringen, ob diese Weiterbildung in Ihren Bundesland möglich ist, indem Sie z. B. eine Institution aufsuchen oder einen Betrieb mit dieser Fachkraft ausfindig machen und ein Interview durchführen. Erstellen Sie eine Wandzeitung mit Ihren Ergebnissen.

Häufig wird in den Medien, insbesondere in Fachzeitschriften und Informationen der Fachverbände und Fachvertretungen, auf Angebote zur Weiterbildung oder beruflichen Fortbildung zu aktuellen Themen hingewiesen. Auch die Nutzung des Internets erhält für die Hauswirtschaft eine immer größere Bedeutung. Die folgende Liste mit Internetadressen unterstreicht dies.

Interessante Startpunkte für die Hauswirtschaft im Internet	
aid.de	Der Auswertungs- und Informationsdienst für Ernährung, Landwirtschaft und Forsten, Bonn, bietet umfassende neutrale Infos zu Ernährung und Hauswirtschaft für Verbraucher und Multiplikatoren. Außerdem: Broschüren, Foliensätze, Seminarangebote
Verbraucherzentrale.de	Die Verbraucherzentralen der Länder mit einem großen Spektrum an Themen und Angeboten zu Verbraucherrecht, Hauswirtschaft, Ernährung, Gesundheit, Bauen und Wohnen, Finanzen und EDV
agv.de	Die Arbeitsgemeinschaft der Verbraucherverbände mit umfassenden Informationen und Publikationen zu Verbraucherpolitik und -recht
rezeptdatenbank.de	30.000 Rezepte. Die Rezepte sind zu Paketen zusammengefasst und werden zum Downloaden bereitgestellt
Chefkoch.de	11.000 Rezepte und 650 Cocktails, Rezept-Volltextsuche nach Ländern, Inhaltsstoffen, Zutaten
dge.de	Deutsche Gesellschaft für Ernährung e.V.: umfangreiche Verbraucher- und Multiplikatoren-Infos mit Datenbank und z.T. kostenlosen Publikationen, mit Referat für die Gemeinschaftsverpflegung
bml.de	Das Bundesministerium für Verbraucherschutz, Ernährung und Landwirtschaft hält auf seiner Homepage verschiedene Verbraucherinformationen zu aktuellen Themen bereit
stmelf.bayern.de/hauswirtschaft	Das bayerische Staatsministerium für Ernährung, Landwirtschaft und Forsten informiert über die Hauswirtschaft: Zeit-, Geldmanagement, Reinigung, Berufsbildung und mehr
bzga.de	Die Bundesgesundheitszentrale für gesundheitliche Aufklärung: umfassendes Infomaterial zu allen Bereichen der Gesundheitserziehung und -prävention, diverse Unterrichtsmaterialien, Adress-Verzeichnis wichtiger Anlaufstellen für Multiplikatoren und Patienten, Linksammlung

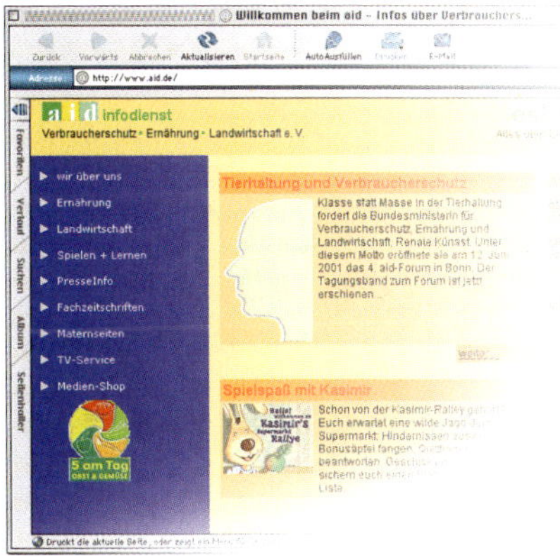

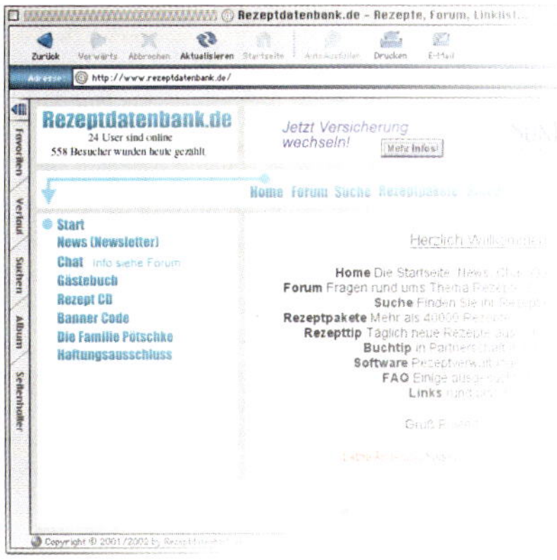

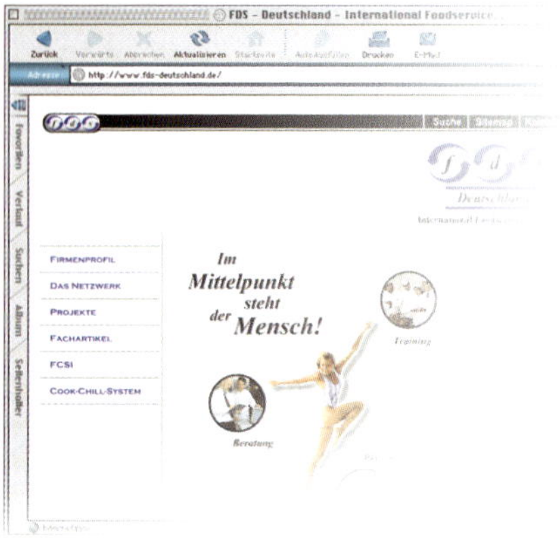

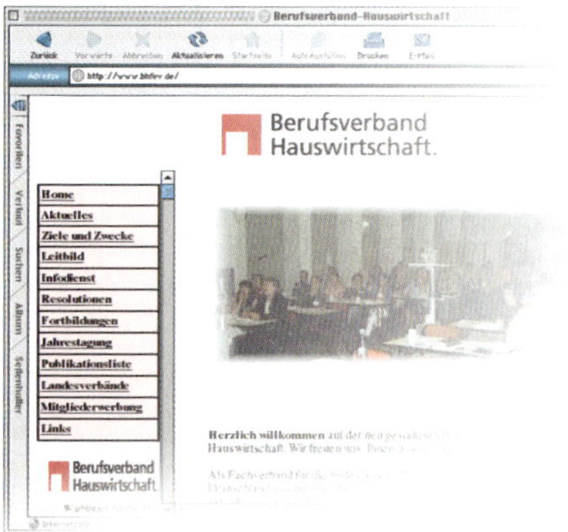

Weitere interessante Startpunkte für die Hauswirtschaft im Internet

fds-deutschland.de	Fachartikel und Infos zur Cook-and-Chill-Technik, zu Speisenqualität und Küchenorganisation auf den Seiten eines Großküchen-Planungsbüros
gastroline .de	Informationen für Gastronomie und Gast: Technik, Hygiene, Lieferanten, dazu Extraseiten speziell für die Gemeinschaftsverpflegung mit Online-Bestellmöglichkeit von Verbrauchsartikeln
kueche.de	Die Welt der Küche für den privaten Haushalt, mit virtueller Küchenplanung und Historie
abfallratgeber-bayern.de	Abfallrecht, Katalog zur Klassifizierung von Abfall, Statistiken u. v. m.
haccp.de	Der Behr's Verlag informiert zu HACCP: Links zu zahlreichen Anbietern aus dem Hygiene-Bereich, ausführliches Produkt- und Serviceverzeichnis für die Hygienebranche, ein Hygiene-Forum zum Erfahrungsaustausch
umweltdatenbank. de	Branchenlinks zu Qualitätsmanagement, Umwelt, Dienstleistern, Medien

Vor jeder Adresse ist noch die Eingabe »http://www.« vorzunehmen.

Berufsverbände und Organisationen

bhfev.de	Berufsverband Hauswirtschaft
vdoe.de	Verband der Diplom-Oecotrophologen e. V., Köln: Infos u. a. zum Berufsstand der Diplom-Oecotrophologen und zum Weiterbildungsprogramm
dghev.de	Deutsche Gesellschaft für Hauswirtschaft mit berufspolitischen Informationen, Hinweisen zu Fachtagungen, Publikationen. Außerdem: einige interessante Online-Beiträge von Experten
Jungesforum-online .de	Das Junge Forum als fachübergreifende Arbeitsgemeinschaft der DGH stellt sich mit seinen Aktivitäten und dem Programm vor
verband-mdh.de	Der Bundesverband der Meisterinnen der Hauswirtschaft e. V. (MdH) stellt sich vor, dazu Links auf Mitgliedsverbände und die Arbeitskreise

Weitere Berufsverbände und Organisationen

Verbraucherberatung-hv.de	Die Verbraucherberatung der Bayerischen Hausfrauenvereinigung informiert über die hauswirtschaftliche Berufsbildung, Vortragsangebote, Tarifverträge und das hauswirtschaftliche Dienstleistungsprofil
bs-net.de/frauen/wegweiserin/arbeit/	Verband der Meisterinnen und Meister der Hauswirtschaft in Niedersachsen e.V. mit einer Kurzvorstellung
hausfrauen-bund.de	Deutscher Hausfrauen-Bund: Infos zur hauswirtschaftlichen Berufsbildung, zu Tarifverträgen, Bildung u.v.m.
landfrauen.info	Deutscher Landfrauenverband e.V. (dlv): Interessenvertretung für Frauen im ländlichen Raum
vkd.com	Der Verband der Köche Deutschlands mit berufspolitischen Infos, Hinweisen zu Wettbewerben und Forum
bvdgev.de	Der Bundesverband der Großverpfleger: Ziele, Dienstleistungen, wichtige Messetermine für die Branche u.m.
vkk-ev.de	Verband der Küchenleiterinnen in Krankenhäusern und Pflegeeinrichtungen e.V.: Infos aus dem Verband für die Mitglieder
Verband-mdh.de/fhb.htm	Förderverein für Hauswirtschaftliche Bildung e.V.
dehoga.de	Deutscher Hotel- und Gaststättenverband: inkl. Fachabteilung GV; mit Fachinformationen rund um die Branche und Jobs
Gastroline.de/ggka/index.html	Fachverband Gastronomie- und Großküchenausstattung, mit Infos zu Fachhandel und Messen/Hausmessen
ifhe.org/	Internationaler Verband für Hauswirtschaft (IVHW) für die internationale Arbeit im hauswirtschaftlichen Bereich

Vor jeder Adresse ist noch die Eingabe »http://www.« vorzunehmen.

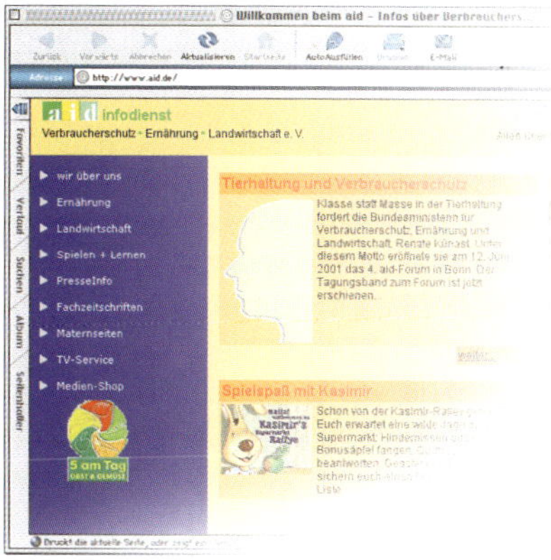

1.1.5 INTERESSENVERTRETUNGEN DER DER HAUSWIRTSCHAFT

Berufsverbände

Jede Berufssparte hat ihre Berufsverbände, die sich mit den Themen und Fragen des Berufes und Fachbereiches auseinander setzen.

Der Dachverband für hauswirtschaftliche Interessenvertretungen ist seit 1999 die »Bundesarbeitsgemeinschaft Hauswirtschaft« (BAG-HW).
Die Mitglieder dieser Fachverbände haben es sich zum Ziel gesetzt, gemeinsam

- die politischen, fachlichen und gesellschaftlichen Bereiche zu bearbeiten
- verbandsübergreifende Netzwerke für hauswirtschaftliche Belange zu schaffen
- die Mitwirkung und Einflussnahme bei Gesetzgebungsverfahren wahrzunehmen
- die Aus-, Fort- und Weiterbildung für hauswirtschaftliche Mitarbeiter zu steuern
- die Förderung hauswirtschaftlicher Ausbildungs- und Arbeitsplätze voranzutreiben
- die Wertschätzung der hauswirtschaftlichen Tätigkeiten in der Öffentlichkeit zu fördern

Mitgliederverbände der BAG-HW sind:

- Arbeitsgemeinschaft Evangelischer Hausfrauen des Deutschen Frauenbundes
- Berufsverband Hauswirtschaft
- Berufsverband katholischer Arbeitnehmerinnen in der Hauswirtschaft
- Bundesverband der Lehrerinnen und Lehrer an beruflichen Schulen
- Bundesverband der Meisterinnen in der Hauswirtschaft
- Deutscher Hausfrauen-Bund
- Deutscher Caritasverband
- Diakonisches Werk
- Gemeinschaft Hausfrauen in der Katholischen Frauengemeinschaft Deutschlands
- Hausfrauenvereinigung des Katholischen Deutschen Frauenbundes
- Verband der Diplom-Oecotrophologen
- Landesarbeitsgemeinschaft der Verbände in Baden-Württemberg, Bayern, Nordrhein-Westfalen, Rheinland-Pfalz, Schleswig-Holstein

Seit dem Jahr 2000 hat sich die BAG-HW der »Deutschen Gesellschaft für Hauswirtschaft« (dgh) angeschlossen und so ein Forum gefunden, um das vorhandene Netzwerk weiter entwickeln zu können und politischen Einfluss zu gewinnen.
Die »dgh« versteht sich als Dachorganisation für hauswirtschaftliche Fragen in Wissenschaft und Praxis. Außerdem verfügt sie über internationale Verbindungen und Kontakte. Die Gesellschaft gibt die Zeitschrift »Hauswirtschaft und Wissenschaft« heraus, in der die neuesten Forschungsergebnisse veröffentlicht, Themen- und Fragestellungen der Hauswirtschaft reflektiert und Probleme in Beruf und Alltag erörtert werden.

Verbraucherverbände

Der »Verbraucherzentrale Bundesverband e.V.« (vzbv) mit Sitz in Berlin ist die Dachorganisatin von 35 verbraucherorientierten Verbänden. Der vzbv arbeitet gemeinnützig und ist parteipolitisch unabhängig. Er vertritt die Interessen der Verbraucher in der Öffentlichkeit und gegenüber dem Gesetzgeber, der Verwaltung und der Wirtschaft.
Die Bundesorganisationen AgV (Arbeitsgemeinschaft der Verbraucherverbände e.V.), VSV (Verbraucherschutzverein) und VI (Stiftung Verbraucherinstitut) sind seit November 2000 zum Verbraucherzentrale Bundesvcrband e. V. (vzbv) verschmolzen. Zu den Mitgliedern gehören die 16 Verbraucherzentralen in den Bundesländern und 19 verbraucher- und sozialorientierte Organisationen.
Insgesamt gibt es 250 Verbraucherberatungsstellen in allen Großstädten und vielen mittelgroßen Städten. Sie bieten allen Verbrauchern in ihren Büros, aber auch telefonisch und schriftlich Rat und Hilfe in allen Verbraucherangelegenheiten. Sie veröffentlichen Preisveränderungen, erstellen Marktanalysen und führen Schuldnerberatungen durch. Es wird nur eine geringe Gebühr erhoben, denn die Kosten für die Beratungen trägt weitestgehend der Staat.
Die Stiftung Warentest führt vergleichende Warenprüfungen und Dienstleistungsuntersuchungen durch. Sie arbeitet unabhängig von wirtschaftlichen Interessen. Die Ergebnisse werden in der monatlich erscheinenden »test«-Zeitschrift und in handlichen Jahresbüchern veröffentlicht.

Zu den Zielen des vzbv gehören:
- **Erlangung von Markttransparenz**
- **Ausbau des Verbraucherschutzes**
- **Herstellung der Chancengleichheit zwischen Verbrauchern und Anbietern**
- **Förderung eines nachhaltigen Konsums**

Um informiert und stets auf dem Laufenden zu sein, ist es wichtig,
- Fachzeitschriften und Fachbücher zu lesen
- alles über aktuelle technische Verfahren und neue Produktentwicklungen über die Verbraucherberatungsstellen und Produkthersteller in Erfahrung zu bringen
- in den Medien und über das Internet Trends in Gesellschaft und Politik wahrzunehmen und sich mit diesen auseinander zu setzen

Gewerkschaften

Für die Mitarbeiter in hauswirtschaftlichen Berufen ist in der Regel die Gewerkschaft »ver.di« zuständig. Sie vertritt die Arbeitnehmer bei den Tarifverhandlungen mit den Arbeitgeberverbänden.

AUFGABEN

1. *Erkunden Sie in Ihrem Wohnumfeld, welche Verbände, Gewerkschaften, Einrichtungen oder Institutionen sich mit hauswirtschaftlichen Belangen und Themen beschäftigen.*
   Werten Sie die Ergebnisse in der Gruppe aus. Veröffentlichen Sie, was Sie herausgearbeitet haben.
2. *Tragen Sie Zeitschriften zusammen, die hauswirtschaftliche Themen beinhalten. Untersuchen Sie diese auf ihre inhaltlichen und fachlichen Aussagen. Welche Themen oder Inhalte sind für Ihren Beruf von Bedeutung und warum? Welche Informationen stellen Hilfen für den Berufsalltag dar?*

Für die hauswirtschaftliche Arbeitnehmerin können ggf. auch die Gewerkschaften IG Bauen, Agrar und Umwelt oder NGG (Gewerkschaft Nahrung, Genuss, Gaststätten) interessant sein.

1.2 GRUNDSÄTZE HAUSWIRTSCHAFTLICHEN HANDELNS – PROFESSIONALITÄT

Tarifpartner für die Entlohnung sind:
für in Privathaushalten arbeitende Hauswirtschafterinnen der
- **Deutsche Hausfrauenbund (DHB)**
- **Nahrungs-Genuss-Gaststättenverband (NGG)**

für Mitarbeiterinnen in städtischen Einrichtungen:
- **die Spitzenverbände der Kommunen**
- **ver.di**

Die grundsätzlichen Vorgehensweisen bei der Erledigung der Aufgaben in Haushalten sind gleich, unabhängig davon, ob es sich um Groß-, Klein-, Geschäfts- oder Privathaushalte handelt. In jedem Haushalt müssen bezogen auf körperliche, seelische und soziale Bedürfnisse Versorgungs- und Betreuungsleistungen erbracht und professionell ausgeführt werden. Jeder soll und möchte sich in seinem Lebensraum und Arbeitsumfeld wohl fühlen.
Die Person, die Dienstleistungen erbringt, muss professionell vorgehen unter Berücksichtigung nachhaltigen Wirtschaftens und zur Zufriedenheit derjenigen, für die die Arbeit geleistet wird. Die ausführende Person soll sich selbst dabei vor gesundheitlichen Schäden bewahren, die Arbeit planen, sinnvoll organisieren und unter Berücksichtigung von kräfteschonenden, zeit- und geldsparenden Aspekten durchführen.

Im Ausbildungsbetrieb, ob Großhaushalt oder Privathaushalt, wird die Arbeit entlohnt und die geleistete Arbeit anerkannt. Beanstandungen und Mängel müssen sofort behoben werden.
Im Familienhaushalt werden die anfallenden Aufgaben von den Familienmitgliedern ohne Entgelt erledigt. Häufig wird die geleistete Arbeit der »Hausfrau« vom Kunden »Familie« nicht sofort gesehen und anerkannt. Sie ist oft selbstverständlich. Erst bei Abwesenheit der haushaltsführenden Person wird deutlich, was sie alles »so nebenbei« aufgrund vorhandener Routine und durch Organisationsgeschick erledigt.

Die Arbeitsaufgabe ist der Auftrag, der sich auf die Durchführung bzw. Erledigung einer bestimmten Tätigkeit oder eines Teilabschnittes bezieht. Die Anweisung kann schriftlich oder mündlich erfolgen.

Das planvolle und systematische Vorgehen bei der Erledigung der Arbeitsaufgaben ist gerade zu Beginn der Ausbildung von großer Bedeutung. Auch wenn es als lästig empfunden wird, können nur so Fehler vermieden, Zeit gespart, unnötige Ausgaben verhindert und Zufriedenheit bei allen beteiligten Personen erreicht werden.

Die Grundsätze hauswirtschaftlichen Handelns beziehen sich auf folgende Aspekte:

1. Die Aufgabenstellung, d. h. die Arbeiten, gedanklich erfassen und Lösungsmöglichkeiten erkennen.
2. Den finanziellen Rahmen bewusst machen und einhalten.
3. Die Arbeitsplanung und Organisation vornehmen:
   - Planungsraster erstellen
   - Leistungsfähigkeit beachten
   - Arbeitsbedingungen und Arbeitsgestaltung berücksichtigen
   - umweltbewusstes Handeln, Gesundheitsschutz und Arbeitssicherheit bedenken
4. Die Erfüllung des Auftrages zur Zufriedenheit des Kunden durch eine gute Qualität unter Berücksichtigung nachhaltigen Wirtschaftens sowie der Zufriedenheit der ausführenden Person. (Ergonomie beachten)

1.2.1 AUFGABEN ERFASSEN

Der erste Schritt zur Lösung einer Aufgabe ist das gedankliche Erfassen und das Verstehen dessen, was getan werden muss. Lösungswege oder Möglichkeiten der Durch- und Ausführung von Tätigkeiten sind zu erkennen und das Ergebnis bzw. das Ziel in der gedanklichen Vorstellung zu definieren.
Vorhandene Unklarheiten oder Unsicherheiten müssen durch Rücksprache mit den zuständigen Personen oder dem Auftraggeber, dem Kunden oder Vorgesetzten, beseitigt werden.
Bezogen auf eine Aufgabenstellung, wie z. B. eine Haushaltsführung zu übernehmen, bedeutet die Aufgabenerfassung, dass alle im Haushalt anfallenden Tätigkeiten zu erledigen sind. Neben der Versorgung mit Essen und Trinken, sauberer Wäsche, gereinigten Räumen müssen sich die Personen wohl fühlen sowie seelisch und körperlich gesund bleiben. Das ist sowohl eine umfassende Aufgabe als auch eine große Verantwortung. Beide Anforderungen stellen erhebliche Ansprüche an die ausführende Person und sind eine große Herausforderung für sie. Bei einer zu hohen Belastung ist zu überlegen, das Arbeitsvolumen zu reduzieren, indem z. B. Speisen außer Haus gekauft werden und/oder ein Teil der Wäsche abgegeben wird.

AUFGABE

Stellen Sie sich vor, Sie müssten ab nächster Woche für sechs Wochen zu Hause den Haushalt führen!
Schreiben Sie auf Karten, welche Tätigkeiten Ihnen dazu einfallen.
Auswertung: Sortieren, strukturieren, vergleichen und bewerten Sie die Aussagen gemeinsam. Stellen Sie heraus, welche Aussagen alle, viele oder wenige gemacht haben. Diskutieren Sie über das Ergebnis und fassen Sie es zusammen.

1.2.2 KOSTENBEWUSST HANDELN

Der zweite wichtige Aspekt hauswirtschaftlichen Handelns ist der finanzielle Rahmen, in dem sich die Erledigung der Aufgabe bewegen kann, d. h.: »Wie viel Geld steht zur Verfügung?« Die Ausgaben müssen in den Grenzen der Vorgaben dem Gesamtbudget angepasst sein.
Zum besseren Überblick sollte beispielsweise ein Haushaltsbuch geführt werden, in dem Einnahmen und Ausgaben festgehalten werden. So ist jederzeit eine Überprüfung der finanziellen Situation möglich.
Diese Haushaltsbuchführung erfasst auf der einen Seite die fixen Kosten, also regelmäßig wiederkehrende Ausgaben, wie z. B. die Löhne, Gehälter, Miete, Strom, Wasser, Versicherungen, Beiträge für Vereine und Verbände.
Außerdem werden die variablen Ausgaben, d. h. unregelmäßige Kosten, z. B. der Kauf von Lebensmitteln, Textilien, Anschaffungen, Ersatzbeschaffungen und Reparaturen von Haushaltsgeräten oder Kosten für öffentliche Verkehrsmittel oder Reisen, ermittelt und aufgeführt.

Veränderliche Ausgaben

Monat	Tag		Tag	
Art der Ausgabe	Euro	Cent	Euro	Cent
Lebenshaltung Getränke, Lebensmittel				
Außer-Haus-Verpflegung Kantine, Café, Restaurant, Imbissbude				
Körperpflege/Kosmetik Friseur, Sonnenstudio, Fußpflege				
Gesundheit Arzt, Apotheke, Reformhaus, Zuzahlung zu Massage, Heilgymnastik u. a.				
Genussmittel Tabakwaren, Spirituosen, Süßigkeiten				
Bekleidung/Schuhe inkl. Reinigung, Reparatur				
Haushaltsausstattung Geräte, Wäsche, Haushaltswaren, Blumen, Papiere, u. a.				
Haushalt Reinigung, Reparatur, Renovierung				
Auto Benzinkosten/Reparaturen/Wartung				
Bus, Bahn, Taxi				
Telefon Handy, Internet				
Schulbedarf				
Tiere Nahrung/Pflege/Arztbesuche				
Hobby/Freizeit Zeitungen/Zeitschriften/Bücher/CDs/Theater/Kino/Konzert				
Tagessummen				

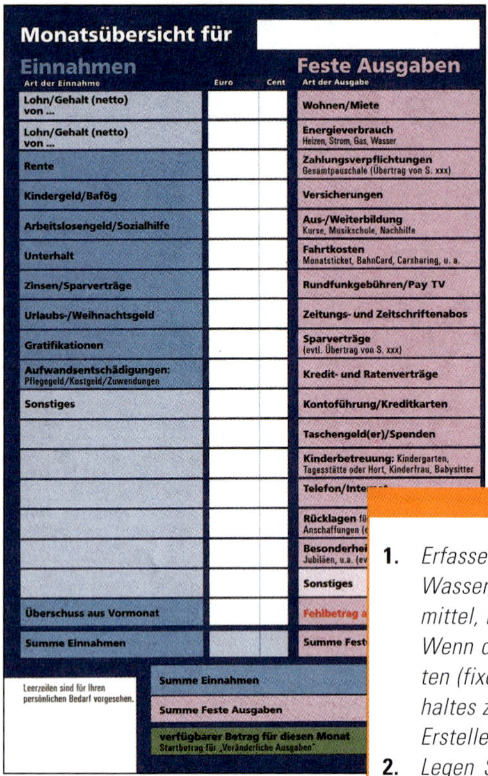

Die Ausgaben werden dem Einkommen bzw. dem Budget gegengerechnet. So lässt sich schnell feststellen, ob der finanzielle Rahmen eingehalten wurde, wo Mehrkosten entstanden sind und wo Geld eingespart werden kann, um wirtschaftliches Handeln zu ermöglichen. In Großhaushalten fehlt häufig der Gesamtüberblick über die Buchführung, da diese von Fachkräften im Büro erstellt wird. Meistens ermöglichen jedoch Computerprogramme einen schnellen Einblick.
Ist beispielsweise der Kostenrahmen für den Wareneinsatz vorgegeben, kann die Kostenrechnung schnell aufgestellt und mithilfe der PC- Programme erfasst und ermittelt werden.

AUFGABEN

1. *Erfassen Sie in Ihrem Betrieb, wenn möglich, die fixen Kosten, z. B. für Wasser, Strom, Mieten, sowie einige variable Kosten, wie Lebensmittel, Reparaturen usw.*
   Wenn das nicht möglich ist, stellen Sie eine Liste der denkbaren festen (fixen) und flexiblen (variablen) Ausgaben eines 4-Personen-Haushaltes zusammen.
   Erstellen Sie eine Tabelle mit den Ergebnissen. Setzen Sie den PC ein.
2. *Legen Sie sich für einen begrenzten Zeitraum ein Haushaltsbuch an (im Handel erhältlich oder selbst erstellt mithilfe des PCs).*
   Führen Sie Buch über Ihre Einnahmen und Ausgaben und werten Sie Ihre Ergebnisse aus. Ziehen Sie Schlussfolgerungen daraus.

Kostenbewusst handeln bedeutet:

- **zur Verfügung stehende finanzielle Mittel zu kennen**
- **preiswert einzukaufen**
- **sorgfältiges Arbeiten, um z. B.**
  - **Verluste beim Garen zu vermeiden**
  - **Maschinen nicht zu beschädigen**
- **qualitativ gute Arbeit zu leisten**

1.2.3 PLANUNGEN DURCHFÜHREN

Der dritte Schritt beinhaltet die Planung und Organisation der Arbeit entsprechend der Aufgabenstellung. Sie sind anlassbezogen und nach den zeitlichen Vorgaben zu gestalten und zu organisieren. Der Arbeitsablauf zeigt die räumliche und zeitliche Folge des Zusammenwirkens von Mensch und Betriebsmittel auf. Betriebsmittel in der Hauswirtschaft sind die Geräte und Maschinen, die zur Erfüllung der Aufgabe eingesetzt werden.

Erst überlegen und dann handeln!

Die Arbeitsplanung und -organisation müssen vor der Durchführung einer Aufgabe vorgenommen werden. Auch wenn es noch so überflüssig und lästig zu sein scheint, sollte zumindest die gedankliche Auseinandersetzung mit der auszuführenden Tätigkeit stattfinden und der Arbeitsablauf durchdacht werden. In der Regel erfolgt eine schriftliche Arbeitsplanerstellung. Ein Raster, ein Formblatt oder eine Tabelle können die Vorgehensweise erleichtern.

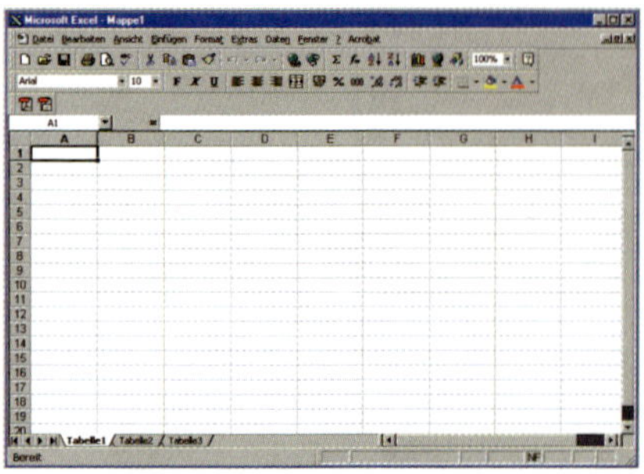

Im Laufe der Ausbildungszeit und des weiteren Arbeitslebens werden sich immer wiederholende Tätigkeiten zur Routine und müssen meistens nicht mehr schriftlich erfasst werden.

Fehlt die gedankliche und schriftliche Auseinandersetzung mit der Arbeit, besteht die Gefahr, dass

- Aspekte der Arbeit übersehen werden
- die Aufgabe nur oberflächlich bearbeitet wird
- Gefahrenpunkte für die Sicherheit und Gesundheit nicht erkannt werden

Vor dem Erstellen eines Planungsrasters für die anfallenden und zu erledigenden Tätigkeiten sind häufig organisatorische Dinge im Gesamtgefüge des Betriebes oder Haushaltes zu klären und abzusprechen.

Die Arbeitsablaufpläne (vgl. Band 1 dieser Fachbuchreihe, HT 4201, S. 31–36 und S. 199) können sich auf eine eingegrenzte Aufgabe beziehen, z. B. auf die Zubereitung einer Speise für eine bestimmte Personenzahl, oder sie zeigen das Zusammenfließen von mehreren Arbeitsprozessen auf, die parallel zueinander ablaufen und von unterschiedlichen Arbeitskräften ausgeführt werden. Die Tätigkeiten müssen zu einer bestimmtem Zeit abgeschlossen sein, um z. B. den neuen Gästen ihre Zimmer zuweisen zu können oder eine Mittagsmahlzeit pünktlich fertig zu haben.

Ein Planungsraster sollte einen schnellen Überblick geben über das, was jeder Mitarbeiter zu welchem Zeitpunkt oder was man selbst zu einem bestimmten Zeitpunkt zu machen hat. Das Raster muss für jeden eindeutig, verständlich und gut lesbar sein.

Schwerpunkte:
- **Arbeitsplatzgestaltung**
- **Vorbereitungs- und Verarbeitungstechniken**
- **Geräteauswahl**
- **Reihenfolge der Arbeitsschritte**

Planungsraster für die Herstellung eines Gerichtes (Rezept Minestrone für eine Person)

Zutaten/Lebensmittel bereitstellen	Vorbereitung und Zubereitung	benötigte Geräte
1 Zwiebel	putzen	Schälmesser, Abfallteller, Schüssel, Brett (anfeuchten), kleiner Teller
$\frac{1}{2}$ Stange Porree/Lauch	putzen, waschen	Durchschlag, Sparschäler
2 Möhren	putzen, waschen	Officemesser
$\frac{1}{4}$ Kohlrabi	putzen, waschen	Schüsseln/Teller (für zerkleinertes Gemüse)
2 Kartoffeln	putzen, waschen Zwiebel und Gemüse klein schneiden	
20 g Margarine	Zwiebel, Möhren und zum Schluss das restliche Gemüse im Fett andünsten	Topf, Geräteteller, Kochlöffel oder Küchenfreund
$\frac{1}{8}$ bis $\frac{1}{4}$ Liter Wasser/ Brühe Salz, Pfeffer, 40 g Reis	zugeben und das Gemüse ca. 15 bis 20 Minuten garen	Litermaß
$\frac{1}{2}$ bis 1 geräucherte Wurst	in Scheiben schneiden und nach etwa 10 Minuten zugeben	(Brett), Officemesser
$\frac{1}{2}$ Bund Petersilie	waschen, trocknen, wiegen, vor dem Servieren zugeben	Küchenkrepp/ Geschirrtuch, Wiegemesser, Brett (anfeuchten)

Um für einen Haushalt die Reinigungsarbeiten zu erfassen, die durchzuführen sind oder anfallen, ist es sinnvoll, eine Aufstellung zu machen, aus der ersichtlich wird, welche Arbeiten in welchen Abständen durchgeführt werden sollen.

täglich	**wöchentlich**	**monatlich**	**halbjährlich/jährlich**
z.B. Wohnung aufräumen, kochen, abwaschen, Abendessen zubereiten	z.B. gründliche Reinigung der Räume an bestimmten Wochentagen, Wäschepflege	z.B. Betten abziehen, Fenster reinigen	z.B. Arbeiten, die den Jahreszeiten zugeordnet sein können: Gestaltung von Festen (Weihnachten), Vorratshaltung von Obst und Gemüse, Hausputz

Ein Plan kann auch aufzeigen, welche Tätigkeiten im Laufe einer Arbeitswoche vorgesehen sind und im Normalfall erledigt werden müssen.

Beispiel eines Wochenarbeitsplanes für eine Auszubildende in einem Familienhaushalt:

Montag	**Dienstag**	**Mittwoch**	**Donnerstag**	**Freitag**
Vormittags allgemeine Aufräumungsarbeiten, Bad und Toiletten gründlich reinigen, Wäsche waschen und trocknen	Berufsschultag	Einkäufe, Wochenmarkt, Mittagessen zubereiten	Wohnraum im 14-tägigen Wechsel mit den anderen Räumen gründlich reinigen	alle Räume in Ordnung bringen, Eingangsbereich, Flure, Gästetoilette reinigen
Nachmittags Kinderbetreuung, Wäsche schrankfertig machen, Abendessen zubereiten	Berufsschultag	Kinderbetreuung, Abendessen zubereiten	die Kinder zum Sport bringen und wieder abholen	Blumenpflege, Außenbereich säubern (Terrasse, Garten)

Der oben aufgezeigte Plan weist nicht auf, wer die anderen Aufgaben erledigt. In einem Betrieb mit mehreren Mitarbeitern ist es erforderlich, die Arbeitspläne so zu gestalten, dass jeder sich und seine Aufgaben schnell erkennen und erfassen kann.

AUFGABE

Notieren Sie, wie Ihre Arbeitswoche verläuft. Stellen Sie heraus, welche Tätigkeiten regelmäßig durchgeführt werden. Wo treten häufiger Abweichungen auf? Welche Erklärungen oder Begründungen gibt es dafür?

Beispiel eines Arbeitsplanes zur Reinigung des Kinderhauses A im Kinderkurheim bei Belegungswechsel:

Zeitrahmen	Ute	Ella	Julia
7:00	Aufenthaltsraum: Fußboden saugen, Flecken entfernen, Möbel abstauben	Bastel- und Spielraum: Fußboden wischen,Tische und Stühle feucht abwischen	Mitarbeit bei der Essensausgabe
8:00	Betten in allen Kinderzimmern abziehen, Fensterscheiben und Fensterbänke in allen Zimmern reinigen	Möbel reinigen in allen Zimmern Flure und Treppen nass wischen	Bäder-, Duschen-, Toilettenreinigung durchführen
10:00	Frühstückspause	Frühstückspause	Frühstückspause
10:30	Fußbodenreinigung in den Zimmern (Hälfte 1) Betten beziehen, Zimmer einrichten (Hälfte 1)	Flure und Treppen Weiterarbeit Betten beziehen, Zimmer einrichten (Hälfte 2)	Fußbodenreinigung in den Zimmern (Hälfte 2) Blumenschmuck für die Gemeinschaftsräume herrichten, Räume kontrollieren
12:30	Arbeitsende und Mittagspause	Arbeitsende und Mittagspause	Arbeitsende und Mittagspause

Das Beispiel verdeutlicht das Zusammenwirken und die Abhängigkeit der Arbeitskräfte voneinander, um pünktlich für die neuen Gäste die Räume hergerichtet zu haben. Außerdem müssen von jeder Arbeitskraft die für den Großhaushalt festgelegten Qualitätsstandards eingehalten werden (s. S. 38).
Im Privat- und Familienhaushalt dagegen sind größere Freiräume und mehr Flexibilität möglich, auch um zu entscheiden, was sofort erledigt werden muss und was zu einem späteren Zeitpunkt gemacht werden kann.

AUFGABEN

1. *Wie sind die Arbeitspläne in Ihrem Betrieb aufgebaut? Stellen Sie ein Beispiel vor.*
2. *Erstellen Sie mithilfe des PCs Planungsraster für die Herstellung eines Gerichtes Ihrer Wahl und den Ablauf einer Reinigungsarbeit.*
   (Vgl. Band 1 dieser Fachbuchreihe HT 4201 S. 34 und 45.)

1.2.4 ERGONOMISCH ARBEITEN

Ergonomie bedeutet, die beste wechselseitige Anpassung zwischen dem arbeitenden Menschen und den Arbeitsbedingungen zu schaffen.

- **Leistungsfähigkeit beachten**
- **Arbeitsbedingungen gestalten**
- **Arbeitsumgebung, Arbeitskleidung berücksichtigen**
- **rückenschonende Arbeitsplatzgestaltung vornehmen**

Leistungsfähigkeit beachten

Bei der Gestaltung von Arbeitsplänen sollten die menschliche Leistungsfähigkeit berücksichtigt und der Tages- und Jahresrhythmus beachtet sowie Erholungsphasen vorgesehen werden.

Leistungsfähigkeit im Laufe von 24 Stunden

Der biologisch bedingte Rhythmus kann positiv oder negativ beeinflusst werden, z. B. durch die

- persönliche Lebensführung
- Ernährung
- Einnahme von Medikamenten, Alkohol oder Drogen
- Umgebungseinflüsse
- Umwelteinflüsse
- die seelisch-geistige Verfassung

Misserfolge führen zu Frustgefühlen und mindern die Leistungsbereitschaft. Lob und Anerkennung motivieren und bewirken eine Leistungssteigerung.

Pausen und Erholungszeiten müssen gezielt eingeplant und korrekt eingehalten werden, um die Leistungsfähigkeit zu fördern und die Gesundheit zu erhalten.

AUFGABEN

1. *Wie viele Pausen legen Sie im Laufe des Arbeitstages ein? Wie nutzen Sie diese? Notieren Sie Ihre Ergebnisse und erörtern Sie diese in der Gruppe.*
2. *Halten Sie auf einem Plakat fest, welchen Erholungswert eine Pause hat und welche Wirkung erzielt wird.*
3. *Diskutieren Sie darüber, ob Ihre Freizeitgestaltung einen sinnvollen Ausgleich zur beruflichen Tätigkeit darstellt.*

Zu den ergonomischen Aspekten bei der Durchführung einer Arbeit gehören:

- *zweckmäßige Arbeitsumgebung*
- *ablaufgerechte Arbeitsplatzgestaltung*
- *sinnvolle Auswahl von Geräten, Maschinen und Hilfsmitteln*
- *richtige Körperhaltung bei der Arbeitsdurchführung*
- *angepasste Arbeitskleidung*

Arbeitsbedingungen gestalten

Die in den Arbeitsplänen aufgeführten Tätigkeiten und Arbeiten müssen fachgerecht = professionell erledigt werden. Das setzt Kenntnisse der Arbeitsgestaltung voraus. Die richtige Vorgehensweise gewährleistet, dass das Arbeitsergebnis den geforderten Standards des Betriebes entspricht und dass die Arbeitskraft, also die ausführende Person, durch sinnvolle Arbeitsgestaltung vor gesundheitlichen Schäden bewahrt wird und ihr die Arbeit gut gelingt. Um das zu erreichen, müssen u. a. ergonomische Aspekte bei der Durchführung einer Arbeit berücksichtigt werden.
Der Einfluss, den die **Arbeitsumgebung** auf die Gesundheit, die Leistung und Zufriedenheit des arbeitenden Menschen nimmt, ist erheblich.

So beeinflussen die Umgebungsfaktoren, wie z. B.

Luft-, Licht-, Lärm- und Klimaverhältnisse

Gerüche und Farben | **Chemikalien, wie Säuren und Laugen**

die Leistung und Arbeitszufriedenheit. Bei negativen Bedingungen wird das Arbeitsergebnis schlechter ausfallen als gefordert, Stress entsteht und/oder die Belastung wird so stark, dass sich daraus Unfallgefahren ergeben oder Erkrankungen entwickeln.

Auch die **Arbeitskleidung** kann das Ergebnis der Arbeit beeinflussen und in manchen Situationen eine Unfallgefahr darstellen. Grundsätzlich gilt: saubere, heile, nicht einengende Kleidung und bequemes geschlossenes Schuhwerk mit rutschfesten Sohlen tragen. Häufig werden vom Betrieb Kittel und Schürzen und weitere Schutzkleidung zur Verfügung gestellt, um die Arbeitssicherheit zu erhöhen, Unfallgefahren zu reduzieren und die Hygienevorschriften einzuhalten.

Häufig werden vom Betrieb Kittel, Schürzen und weitere Schutzkleidung zur Verfügung gestellt.

AUFGABEN

1. *Berichten Sie, ob – und wenn ja –, welche Umfeldeinflüsse Sie bei der Arbeit beeinträchtigen und was Sie dagegen unternehmen oder welche Änderungen möglich sind.*
2. *Berichten Sie aus Ihrem Betrieb, welche Arbeitskleidung getragen wird. Erörtern Sie, warum das so ist!*
3. *Haben Sie am Arbeitsplatz Situationen erlebt, in denen durch ungünstige Arbeitskleidung, falsche oder defekte Geräte/Maschinen oder durch falsche Körperhaltung Probleme auftraten oder gesundheitliche Gefährdungen entstanden sind? Berichten Sie darüber.*

Rückenschonende Arbeitsplatzgestaltung

Vor der Ausführung einer Arbeit steht die **Arbeitsplatzgestaltung**. Der Arbeitsplatz muss dem Menschen angepasst sein und ihm ein zügiges und sicheres Arbeiten ermöglichen. Außerdem müssen Aspekte der rückenschonenden Arbeitshaltung bedacht werden, um Schädigungen am Haltungsapparat – Wirbelsäule, Muskeln, Sehnen und Bänder – gering zu halten.

Im hauswirtschaftlichen Bereich wechseln die Arbeitsplätze häufig, sodass es manchmal schwer ist, die Grundsätze der Arbeitsplatzgestaltung zu bedenken. Durch die Reichweite der Arme sind der Gestaltung von Arbeitsplätzen Grenzen gesetzt. Sie stellen ein natürliches Maß für die Arbeitsplatzgestaltung und für den Umgang mit Geräten dar.

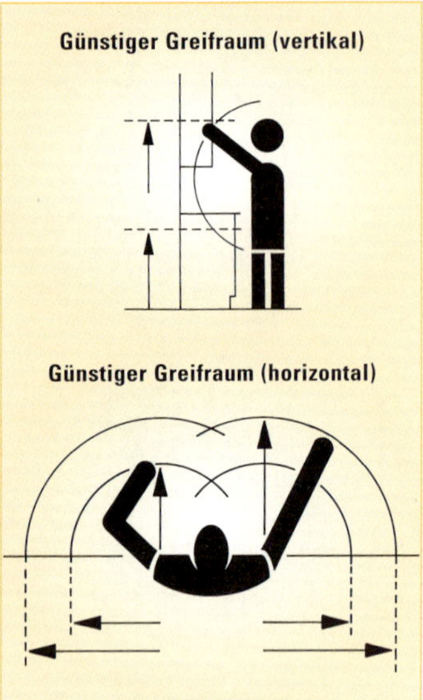

Die Reichweite des inneren Greifraumes beträgt im Durchschnitt bei Frauen im Sitzen bei angewinkeltem Arm ca. 25 bis 30 cm.

Der äußere Greifraum beträgt im Sitzen ca. 40 cm und im Stehen ca. 55 cm. Aus diesen Maßen ergibt sich die Gestaltung des Arbeitsplatzes. Es werden Dinge, die weniger oder seltener benötigt werden, im äußeren Greifraum, die anderen im inneren angeordnet. Ein geeigneter Arbeitsstuhl, eine der Person angepasste Tischhöhe sowie Bewegungsspielraum für Arme, Beine und Füße ermöglichen ein Arbeiten in entspannter Haltung.

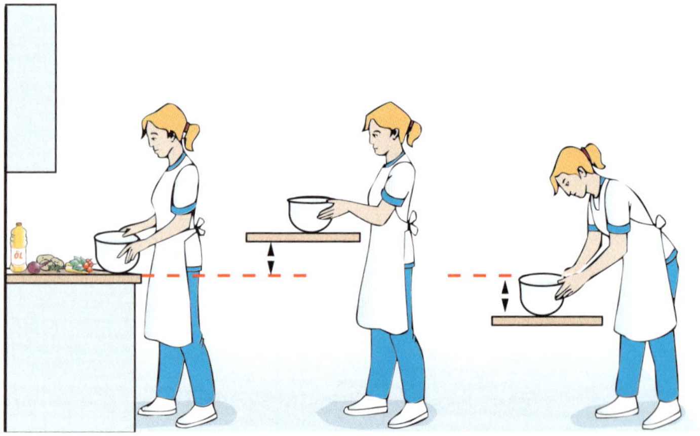

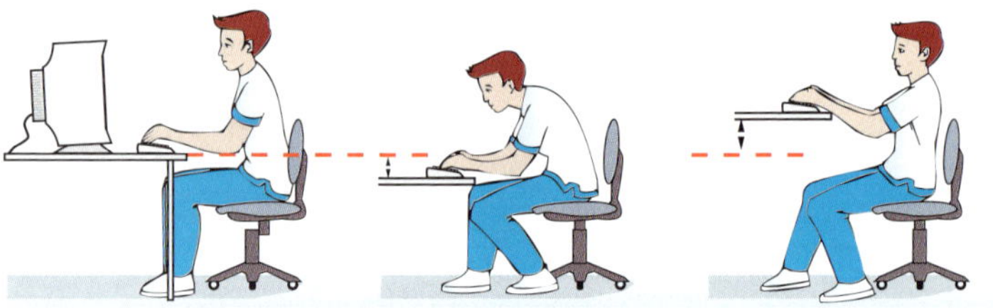

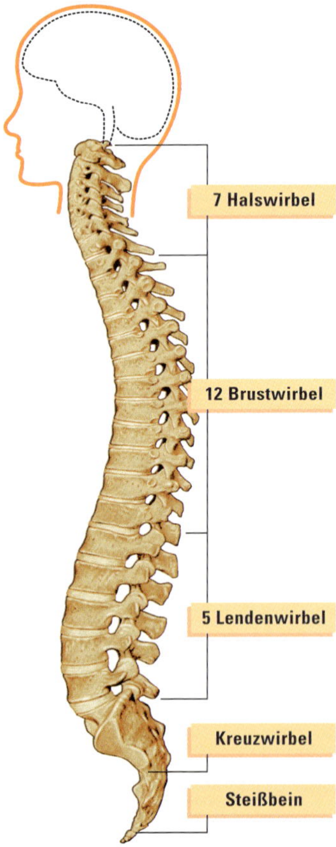

Der normale s-förmige Verlauf der Wirbelsäule

AUFGABE

Welche Arbeitshaltung vermeidet Rückenbeschwerden im Stehen und im Sitzen? Begründen Sie Ihre Aussagen!

Rückenschonendes Arbeiten

Eine entspannte **Körperhaltung** hilft Skelett- und Muskelbeschwerden zu vermeiden. Körperliche Belastungen können durch entsprechende Arbeitshöhen und sinnvolle Bewegungsabläufe in Grenzen gehalten werden.

Es folgen Beispiele, die Sie bei Ihrer eigenen Arbeit beachten und befolgen sollten, wie z. B. Arbeiten in gebückter Haltung, im Stehen, im Sitzen, beim Tragen und Heben.

Arbeiten in gebückter Haltung:
Das Bücken erfordert viel Kraft und beansprucht u. a. die Gelenke und Muskeln im Rückenbereich sowie die Bandscheiben. Darum ist es sinnvoll, entlastende Arbeitshaltungen einzunehmen und sie bewusst zu beachten:

- der Stiel eines Arbeitsgerätes muss lang genug sein; Beispiel für ein Richtmaß: Der Stiel eines Besens soll bis zum Kinn der ausführenden Person reichen
- Wäschekorb mit Beinen
- beim Aufhängen von Wäsche den Korb oder bei Reinigungsarbeiten den Putzeimer auf einen Hocker oder Rollwagen stellen
- Haltung beim Staubsaugen
- Handfeger und Schaufel mit langem Stiel

falsche, ... **... richtige Haltung**

falsche, ... **... richtige Haltung**

Wichtig ist, dass jeder bereit ist zu überprüfen und wahrzunehmen, ob die eigene Haltung entspannt und entlastend für den Körper ist!

falsche, ... **... richtige Haltung**

Bei allen Tätigkeiten, die in Bodennähe zu erledigen sind, mit geradem Rücken in die Hocke gehen, sich hinknien und dadurch eine Erleichterung bei der Durchführung der Tätigkeit bewirken.

Einsicht und Training ist der beste Weg, seine Gesundheit zu erhalten und ein effektives Arbeitsergebnis zu erzielen.

Das Gleiche gilt für Arbeiten, die im Stehen ausgeführt werden müssen. Zur Entlastung der Rücken- und Beinmuskulatur eine Stehhilfe verwenden.

Bei Tätigkeiten, die im Stehen ausgeführt werden müssen und z. B. einen großen Bewegungsraum sowie gute Übersicht und Kraft erfordern, darauf achten,

- den Rücken gerade zu halten
- die Schultern entspannt herunterhängen zu lassen
- die Oberarme locker herunterhängen zu lassen und
- die Unterarme mindestens im 90-Grad-Winkel zu halten

Außerdem muss Fußfreiheit vorhanden und der Kopf frei beweglich sein, um bequem stehen zu können.

falsche, ...

... richtige Haltung

falsche, ...

... richtige Haltung

Arbeiten im Sitzen sind weniger belastend, wenn die vorher genannten Körperhaltungen beachtet werden. Es gibt Tätigkeiten, die eine Nähe der Augen von ca. 40 cm zum Gegenstand benötigen, um exakt ausgeführt werden zu können. Die Ausführung vieler Tätigkeiten ist sowohl im Sitzen als auch im Stehen möglich. Ein Wechsel hilft die Konzentration zu erhalten und den Körper wieder mit Sauerstoff zu versorgen.
Unterstützt wird das Arbeiten im Sitzen durch einen entsprechenden Arbeitsstuhl. Er sollte höhenverstellbar sein, die Rückenlehne der Körpergröße angepasst werden können, die Unterstützung der Wirbel im Lendenbereich ermöglichen und mit fünf Rollen kippsicher ausgestattet sein.

Das Heben und Tragen von Lasten bewirkt eine starre – statische – Belastung der Muskeln. Um dieser entgegenzuwirken, ist z. B. ein Tablett dicht am Körper zu tragen, um die statische Belastung der Arme so gering wie möglich zu halten. Beim Heben von schweren Kisten, Eimern usw. muss die Kraft aus den Beinen und Oberschenkeln kommen und darf nicht über den Rücken erbracht werden.

Zur Entlastung sind Hilfsmittel sinnvoll, wie z. B. der Einkaufswagen und der Eimerwagen sowie Tragevorrichtungen für den Rücken.

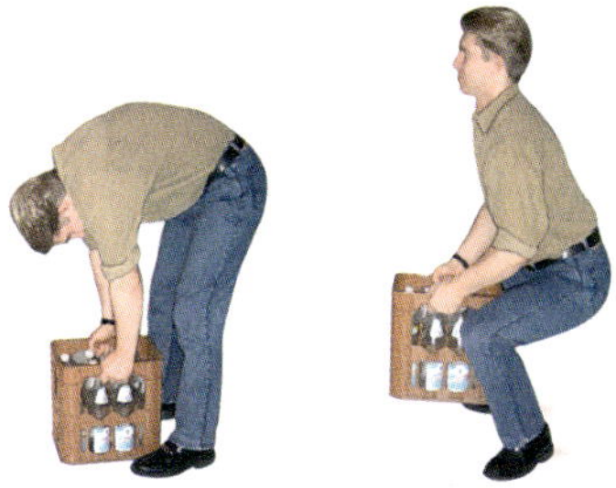

falsche, … … richtige Haltung

falsche, … … richtige Haltung

falsche, … … richtige Haltung

falsche, … … richtige Haltung

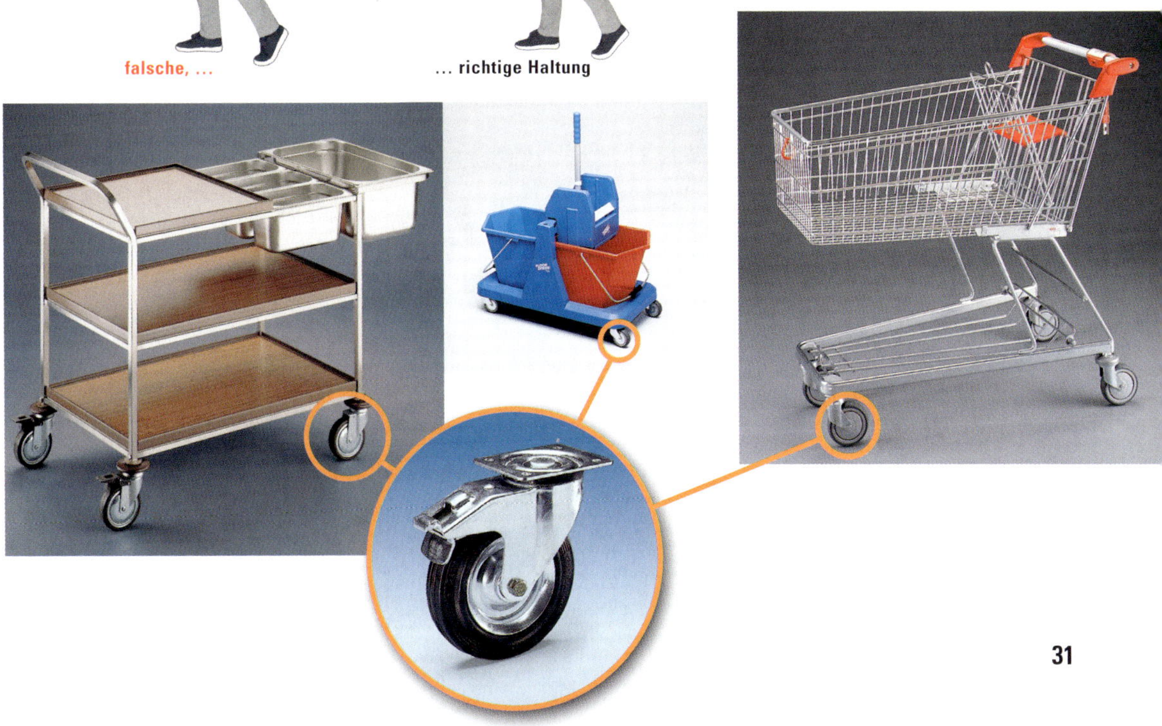

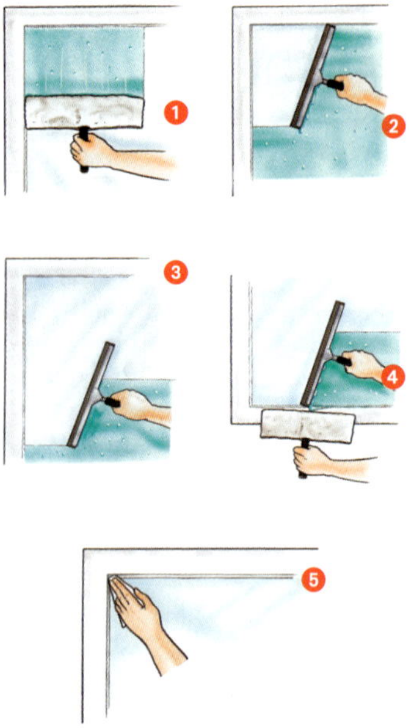

geordnete Bewegungen

Fließende Bewegungen ohne viele Unterbrechungen

Neben der zu beachtenden sinnvollen Körperhaltung sind die Körperbewegungen bei der Ausführung von Arbeiten genauer zu betrachten.
Die Bewegungen sollen **fließend und geordnet** ohne viele Unterbrechungen ablaufen.

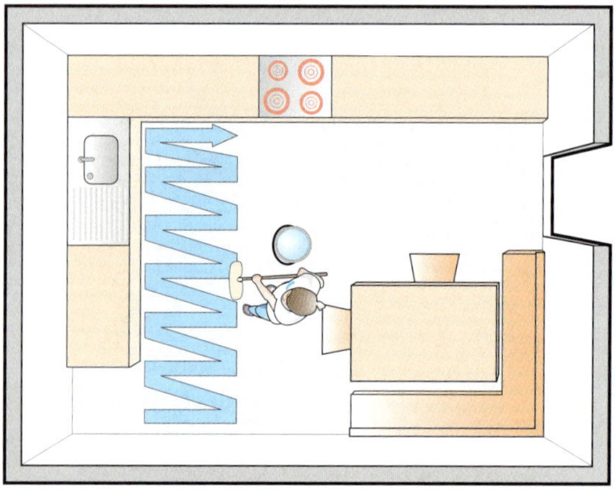

fließende Bewegungsabläufe

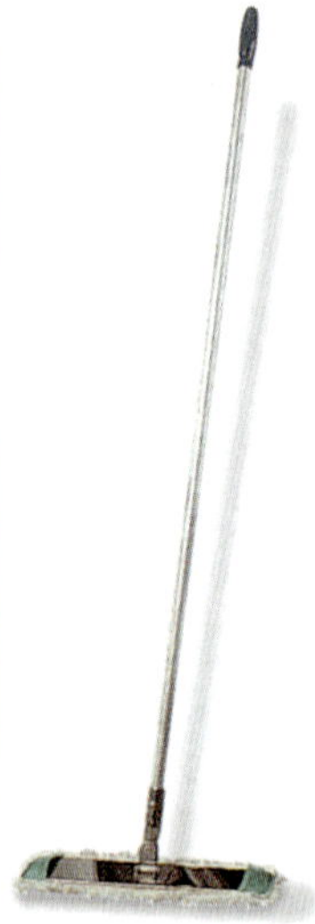

AUFGABE

Notieren Sie, welche Tätigkeiten Ihnen in Ihrem Ausbildungsbetrieb leicht fallen und welche Ihnen körperliche Beschwerden bereiten und anstrengend sind.
Stellen Sie allein oder in der Kleingruppe die Ursachen für mögliche Beschwerden heraus und entwickeln Sie Lösungen für den Abbau von Belastungen bei der Arbeit (vgl. Band 1 dieser Fachbuchreihe HT 4201 S. 190 ff).
Stellen Sie die Ergebnisse vor.

1.2.5 NACHHALTIG WIRTSCHAFTEN

Nachhaltigkeit

»Ich handle so, dass ich folgenden Generationen nicht schade!«

»Nachhaltig nutzen kann ich nur, was nachwächst oder neu entsteht.«

Kunststoffprodukte – Ausgangsstoff ist Öl – Öl wächst nicht nach!

Holzprodukte – Holz wächst zwar nach, das Fällen der Bäume kann aber auch schädliche Auswirkungen haben.

Um die **Umweltbelastungen** so gering wie möglich zu halten und nachhaltiges Wirtschaften zu erreichen, ist es erforderlich, den Verbrauch der Ressourcen niedrig zu halten und Verschmutzungen und Belastungen jeglicher Art zu vermeiden bzw. so weit wie möglich zu reduzieren.
Das bedeutet für den Verbraucher und Anwender, Produkte entsprechend auszuwählen, vgl. Band 3 dieser Fachbuchreihe, HT 4203. Deshalb sollte wenig und wenn möglich recycelbares Verpackungsmaterial bevorzugt und sollten wieder verwendbare und nachfüllbare Erzeugnisse gekauft werden.

Bei **Reinigungs- und Pflegemitteln** ist darauf zu achten, dass durch maßvolle Dosierung die chemische Belastung des Abwassers möglichst gering gehalten wird.

Beim Kauf von Produkten gilt es zu bedenken, was sich hinter der Werbung für ein neues Produkt verbirgt, vgl. Band 3 dieser Fachbuchreihe, HT 4203.

Der Verbraucher muss kritisch sein und ggf. neutrale Informationsquellen wie z. B. Verbraucherberatungen und Testergebnisse nutzen, um Produktionsbedingungen und die Sozialverträglichkeit, z. B. mit dem Kauf von TransFair-Produkten, berücksichtigen zu können. Erzeugnisse mit dem TransFair-Siegel stammen von Herstellern, die sich verpflichtet haben, Rohstoffe für ihre Produkte nach den Kriterien des Fairen Handels einzukaufen. Das Siegel wird vom Verein zur Förderung des Fairen Handels e. V. vergeben.

AUFGABEN

1. *Welche Erfahrungen haben Sie mit aufwendigen Verpackungen – sprich »Mogelpackungen« – gemacht?*
2. *Besuchen Sie einen Supermarkt und suchen Sie fünf negative und fünf positive Produkte mit umweltbelastenden bzw. umweltfreundlichen Eigenschaften heraus.*
   Stellen Sie Ihre Ergebnisse vor und begründen Sie Ihre Aussagen.
3. *Informieren Sie sich über die Ziele der »Agenda 21« und stellen Sie Beispiele vor.*

1.2.6 ARBEITSSICHERHEIT BEACHTEN

Gesundheitsschutz und Arbeitssicherheit am Arbeitsplatz sind sowohl Aufgaben des Betriebes/des Arbeitgebers als auch der Mitarbeiter/der Arbeitnehmer. Der Hauptverantwortliche für die Arbeitssicherheit im Betrieb ist der Arbeitgeber, also diejenige Person, die den Betrieb verantwortlich leitet.
Der Arbeitgeber ist verpflichtet, für die Sicherheit und den Gesundheitsschutz der Arbeitnehmer in Bezug auf alle Aspekte, die die Arbeit betreffen, zu sorgen. Er trägt die Kosten für die Arbeitssicherheit.

Der Arbeitgeber hat gemäß der Gewerbeordnung, den Unfallverhütungsvorschriften und der Arbeitsstättenverordnung für sichere Arbeitsplätze und Arbeitsbedingungen zu sorgen.
Er muss entsprechend dem Chemikaliengesetz und der Gefahrstoffverordnung beim Umgang mit gefährlichen Stoffen Maßnahmen zum Schutz der Gesundheit der Mitarbeiter treffen.
Gemäß dem Arbeitssicherheitsgesetz hat er Fachkräfte für Arbeitssicherheit zu bestellen und auszubilden sowie betriebsärztliche Betreuung zu stellen.
Die eingesetzten Maschinen und Einrichtungen müssen den Verordnungen des Gerätesicherheitsgesetzes entsprechen. Außerdem sind vom Arbeitgeber soziale Schutzgesetze, wie Mutterschutzgesetz und Jugendarbeitsschutzgesetz, zu beachten.

Die Arbeitssicherheit ist aber auch Sache des Arbeitnehmers:
Jeder Arbeitnehmer ist verpflichtet, nach seinen Möglichkeiten für seine eigene Sicherheit und Gesundheit zu sorgen sowie für die Sicherheit und Gesundheit derjenigen Personen Verantwortung zu tragen, die von seinen Handlungen bei der Arbeit betroffen sind.

Im Arbeitsschutzrecht sind folgende Gesetze und Verordnungen von Bedeutung:

- *Gewerbeordnung / Arbeitszeitordnung*
- *Unfallverhütungsvorschriften (UVV) der Berufsgenossenschaften*
- *Arbeitsstättenverordnung*
- *Chemikaliengesetz*
- *Gefahrstoffverordnung*
- *Arbeitssicherheitsgesetz*
- *Gerätesicherheitsgesetz*
- *Mutterschutzgesetz*
- *Jugendarbeitsschutzgesetz*

Sicherheitsschuh

Ferner ist er verpflichtet,

- Maschinen, Geräte, Werkzeuge und z. B. gesundheitsgefährdende Stoffe ordnungsgemäß zu benutzen
- persönliche Schutzausrüstung, wie z. B. geeignete Arbeitskleidung, Handschuhe, Sicherheitsschuhe, zu tragen
- Schutzvorrichtungen nicht außer Betrieb zu setzen
- Gefahren für Sicherheit und Gesundheit wahrzunehmen und zu melden

Jeder Arbeitnehmer ist gesetzlich bei der für seinen Betrieb zuständigen Berufsgenossenschaft pflichtversichert. Die Beiträge muss der Arbeitgeber übernehmen.

Beschäftigte im Privathaushalt müssen beim zuständigen Gemeindeunfallversicherungsverband angemeldet werden, damit sie entsprechend unfallversichert sind.

Arbeitskleidung

AUFGABEN

1. *Beurteilen Sie einige Reinigungsmittel, die Sie selbst benutzen oder die gerade in der Werbung angepriesen werden, nach umweltfreundlichen Gesichtspunkten.*
2. *Wie können Sie nachhaltiges Wirtschaften am Arbeitsplatz und im privaten Lebensbereich unterstützen?*
3. *Stellen Sie sich folgende Situation vor: Es ist eine neue Mitarbeiterin gekommen. Sie wird in Zukunft Ihren jetzigen Arbeitsplatz übernehmen, da Sie im Rahmen Ihrer Ausbildung in einem anderen Arbeitsbereich eingesetzt werden sollen. Sie erhalten den Auftrag, die Kollegin in die Tätigkeiten einzuweisen.*
   Finden Sie sich in Gruppen zusammen und erörtern Sie, wie Sie dabei vorgehen. Halten Sie Ihre Überlegungen schriftlich fest und stellen Sie die Ergebnisse vor.

1.2.7 QUALITÄT SICHERN

Um den Auftrag des »Kunden« zu beiderseitiger Zufriedenheit zu erfüllen, müssen einerseits die Vorstellungen des Kunden in der gewünschten Qualität erfüllt werden. Andererseits muss die hauswirtschaftliche Dienstleistung unter optimalen betrieblichen Bedingungen und wirtschaftlichen Gesichtspunkten durchgeführt werden. Zu berücksichtigen sind die gesetzlichen Vorgaben.

Die Sicherstellung einer gleich bleibenden Qualität ist bei allen Arbeiten eines der wichtigsten Ziele.

Was ist Qualität?

Hauswirtschaftliche Qualität ist vereinfacht ausgedrückt:

»Erfüllung der Anforderungen des Kunden an das Arbeitsergebnis bzw. Produkt.«

Gesetzliche Vorgaben sind z. B. die Einhaltung von
- *Hygienevorschriften*
- *Unfallverhütungsvorschriften*
- *Infektionsschutzgesetz*
- *Arbeitsschutzgesetz*
- *Gefahrstoffverordnung*

Das Ergebnis kann sich z. B. beziehen auf die Reinigung und Pflege eines Esszimmers, die Betreuung eines Kindes, die Zubereitung eines Essens oder die Gestaltung eines Geburtstages.
In jedem Fall muss die ausführende Arbeitskraft die Anforderungen, Vorstellungen und Wünsche des Kunden genau ermitteln.
Denn werden die Anforderungen nicht erkannt und erfüllt, verliert das Unternehmen möglicherweise den Kunden.
Wird mehr geboten, als der Kunde gefordert hat, ist unwirtschaftlich gearbeitet worden.
Um die Erfüllung der Qualitätsanforderungen zu gewährleisten, werden alle betrieblichen Vorgänge und Abläufe in einem Qualitätsmanagementsystem zusammengefasst.
Die Gesamtheit aller qualitätsbezogenen Tätigkeiten und Zielsetzungen wird nach DGQ – Deutsche Gesellschaft für Qualität e.V. – mit Qualitätsmanagement bezeichnet.

Qualitätsmanagement beinhaltet z. B.

- Standards für Leistungen und Aufgaben
- einheitliche Grundlagen für die Kundenbetreuung
- Erfassung von Dokumentationen
- einheitliche Angebots- und Kostenrechnungen
- Motivationsförderung und Eigenkontrolle der Mitarbeiter
- Fort- und Weiterbildung der Mitarbeiter

vgl. Band 3 dieser Fachbuchreihe, HT 4203

Der Begriff »Qualitätsmanagement« ersetzt seit ca. 1990 den Begriff »Qualitätssicherung«

Qualitätssichernde Maßnahmen für Tätigkeiten und Dienstleistungen gelten für **alle** betrieblichen Bereiche. Sie beziehen sich nicht nur auf die Tätigkeit beim Kunden, sondern bereits auch schon auf Aspekte, die im betrieblichen Vorfeld beachtet werden müssen, z. B. bei

- Vertragsabschlüssen
- Kostenaufstellungen
- betrieblichen Organisationen
- Arbeits- und Zeitplanungen
- Lagerhaltung
- Leistungsstandards
- Leistungskontrollen
- Beschaffung von Material
- Bestand an Maschinen, Geräten, Hilfsmitteln
- Qualifikation des Personals bezüglich der Ausbildung und der Fort- und Weiterbildung

Standards stellen allgemein gültige und akzeptierte Normen dar, die Tätigkeitsbereiche und deren Qualität für die jeweilig zu erfüllende Aufgabe ausweisen.

Jeder Einzelne ist also an seinem Arbeitsplatz für die Qualität seines Arbeitsergebnisses verantwortlich. Das setzt voraus, dass jedem Einzelnen die Qualität der hauswirtschaftlichen Leistungen und Möglichkeiten sowie die qualitätssichernden Maßnahmen für seine Arbeit einsehbar und verständlich sind.

Zur Durchführung und Einhaltung von qualitätssichernden Maßnahmen muss für alle Bereiche ein betriebliches Regelwerk vorhanden sein und allen Mitarbeitern bekannt gemacht werden. Die Zusammenfassung aller qualitätssichernden Dokumentationen erfolgt in einem so genannten **Qualitätsmanagementhandbuch**.
In diesem Handbuch werden auch die Qualitätsziele definiert. Es werden für alle Bereiche qualitätssichernde Maßnahmen dokumentiert und z.B. in Form von Checklisten standardisiert, sodass sie für jeden verständlich und nachvollziehbar sind.

Checkliste

Muster muss betriebsspezifisch angepasst werden.

Kontrolle Betriebsstätten

Erfüllt meine Betriebsstätte die gesetzlichen Anforderungen?

Verfügt meine Betriebsstätte über:	**Ja**	**Nein**	**Anmerkungen**
Handwaschbecken mit Warm- und Kaltwasserzufuhr?			
Natürliche oder mechanische Be- und Entlüftung?			
Be- und Entlüftungsfilter, die leicht zu reinigen und auszutauschen sind?			
Ausreichende natürliche oder künstliche Beleuchtung?			
Personal-Toilettenräume mit Handwaschbecken?			
Handwaschbecken mit Warm- und Kaltwasserzufuhr?			
Toilettenräume mit Belüftung?			
Toilettenräume ohne Zugang zu Räumen, in denen Lebensmittel hergestellt, behandelt, verarbeitet oder in Verkehr gebracht werden?			

Datum ____________ **Unterschrift** ____________

Quelle: Seminar zur »Umsetzung der Lebensmittelhygiene-Verordnung«, S. 27, 1998

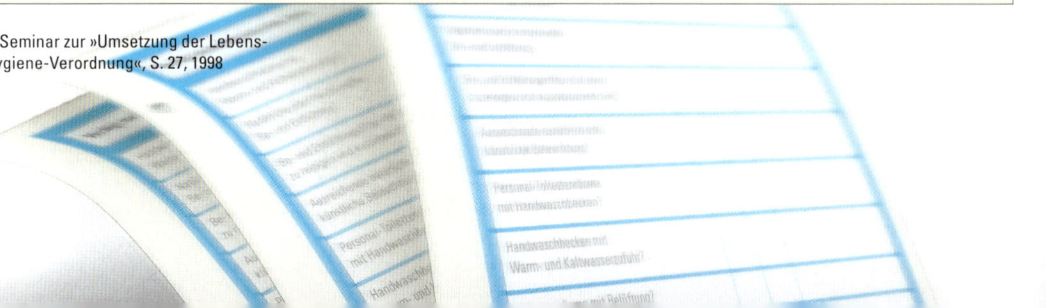

Dokumentation einer HACCP-Studie »Spießbraten«

Rohstoff Produkt Prozessschritt	Gefährdung	CCP?	Lenkungsbedingungen/ Grenzen	Überwachung	Überprüfung	Maßnahmen beim Überschreiten der Grenzen oder Abweichungen	Zuständig Verantwortlich
Anlieferung	Vermehrung pathologischer Mikroorganismen, Verschmutzung	ja	Anlieferung 4 °C Toleranzwert 6 °C Frei von sichtbaren Verschmutzungen	Thermometer Sichtkontrolle	Umgebungstemperatur 2/80 kg	Umgebungstemperatur 2/80 kg	Müller
Vorbereitung	dito	nein	Zügige Verarbeitung am richtigen Posten	Sichtkontrolle			Müller
Garen	Überleben pathologischer Mikroorganismen	ja	Kerntemperatur 75 °C Grenzwert 70 °C	Thermometer	2 Stichproben	2 Stichproben	Müller
Portionieren	Übertragung pathologischer Mikroorganismen	nein					Müller
Ausgabe	Überleben und Vermehren pathologischer Mikroorganismen	nein	Ausgabetemperatur 75 °C Grenzwert 70 °C Ausgabezeit max. 2 Stunden	Kerntemperaturmessung Zeitmessung	2 Stichproben	Neuerhitzung auf 75 °C Sperrung der Charge	Müller

Bei Dienstleistungen im hauswirtschaftlichen Bereich müssen folgende Punkte besonders berücksichtigt werden:

- Soziale Aspekte: eindeutige Beschreibung der Leistung ausgerichtet an den Bedürfnissen des Kunden
- Fachliche Aspekte: standardisierte Arbeitsabläufe – ergonomisches Arbeiten – z. B. hauswirtschaftliche Leistungserstellung bezogen auf die Hausreinigung, Verpflegung und Wäschepflege, vgl. Band 1 dieser Fachbuchreihe, HT 4201
- Systematisierte Ergebniskontrollen
- Einhaltung von gesetzlichen Vorschriften

In hauswirtschaftlichen Betrieben und Einrichtungen, in denen Lebensmittel hergestellt, behandelt, verarbeitet oder in den Verkehr gebracht werden, bezieht sich das z. B. auf die Lebensmittelhygieneverordnung (LMHV). Sie erfordert eine betriebliche Eigenkontrolle, die sich auf 12 Kontrollpunkte stützt (siehe S. 38).

(siehe auch HACCP = Hazard Analysis Critical Control Points – übersetzt: Gefahrenanalyse kritischer Kontrollpunkte, vgl. Band 2 dieser Fachbuchreihe, HT 4202, S. 10)

Die Dokumentation ist eine schriftliche Erfassung der Qualitätsergebnisse – Ist-Werte – und/oder Qualitätsforderungen – Soll-Werte.

Beispiele standardisierter Abläufe

Standardablauf textilen Fußbodenbelag grundreinigen

Vorbereiten:
- Materialverträglichkeitsprobe machen
- Fußbodenheizung abstellen, Fläche freiräumen
- Möbel soweit notwendig gegen Spritzer schützen
- Arbeitsgeräte einsatzbereit machen
- Reinigungsmittel nach Herstellerangaben dosieren

Reinigen:
- Staub saugen
- Flecken vorbehandeln, einwirken lassen
- schamponieren oder sprühextrahieren
- Flor absaugen oder aufbürsten

Aufräumen:
- Geräte reinigen
- Raum wieder einräumen
- Abdeckungen von Möbeln entfernen

(vgl. Band 1 dieser Fachbuchreihe HT4201, S. 40)

12 kritische Kontrollpunkte:
- *Bestellung*
- *Warenannahme*
- *Lagerung*
- *Auftauzeiten, Auslagerung*
- *Portionierung*
- *Zubereitung*
- *Abkühlung*
- *Ausgabe*
- *Restanten (nicht verzehrbare Lebensmittel)*
- *Entsorgung*
- *Reinigung und Desinfektion, Schädlingsbekämpfung (Betriebshygiene)*
- *Personalhygiene*

Standardablauf Dünsten (mit Fett und Flüssigkeit)

Vorbereiten:
- Lebensmittel abwiegen
- entsprechend dem Rezept vor- und zubereiten
- Arbeitsgeräte bereitstellen
- Arbeitsplatz einrichten

Durchführen:
- Fett erhitzen
- Lebensmittel dazugeben
- gleichmäßig mischen und andünsten
- etwas Flüssigkeit dazugeben
- würzen
- Topfdeckel aufsetzen, leise köcheln lassen

Anrichten:
- Gemüsegerichte mit frischen Kräutern bestreuen

(vgl. Band 2 dieser Fachbuchreihe HT4202, S. 48)

AUFGABEN

1. *Erstellen Sie in Gruppenarbeit standardisierte Arbeitspläne zu Reinigungsarbeiten (vgl. Band 1 dieser Fachbuchreihe HT 4201).*
a) Erarbeiten Sie in Gruppen ein Schema mit Kriterien zur Kontrolle und Überprüfung der in Aufgabe 1 erarbeiteten Pläne.
b) Führen Sie die in Aufgabe 1 erstellten Pläne durch und kontrollieren Sie anhand der aufgestellten Kriterien das Ergebnis/bzw. den Prozess.

2. *Tragen Sie die gesetzlichen Vorschriften zusammen, die bei hauswirtschaftlichen Dienstleistungen in Ihrem Betrieb berücksichtigt werden müssen.*

3. *Entscheiden Sie sich in der Klasse für ein Beispiel aus Ihrem Berufsalltag, an dem Sie Qualitätsziele, die sich auf die soziale Kompetenz (s. S. 39) beziehen, formulieren können.*
Besprechen Sie in Kleingruppen die erfassten Ziele. Stellen Sie die Ergebnisse im Plenum vor.

1.3 EIGENVERANTWORTLICH LERNEN

1.3.1 KOMPETENZEN ERWERBEN

Die Kompetenz der beruflichen Handlungsfähigkeit – die **Handlungskompetenz** – entwickelt sich aus unterschiedlichen Fähigkeiten und Kenntnissen, die notwendig sind, um eigenverantwortlich berufliche, private und gesellschaftliche Situationen bewältigen zu können. Neben der Fachkompetenz sind die Personal-/Selbstkompetenz, die Sozialkompetenz und die Methoden-/Lernkompetenz bedeutsam. Der Schwerpunkt besteht darin zu lernen, auf Anforderungen flexibel, kreativ und effektiv reagieren und entsprechend handeln zu können.

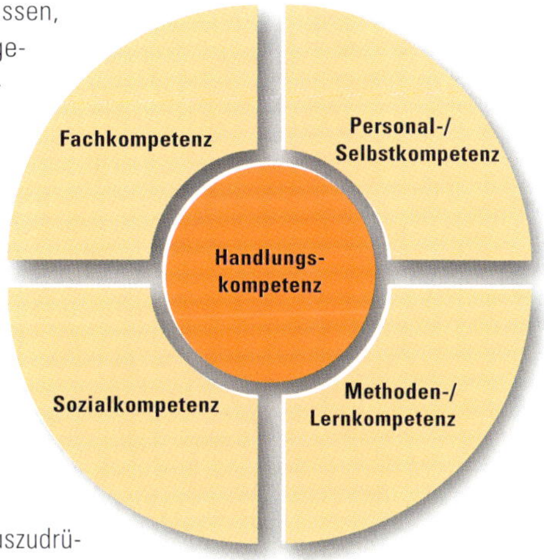

Fachkompetenz drückt die Bereitschaft und Fähigkeit aus, sich das notwendige hauswirtschaftliche Fachwissen anzueignen, um professionell handeln und Aufgaben selbstständig, sachgerecht und zielorientiert erledigen zu können. Die Fachkompetenz schließt die objektive Beurteilung und Bewertung der eigenen Arbeitsergebnisse sowie das Erkennen und Beheben von Fehlern ein.
Fachkompetenz beinhaltet:

- kommunikative Fähigkeiten – Möglichkeit, sich klar und deutlich auszudrücken
- fachspezifische Kenntnisse – Erwerb hauswirtschaftlicher Fachkenntnisse und deren praktische und professionelle Umsetzung
- allgemein gültige Kenntnisse – z. B. Allgemeinwissen, Interesse an Gesellschafts-, Wirtschafts- und Umweltthemen

Personal-/Selbstkompetenz bedeutet Selbstsicherheit, Selbstvertrauen, Kritikfähigkeit, Zuverlässigkeit und Selbstständigkeit sowie die Übernahme der Verantwortung für das eigene Tun und Handeln. Außerdem ist es wichtig, die eigene persönliche Position im familiären, betrieblichen und gesellschaftlichen Zusammenhang zu erkennen, zu klären und zu beurteilen.
Personal-/Selbstkompetenz beinhaltet:

- psychische Stabilität – Selbstverantwortlichkeit, Selbstständigkeit, Selbstbewusstsein, Urteilsfähigkeit
- Arbeitshaltung – Engagement, Konzentration, Leistungsfähigkeit, Belastbarkeit, Genauigkeit, Effektivität, Flexibilität
- Denkfähigkeiten – strukturiert, logisch, analytisch, kreativ, kritisch, vernetzt

Sozialkompetenz bezieht sich auf das Miteinanderauskommen, Leben und Reden sowie darauf, Konflikte aushalten und bewältigen zu können. Sie beinhaltet außerdem, andere mit ihren Vorstellungen, Meinungen und ihrem Verhalten zu akzeptieren sowie zur Kooperation und zu Kompromissen bereit zu sein.
Sozialkompetenz beinhaltet:

- Kommunikationsfähigkeit – zuhören, sprachliche Ausdrucksfähigkeit
- mit anderen zusammenleben – Kontaktfähigkeit, Kooperationsfähigkeit, Konflikt- und Kritikfähigkeit, Sensibilität
- Werte – ethischer, politischer, sozialer Art – Achtung vor den Mitmenschen, Toleranz, Fairness, Solidarität, Offenheit und Ehrlichkeit

Methoden-/Lernkompetenz heißt, aus der Methodenvielfalt eine Auswahl zu treffen, um die gestellten Aufgaben erfolgreich bearbeiten zu können. Es werden methodische Wege und Möglichkeiten gesucht und erprobt, um eine Lösung zu finden bzw. die Aufgabe oder den Auftrag zum erfolgreichen Abschluss bringen zu können.

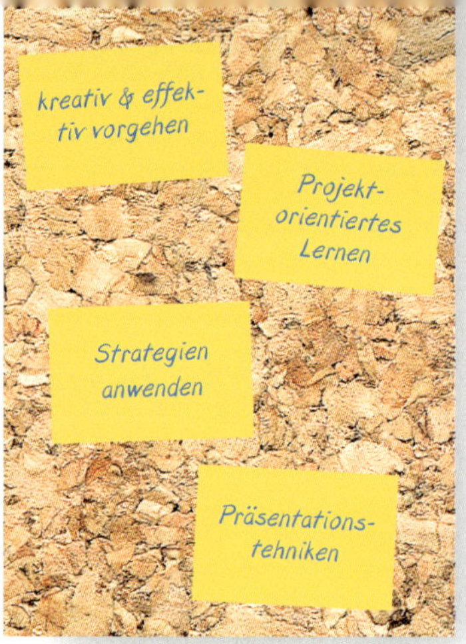

Methoden-/Lernkompetenz beinhaltet:

- Lernen – selbstständig zu handeln, Strategien anwenden, kreatives und effektives Vorgehen
- Methoden anwenden – wie z. B. Projektlernen, Modell der vollständigen Handlung , Ideensammlung, Kartenabfrage
- Präsentationen – referieren, vortragen, darstellen, ausstellen

1.3.2 MODELL DER VOLLSTÄNDIGEN HANDLUNG

Das Modell der vollständigen Handlung stellt eine hilfreiche Struktur dar, um Aufgaben selbstständig zu planen, durchzuführen und zu kontrollieren.

Fallbeispiel:
Die Auszubildende in einer Seniorenwohnanlage bekommt den Auftrag, für eine plötzlich erkrankte Mitarbeiterin die Vertretung zu übernehmen. Ihre Aufgabe besteht jetzt darin, täglich den Eingangsbereich und die Eingangshalle zu reinigen und für eine ansprechende Gestaltung zu sorgen. Es war zuvor keine Einarbeitung mehr möglich.

Um diese vorgegebene Aufgabe qualifiziert und professionell zur Zufriedenheit der Bewohner, der hauswirtschaftlichen Leitung und der eigenen Zufriedenheit lösen zu können, wählt die Auszubildende für ihre Planung das Modell der vollständigen Handlung.

In der ersten Phase dieses Modells findet die gedankliche Auseinandersetzung, verbunden mit der Beschaffung von Informationen, statt.

Als Zweites folgt die schriftliche Festlegung über die Vorgehensweise und die Erstellung eines sinnvollen Planes.

Die Umsetzung des Planes ist die dritte Phase mit abschließender Kontrolle und Bewertung der geleisteten Arbeit.

Das bedeutet im Einzelnen:

1. **Informieren:** Informationen beschaffen
   - z. B. Vorstellungen bei der Hausleitung erfragen (Kosten)
   - zu pflegende Materialien und die entsprechenden Pflegemittel bestimmen
   - Aufwand ermitteln

2. **Planen:** Arbeits- und Zeitpläne aufstellen
   - alternative Vorstellungen und Wege für die Ausführung entwickeln und aufzeichnen

3. **Entscheiden:** Vorgehensweise festlegen
   - ggf. nach fachkompetenter Beratung für einen Plan entscheiden

4. **Ausführen:** Planung umsetzen
   - den Plan in der Praxis ausführen

5. **Kontrollieren:** Arbeitsergebnisse kontrollieren
   - das Arbeitsergebnis kritisch betrachten
   - Fehler erkennen und korrigieren

6. **Auswerten:** Eigenbewertung vornehmen
   - Verbesserungen und Veränderungen aufzeigen und ggf. durchführen

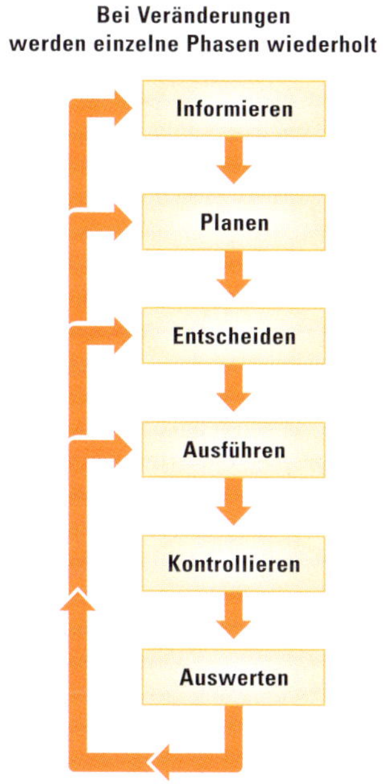

AUFGABEN

1. *Entwickeln Sie Ideen, wie am Beispiel des Eingangsbereichs und der Eingangshalle unter Anwendung des Modells der vollständigen Handlung die Aufgabe gelöst werden kann.*
   Arbeiten Sie in Kleingruppen. Vergleichen Sie die Ergebnisse.

2. *Wählen Sie ein Thema oder eine Aufgabenstellung aus Ihrem Betrieb/der Schule und entwickeln und lösen Sie diese Aufgabe anhand des Ablaufschemas der vollständigen Handlung.*

1.3.3 GESTALTUNG VON LERNSITUATIONEN

In einer Lernsituation sind Inhalte und Themen aus den Lernfeldern in einer Aufgabenstellung zusammengefasst.
Die Lernsituationen sind unter Berücksichtigung der Rahmenbedingungen von Schule, Betrieb und Umfeld gestaltet.
Zur Bearbeitung einer Lernsituation (Aufgabenstellung) bietet sich der Ablauf der Handlungsphasen – Informieren, Planen, Entscheiden, Ausführen, Kontrollieren, Auswerten = der vollständigen Handlung – an.

Arbeitsplätze rückenschonend gestalten

AUFGABE

Lernsituation

Ihre Klasse bekommt heute den Auftrag, sich mit den rückenschonenden Maßnahmen bei der Durchführung von hauswirtschaftlichen Tätigkeiten auseinander zu setzen.
Gestalten Sie Übungsstationen, an denen Schülerinnen/Schüler anderer Berufsfachschulklassen ausprobieren und erfahren können, welche Aspekte bei der Arbeitsplatzgestaltung zu beachten sind.

Auf den Seiten 25 bis 31 finden Sie wichtige Informationen zu diesem Thema. Beschaffen Sie sich weitere Informationen aus Fachbüchern und/oder Broschüren, z. B. von Krankenkassen, und befragen Sie Experten.

Entscheiden Sie sich für geeignete Beispiele.
Ermitteln Sie, wie viel Zeit für die Vorbereitungen und die Phase der Übungsdurchführung benötigt wird.
Finden Sie sich in Gruppen zusammen und einigen Sie sich auf ein gemeinsames Vorgehen.

Planen Sie in den Gruppen die unterschiedlichen Übungsstationen und bauen Sie diese in Klassen-/Fachräumen auf.

Führen Sie die Übungen mit den anderen Klassen durch.

Beurteilen Sie gemeinsam die von Ihnen gestalteten rückenschonenden Arbeitsplätze und die Erfahrungen und Beobachtungen, die Sie während der Übungsphasen gemacht haben. Führen Sie außerdem eine Befragung über den Erfolg bei den Klassen durch, die die Stationen durchlaufen haben.
Konnten Sie Ihre Ziele erreichen?

Beachten Sie bei der Bearbeitung der Lernsituation auch die Informationen auf der folgenden Seite.

Informationen zur Bearbeitung von Lernsituationen

<table>
<tr><th>Phase</th><th>Inhalt/Themen</th><th>Methodische Beispiele</th></tr>
<tr><td>Vorbereitungsphase</td><td>
▶ sich mit der Aufgabenstellung vertraut machen
▶ aus den Inhalten einen Themenbereich auswählen

Lehrkraft formuliert daraus eine Lernsituation oder diese wird gemeinsam entwickelt unter Berücksichtigung folgender Punkte:
▶ Inhalte auswählen
▶ Umfang ermitteln
▶ Zeitrahmen festlegen
▶ Ziele, Bewertungskriterien, Kompetenzen festlegen
▶ Möglichkeiten der Durchführbarkeit erörtern
</td><td>
▶ durch Punktvergabe

▶ Kartenabfrage: Vorstellungen auf Karten schreiben oder eine
▶ Mind-Map erstellen

▶ Ergebnisse auf einer Wandzeitung festhalten
</td></tr>
<tr><td>Bearbeitungs- und Durchführungsphase</td><td>
▶ Informationen zum Thema und zu den Inhalten sammeln:
  ▶ strukturieren
  ▶ bewerten und auswerten
  ▶ zusammenfassen

▶ themenbezogene Auswahl treffen:
  ▶ sich für Inhalte und/oder Produkte entscheiden
  ▶ sich über die Arbeitsform/Vorgehensweise verständigen
  ▶ sich in der Gruppe Regeln für die Arbeit geben

▶ Einzel- bzw. Gruppenpläne sowie Arbeitsabläufe und Vorgehensweisen erarbeiten und schriftlich festhalten, Planungen umsetzen:
  ▶ Ergebnisse kritisch betrachten und bewerten
  ▶ Präsentation durchführen
</td><td>
▶ Texte beschaffen und durcharbeiten
▶ Mind-Map erstellen
▶ Internet-Recherche durchführen
▶ Experten befragen
▶ außerschulische Einrichtungen erkunden

▶ Gruppenbildung durchführen nach Interessen, Freundschaften, durch Losentscheid, nach dem Zufallsprinzip, vorgegeben durch die Lehrkraft

Präsentationsformen können z. B. sein: Ausstellungen, Vorträge, Plakate, Collagen, Rollenspiele, Videofilme
</td></tr>
<tr><td>Auswertungs- und Reflexionsphase</td><td>
▶ eine Gesamtbewertung vornehmen anhand der zu Beginn formulierten Ziele, Bewertungskriterien und Kompetenzen
▶ Reflexion durchführen – inhaltlich und bezogen auf die Gruppenarbeit und die Durchführung
</td><td>
▶ Bewertungsbogen einsetzen
▶ Fragebögen *
▶ Fischernetz und Teich *
▶ Auswertungszielscheibe *
▶ Blitzlicht
▶ Selbsterklärungs-Eisberg *
▶ Stimmungsbarometer
*(*aus Rabensteins Methoden-Set Band 4 »Reflektieren«)*
</td></tr>
</table>

Übung

Methodenbeispiele für die Reflexionsphase

Fischernetz und Teich

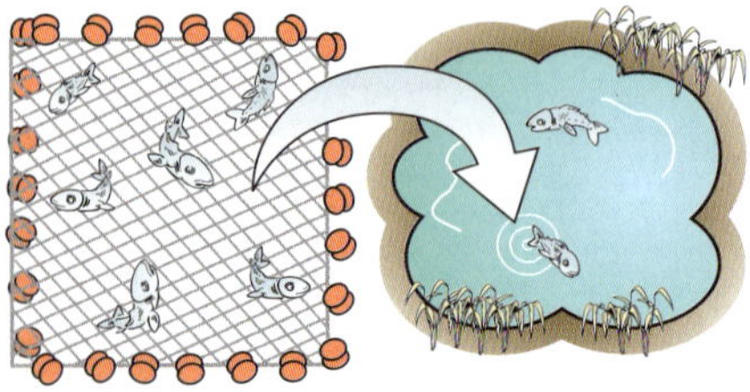

Diese Methode bietet am Ende einer Arbeitsphase die Möglichkeit, die Ergebnisse nach positiven und negativen Gesichtspunkten zu bewerten. Der Fang wird nach brauchbarem und nicht verwertbarem Inhalt durchsucht. Anhand des Beispiels eines Fischfangergebnisses wird im übertragenen Sinne dargestellt, welche Ergebnisse gut sind und im Netz (ein auf einem großen Papierbogen aufgezeichnetes Netz) verbleiben und welche in den Teich (auf einem zweiten Bogen aufgezeichnet) zurückgeworfen werden, d.h. zu diesem Zeitpunkt nicht von Bedeutung sind.

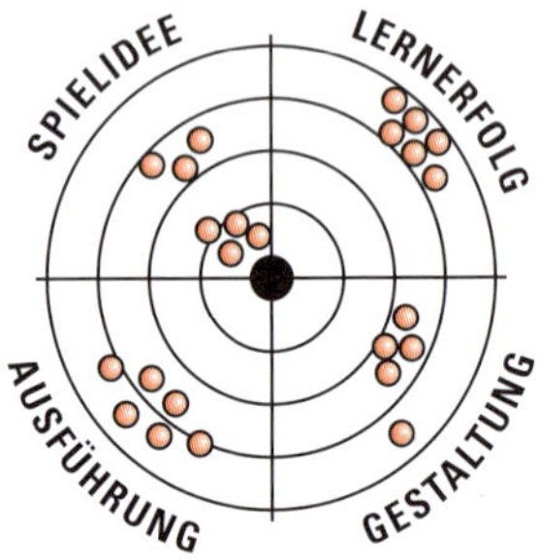

Zielscheibe zur Auswertung

Eine Zielscheibe wird der Anzahl der Kriterien entsprechend aufgeteilt und entweder als Folie aufgelegt oder als Kopie ausgegeben. Jeder Schüler erhält Klebepunkte oder markiert seine Gewichtung mit Kreuzen. Je näher die Markierung zum Mittelpunkt gesetzt ist, umso größer ist die Zufriedenheit mit dem Ergebnis. Der Punkt in der Mitte signalisiert ein sehr gutes Ergebnis. Je weiter die Punkte jedoch nach außen gesetzt werden, umso schlechter fallen die Bewertungen aus.

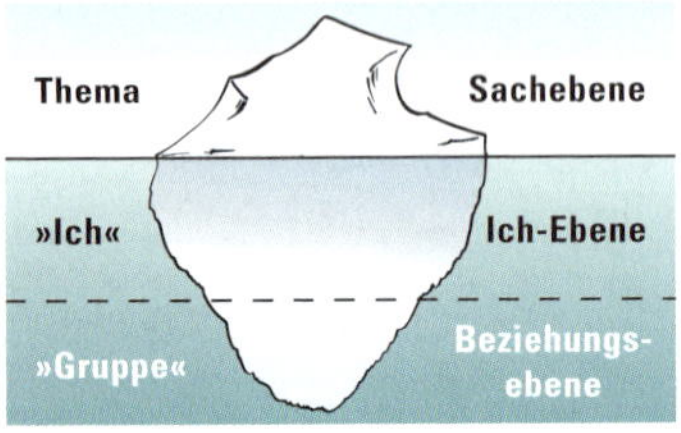

Selbsterklärungs-Eisberg

Jeder Schüler wird aufgefordert, jeweils mindestens eine Aussage zum Thema, zum eigenen Empfinden und zur Zusammenarbeit in der Gruppe zu machen. Das lässt sich zeichnerisch gut anhand eines Eisbergs darstellen. Die Spitze des Eisbergs ragt aus dem Wasser, das Thema, die Sachebene, ist sichtbar. Direkt unter der Wasseroberfläche, nicht sichtbar, liegt die Ich-Ebene und noch weiter unten die Ebene, die die Beziehung zu den anderen aufzeigt.

Stimmungsbarometer

Jeder Schüler wird aufgefordert, seine momentane Gefühlslage durch die Vergabe von Klebepunkten auf einem Plakat darzustellen.

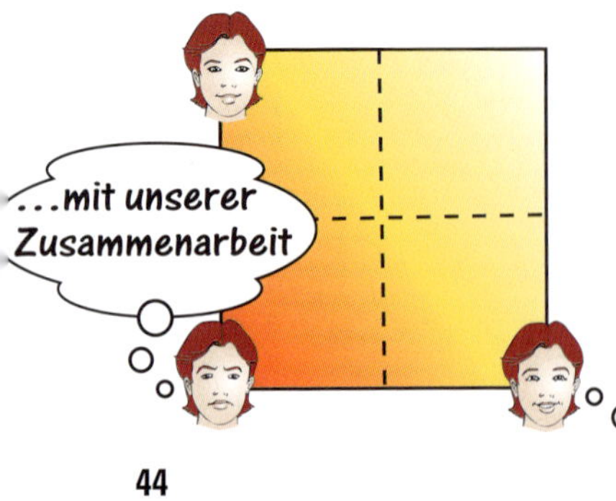

Blitzlicht

Jeder Schüler wird aufgefordert, am Ende der Arbeit zu den Ergebnissen Stellung zu nehmen oder eine Frage der Lehrkraft zu beantworten (s.a. S. 70).

1.3.4 ZUKUNFTSWERKSTATT

Die Methode Zukunftswerkstatt hat zum Ziel, zu einem Thema oder einer Aufgabenstellung eine Vielfalt an Meinungen, Ideen, Aussagen zusammenzutragen, diese in Zukunftsideen zusammenzufassen und zu verwirklichen.

Übung

Die Zukunftswerkstatt ist ein Methodenbeispiel für die Teamarbeit.

Stellen Sie sich vor, Sie könnten über die 3-jährige Ausbildung zur Hauswirtschafterin/zum Hauswirtschafter bestimmen!

Sie könnten gemeinsam in der Klasse dieses Thema anhand der Methode »Zukunftswerkstatt« bearbeiten.
Fragen Sie Ihre Lehrkraft nach einer ausführlichen Beschreibung dieser Methode oder suchen Sie die entsprechenden Informationen in der Bibliothek, im Internet usw.

Hier eine Kurzfassung der Zukunftswerkstatt:
Diese Methode beginnt mit der Kritikphase, in der auf Karten in Kurzform festgehalten wird:

- Was stört mich?
- Was empfinde ich als unbefriedigend?
- Wovor habe ich Angst?

Es wird nicht über die Aussagen diskutiert! Es können aber kurze Verständnisfragen gestellt werden.

Im zweiten Abschnitt, der Fantasiephase, heißt es:

- Alles ist möglich!
- Alles ist erlaubt!
- Alles ist machbar!

Die auf den Karten festgehaltenen Kritikpunkte aus der ersten Phase werden in positive Aussagen umformuliert.

Es gibt keine Kritik an den geäußerten Überlegungen. Killerphrasen wie »Ja, aber...« oder »Das ist rechtlich nicht möglich...« usw. sind nicht erlaubt!

Die Ergebnisse werden gemeinsam strukturiert und bewertet, gewichtet bzw. bepunktet.

Die Fantasievorstellungen sollen dann anschaulich und sinnlich erfahrbar präsentiert werden.

Der folgende Schritt in der Umsetzungsphase hat zum Ziel, die wahrscheinlich zum Teil utopischen Entwürfe so zu durchleuchten, dass Handlungsmöglichkeiten, Hindernisse und deren Überwindung herausgestellt werden.

Daraus werden Durchsetzungsstrategien entwickelt, aus denen hervorgeht, wer aus der Klasse was und wann erledigt, welche Voraussetzungen und Strategien notwendig sind oder welche Wege gegangen werden können oder müssen.

Wichtig ist festzulegen, zu welchem Zeitpunkt welche Aufgaben erledigt werden sollen.

Probieren Sie es aus!

Methoden zum Themenbereich Kommunikation finden Sie ab Seite 58.

2 WAHRNEHMEN UND BEOBACHTEN

Wir sind umgeben von Menschen!

Wir leben, arbeiten oder treffen zufällig mit ihnen zusammen.
Einige von ihnen werden Sie vielleicht im Privat- oder Berufsleben in bestimmten Lebenssituationen versorgen und betreuen.

Was nehmen Sie von ihnen wahr?

Was berührt und bewegt Sie?

Was sehen Sie wirklich?

Wie verhalten Sie sich?

Wie nehmen Sie sich selbst wahr?

Projektideen für dieses Lernfeld:

- Planen und veranstalten Sie einen Kaffeenachmittag für die Bewohner eines Seniorenwohnheims unter Berücksichtigung der Versorgung und Unterhaltung.
- Erarbeiten Sie eine Tagesgestaltung für ein krankes Kind.
- Erkunden Sie, welche Angebote in Ihrer Region von landwirtschaftlichen Betrieben unter dem Motto »Ferien auf dem Bauernhof« gemacht werden.
- Informieren Sie sich über Angebote und Strukturen bei Dienstleistungszentren.
- Gestalten Sie in Ihrer Schule den Eingangsbereich oder eine Sitzecke.
- Richten Sie Ihren Klassenraum so her, dass Sie sich darin wohl fühlen.

Situation 1:
Bitten und Beschwerden entgegennehmen in Form eines Rollenspiels

Ziel: Kommunikation bewusst durchführen, erleben und Strategien anwenden.

Sprechen Sie in der Klasse ab, wer die Funktion der beiden Rezeptionsmitarbeiter übernimmt. Die auf Karten geschriebenen Bitten und Beschwerden werden von den anderen in der Klasse an der Rezeption vorgetragen. Es können mehrere Kunden an der Rezeption stehen.

Wer keine Aufgabe hat, beobachtet und hört den Gesprächen zu.

Stellen Sie gemeinsam Kriterien für die Auswertungsphase zusammen. Beziehen Sie die Kriterien auf die Inhalte der Themen »Wahrnehmung, Kommunikation und Umgangsformen«.

Die beiden Personen, die die Rolle des Personals übernommen haben, können nach 5 bis 8 Minuten zwei Mitschüler als neue Mitarbeiter an die Rezeption bitten oder es entschließen sich zwei Personen freiwillig zur Ablösung des Personals.

▶ Schreiben Sie weitere Bitten und Beschwerden auf Karten.

Auswertung:
Führen Sie eine gemeinsame Auswertung unter Berücksichtigung der aufgestellten Kriterien durch, indem alle berichten, was sie beobachtet und wahrgenommen haben.

Übung

Eine halbe Stunde warte ich nun schon auf meinen Kaffee!

Kann ich die Rechnung überweisen? Mein Bargeld reicht nicht aus.

Die Geräusche im Nebenzimmer sind störend!

Wie teuer ist ein Brief nach Amsterdam?

Die Bett- und Frotteewäsche riecht so unangenehm!

Das Wasser in der Dusche läuft nicht ab!

Ich möchte gern ein anderes Zimmer haben!

Wie komme ich von hier am besten zum Fitness- und Sportcenter?

Ich habe mich hier mit Herrn Jonathan verabredet. Hat er sich schon gemeldet?

Mein Mann hat starke Kopfschmerzen. Haben Sie eine Tablette?

Vor 10 Minuten habe ich meinen Mantel dort hingehängt und nun ist er verschwunden!

Situation 2: Die Kommunikationsfähigkeit weiterentwickeln durch Rollenspiele, szenisches Spiel, Interviews, Expertengespräche

Umgangsformen beim Abschied wiedergeben, Ergebnisse wahrnehmen und reflektieren.

Finden Sie sich zu zweit zusammen. Wählen Sie eines der auf Zettel geschriebenen Verabschiedungsbeispiele zwischen zwei Personen aus oder entscheiden Sie sich für ein eigenes Beispiel.

Tragen Sie die Beispiele nacheinander vor.

Auswertung:
Welche sprachlichen Unterschiede haben Sie festgestellt?
Welche Distanzzonen konnten Sie beobachten?
Welche Unterschiede gab es hinsichtlich der Körpersprache, Gestik und Mimik?
Was sagen diese Beispiele über das Verhältnis der Personen zueinander aus?

Führen Sie ein Expertengespräch sowie ein Interview zu Themen eigener Wahl durch. Tragen Sie die Ergebnisse und Erkenntnisse vor.

Vorschläge für Themen:
- Wie werden Neubürger in der Stadt aufgenommen?
- Freizeitangebote für Jugendliche
- Umsetzungsbeispiele der HACCP aus unterschiedlichen Betrieben

Wie finden Verabschiedungen beispielsweise zwischen folgenden Personen statt:
- *Mitschülerinnen*
- *Arzt und Patient*
- *Kunde und Verkäuferin*
- *Enkelkind von der Großmutter*
- *Freundinnen oder Freunden*
- *Praktikant vom Betreuer*
- *Auszubildende von Ausbilderin*
- *einem jungen und einem älteren Menschen*

2.1 PERSONEN INDIVIDUELL WAHRNEHMEN UND BEOBACHTEN

Individuell bedeutet:
auf den einzelnen Menschen – das Individuum – bezogen, auf seine Bedürfnisse und speziellen Verhältnisse abgestimmt, ihm angemessen und entsprechend

Die Betreuung und Versorgung von Einzelpersonen und Personengruppen erfordert eine genaue individuelle Wahrnehmung und Beobachtung des Menschen bzw. der Gruppen, um sie angemessen zu betreuen und eine erfolgreiche Dienstleistung erbringen zu können.

Übung

Gesprächssituationen als Rollenspiele

Entwickeln Sie anhand der nachstehenden vier unterschiedlichen Beispiele Gesprächssituationen. Es treffen folgende Personen aufeinander:

- Zwei Bewohnerinnen und die Auszubildende in der Hauswirtschaft eines Seniorenwohnheimes führen ein Gespräch über die Ausschmückung des Hauses zur Adventszeit.
- Ein an Masern erkranktes Kind quengelt herum. Die Auszubildende in dem Familienhaushalt soll sich während der Abwesenheit der Mutter mit dem Kind beschäftigen.
- Die neuen Gäste, eine Familie mit zwei Kindern, werden in einem landwirtschaftlichen Betrieb mit »Ferien auf dem Bauernhof« von der Auszubildenden empfangen.
- Eine Kundin in einem Dienstleistungszentrum für hauswirtschaftliche Tätigkeiten trägt eine Reklamation vor. Außerdem hat sie besondere Wünsche bei der Unterstützung anlässlich eines Kindergeburtstages.

Empfang auf dem Bauernhof

Ablauf für ein Rollenspiel:

- *die zur Verfügung stehende Zeit bis zur Präsentation sowie die Gesprächsdauer für alle festlegen*
- *Partner bzw. Gruppen finden sich und setzen sich zusammen*
- *Wissen zum Thema sammeln und austauschen*
- *fehlende Informationen beschaffen und auswerten, evtl. eine Erkundung durchführen*
- *Gesprächsinhalte in den Gruppen gemeinsam entwickeln und Texte formulieren*
- *Rollen verteilen*
- *Gesprächsablauf proben*
- *Gesprächsbeispiel vorstellen und präsentieren*

AUFGABEN

1. *Entwickeln Sie in Partner- oder Gruppenarbeit Gesprächsbeispiele zu den Situationen.*
2. *Stellen Sie die Ergebnisse in einem Rollenspiel der Gesamtgruppe vor, nachdem Sie entsprechende Gesprächspartner beobachtet haben oder aus Ihren Erfahrungen und Erinnerungen heraus ein mögliches Gespräch darstellen können.*
3. *Zeichnen Sie die Szenen mit einer Videokamera auf, um die Ergebnisse für weitere Aufgaben zur Verfügung zu haben.*
   Auswertung:
   - *Worin bestehen die wesentlichen Unterschiede bei den vier Beispielen? Notieren Sie Ihre Ergebnisse auf Karten und heften Sie diese an eine Pinnwand.*
   - *Nehmen Sie gemeinsam eine Strukturierung und Besprechung vor.*
   - *Fassen Sie die Ergebnisse zusammen.*

Es wird deutlich, dass jeder zu betreuende oder zu versorgende Mensch ganz individuell wahrgenommen wird und auf seine Wünsche, Vorstellungen und Forderungen eingegangen werden muss. Das erfordert in vielen Situationen eine gute Beobachtungsgabe, Einfühlungsvermögen und manchmal viel Selbstbeherrschung. Es muss immer freundlich, höflich, angemessen und objektiv auf Besonderheiten, Eigenheiten, Ängste, Nöte und Neigungen reagiert werden. Eigene Belastungen und Probleme sind zurückzustellen.
Diese vielfältigen Anforderungen müssen der Hauswirtschafterin bekannt sein und in voller Verantwortung von ihr übernommen werden. Nur so ist es möglich, höchste Zufriedenheit beim »Kunden« zu erzielen und gleichzeitig die mit der Ausführung der Tätigkeit eigene Zufriedenheit zu erlangen.
Zur Erfüllung dieser Anforderungen ist es erforderlich, Kenntnisse über das eigene Verhalten zu gewinnen, mögliche Beobachtungsformen, Beobachtungsmethoden und Beobachtungsfehler zu kennen, über allgemeine menschliche Verhaltensweisen und Wahrnehmungen informiert zu sein.

objektiv *bedeutet:*
sachlich, nicht von Gefühlen und Vorurteilen bestimmt, unvoreingenommen, unparteiisch

2.2 WAHRNEHMUNG

Die Wahrnehmung ist eng an selbst gemachte Erfahrungen und erlebte Situationen geknüpft. Diese prägen den Menschen.
Die Prägung beginnt bei jedem Menschen vom Tag der Geburt an. Sie wird vom Individuum nicht bewusst wahrgenommen, aber sie spiegelt sich im Verhalten und in Situationen wider und beeinflusst Aussagen und Entscheidungen.
Durch diese Prägung kann der Mensch sich auch nur begrenzt in die Situation Anderer hineinversetzen. Von Bedeutung ist daher, sich selbst kennen und einschätzen zu lernen.

»Kunde« – Bewohner, Patient, Gast ... bedeutet:
Person oder Personengruppe, die hauswirtschaftliche Dienstleistungen in Anspruch nimmt (z. B. in der eigenen Wohnung, in einem Wohn- oder Kinderheim, im Tagungshaus, in der Wohngruppe, im Restaurant, im Hotel, in der Jugendherberge)

2.2.1 BEDEUTUNG DER SINNESORGANE

Die Wahrnehmung erfolgt über die Sinne.

Die **Sinnesorgane** nehmen die Reize aus der Umgebung auf, leiten sie über das Nervensystem an das Gehirn weiter und entwickeln Bilder, Geräusche, Gerüche, körperliche Gefühle und Geschmäcke. Diese Sinnesempfindungen sind als Informationsangebot vorhanden. Sie werden der Situation entsprechend verarbeitet, gespeichert und führen zu Handlungen, Wahrnehmungen und/oder Reaktionen.

Bei der Aufnahme der **Sinnesreize** wird häufig nur das wahrgenommen, was das Individuum verwerten kann oder will.

Die Sinnesorgane helfen wahrzunehmen, was im Körper und in der Umgebung geschieht.
Die **Augen** nehmen Mitteilungen aus der Umgebung auf und leiten diese an einen bestimmtem Teil des Gehirns weiter, wo sie als Bild oder Merkmal registriert werden.
Die **Ohren** geben an Teile des Gehirns Nachrichten, die dort als Geräusche erkannt werden. Außerdem sorgt ein Teil des Innenohrs für das Gleichgewicht.

Riechen Speisen gut, fordert das Gehirn den Magen auf, Magensäfte zu produzieren.
Die **Haut** mit ihren vielen Nervenzellen leitet die unterschiedlichen Gefühle und Empfindungen weiter, wie z. B. heiß, kalt, glatt, rau.

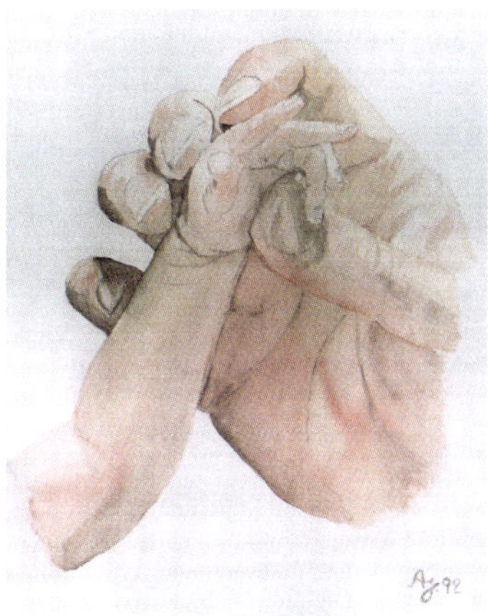

Was nehmen Sie wahr?

Eine junge oder eine alte Frau?

Zwei Gesichter oder einen Kelch?

Eine Zahl?

AUFGABE

Erarbeiten Sie Stationen, an denen die Sinne unterschiedlich wahrgenommen werden können.
Den Sinnesparcours können Sie für sich, andere Mitschüler oder Personengruppen, die Sie einladen möchten, entwickeln.
Es könnten z. B. zu dem Sinnesorgan »Haut« Fühlkästen erstellt, für das Hören Klangkörper aufgebaut werden, die in Schwingung zu bringen sind, das Auge durch optische Täuschungen in die Irre geführt werden und unterschiedliche Proben den Geschmackssinn testen. Gleichzeitig wird das jeweilige Organ in seinem Aufbau und seiner Funktion dargestellt.

2.2.2 UMSETZUNG IM BERUFLICHEN ALLTAG

Alles was gesehen, gehört, gerochen, gefühlt und geschmeckt wird, geht über das Nervensystem zum entsprechenden Bereich im Gehirn. Es wird von uns wahrgenommen und liegt dann als Information vor. Diese gewonnenen Informationen setzen Denkprozesse in Gang, die es uns ermöglichen, in den unterschiedlichsten Situationen angemessen zu handeln und zu reagieren bzw. entsprechende Entscheidungen zu treffen.

Bezogen auf die Gesprächsbeispiele von Seite 48 könnte das heißen:

- die Bewohnerinnen des Seniorenwohnheims unter Berücksichtigung ihrer neuen und veränderten Lebenssituation und vorhandener Beschwerden wahrzunehmen und zu akzeptieren, daraus ihre Bedürfnisse abzuleiten und z. B. das Schmücken der Flure und Räume nach ihren Wünschen und mit ihrer Unterstützung durchzuführen
- die Gäste mit der fremden Umgebung vertraut zu machen, ihnen Hilfen und Empfehlungen für die Tagesgestaltung anzubieten, z. B. die Fahrräder und das Kartenmaterial zur Verfügung stellen, auf Sehenswürdigkeiten hinweisen, Termine für Veranstaltungen aufzeigen
- sich mit den Wünschen des Kunden und den vorgebrachten Anliegen sachlich auseinander zu setzen, Vorschläge für Veränderungen zu unterbreiten, mit dem Kunden Anregungen und Hilfen für den Kindergeburtstag zu entwickeln

2.2.3 BEOBACHTUNGS- UND WAHRNEHMUNGSÜBUNGEN

Übung

Personen beobachten – wahrnehmen

Vorbereitung: Benötigt wird ein Raum, in dem man sich einigermaßen frei bewegen kann. Im Hintergrund klingt leise Musik.
Alle Teilnehmer gehen im Raum umeinander herum, sodass jeder jeden gut sehen kann. Der Moderator stellt eine Frage, wie z. B. »Wer hat die längsten Haare?«. Wenn die Musik unterbrochen wird, legen alle demjenigen die Hand auf die Schulter, der die längsten Haare hat.
Weitere Aufgaben könnten sein:
»Wer trägt den meisten Schmuck?«, »Wer hat die meisten blauen Kleidungsstücke an?«, »Wer trägt Ohrringe?« usw.

Meine Umgebung – sich erinnern und wahrnehmen

Im Raum spielt leise Musik.
Alle Teilnehmer gehen langsam kreuz und quer durch den Raum, betrachten alles und alle Personen aufmerksam.
Der Moderator / die Lehrkraft gibt ein Zeichen (z. B. die Musik wird unterbrochen oder es wird »Stopp« oder »Halt« gesagt).
Alle bleiben stehen, schließen die Augen und erinnern sich, wer wo neben ihnen steht, in welcher Richtung sich z. B. die Fenster und die Tür befinden, wo welche Möbel stehen usw. Der Moderator / die Lehrkraft beendet die Erinnerungsphase nach wenigen Sekunden und die Teilnehmer öffnen die Augen, um die Erinnerungen zu überprüfen.
Die nächste Übung besteht darin, dass der Moderator / die Lehrkraft einen Helfer auswählt, der einen Gegenstand entfernt, wenn alle mit geschlossenen Augen durch den Raum gehen. Nach Aufforderung öffnen alle die Augen und wer als Erster den fehlenden Gegenstand nennen kann, ist als nächster Helfer an der Reihe.
Je nach zur Verfügung stehender Zeit und Lust der Teilnehmer die Übung wiederholen.

Was befindet sich ...?
Beobachtung und Wahrnehmung

Alle Teilnehmer sitzen an einem Tisch und haben einen Bogen Papier und einen Schreibstift vor sich liegen. Der Moderator / die Lehrkraft stellt z. B. folgende Aufgabe: »Notieren Sie alles, was sich in der Eingangshalle (im Flur, der Cafeteria, in der Küche) der Schule befindet. Bezeichnungen, Mengen, Farben und Standorte angeben.«
Nach 3 bis 5 Minuten beendet der Moderator / die Lehrkraft die Erinnerungsphase.
Die Ergebnisse werden im Plenum vorgestellt.
Es erfolgt zunächst keine Kommentierung.
Gehen Sie nun gemeinsam an den Ort – hier in die Eingangshalle – vergleichen und überprüfen Sie Ihre Notizen mit den tatsächlichen Gegebenheiten.

Nachbesinnung: Überlegen Sie erst allein, dann gemeinsam oder in Gruppen, was zu den unterschiedlichen oder eindeutigen Ergebnissen in der Beobachtung und Wahrnehmung geführt haben könnte.

Folgende Fragen könnten beantwortet werden:
Warum habe ich mich nicht an die Bilder, die Lampen, die Heizkörper und die vielen Blumentöpfe erinnert?
Warum kenne ich die Namen der Pflanzen nicht?
Warum konnte ich die genaue Anzahl der Plätze in der Sitzecke nicht notieren?
Warum ist mir die Farbe und Musterung des Fußbodens nicht aufgefallen?
usw.

2.2.4 WAHRNEHMUNGSFEHLER

Fallbeispiel:

Die Auszubildende reinigt am Morgen den Eingang des Wohnbereichs. Eine vorbeigehende Bewohnerin wird von ihr mit folgenden Worten angesprochen:
»Guten Morgen, Frau Jensen. Sind Sie aber früh auf den Beinen!«
»Wieso, passt Ihnen das nicht?« ist die Antwort der Bewohnerin.
Die Auszubildende ist irritiert.

Warum ist sie das?
Nennen Sie Begründungen dafür.

Eine Erklärungsmöglichkeit:
Die Auszubildende hatte ausdrücken wollen:
»Sie sind früh aufgestanden. Konnten Sie nicht mehr schlafen?«

... Besorgnis!

Jedoch ist die Bewohnerin schon häufiger vom Personal angesprochen worden, die anderen Bewohner nicht so früh zu stören.

... Vorwurf!

Das war der Auszubildenden nicht bekannt.

Bitte beachten:
- Erwartungen aussprechen bzw. erfragen
- körpersprachliche Signale erkennen
- Wortwahl beachten
- den Gesprächspartner ansehen

Wahrnehmungsfehler hängen eng mit Wortwahl, Gestik, Mimik und Körpersprache zusammen. Sie können aber auch durch fehlende Kommunikation ausgelöst werden. Außerdem können sie darauf zurückgeführt werden, dass Erwartungen und Wünsche nicht geäußert oder von den Mitmenschen nur unzureichend wahrgenommen werden.
Die Überraschung ist groß, wenn der Gesprächspartner empört, wütend, aggressiv, weinend oder traurig auf unsere Aussagen reagiert.

AUFGABEN

1. *Prüfen Sie, ob es in den von Ihnen entwickelten und vorgestellten Rollenspielen – Gesprächsbeispielen von Seite 48 Wahrnehmungsfehler gegeben hat.*
   Wenn ja – erörtern Sie die Situation.
   Wenn nicht – überlegen Sie, in welcher Phase der Szene ein Wahrnehmungsfehler möglich gewesen wäre und wie sich das Gespräch dann entwickelt hätte. Tragen Sie die Ergebnisse vor und diskutieren Sie darüber. Stellen Sie die Situation dar.
2. *Erinnern Sie sich an Situationen, in denen Sie sich missverstanden gefühlt haben, und wie Sie sich verhalten haben.*
   Wenn Sie mögen, berichten Sie den anderen darüber.

Fehlbeurteilungen und Fehlbewertungen von Personen über Mitmenschen oder Situationen erfolgen oft unbewusst. Ein bestimmtes Verhaltensmuster wird leichtfertig als das Typische für diese Person und/oder die Situation bezeichnet. Es wird der Person »ein Stempel« aufgedrückt.

Dies kann zur Ausgrenzung – Stigmatisierung – der Person oder von Personengruppen führen.

Der Mensch wird aufgrund einer Fehlbeurteilung in eine Rolle gedrängt, aus der er oft nicht mehr herauskommt. Unter bestimmten Umständen nimmt er im Laufe der Zeit diese Rolle tatsächlich an und lebt sie. Er kann sie nicht mehr wie ein Schauspieler am Ende der Spielzeit im Theater ablegen.

Stigmatisierung bedeutet:
jemandem bestimmte, von der Gesellschaft negativ besetzte Merkmale zuordnen, ihn benachteiligen und ausgrenzen, z. B.

- *»vorbestraft«,*
- *»nichtehelich«,*
- *»süchtig«,*
- *»faul« …*

Im Berufsalltag ist es wichtig zu erkennen, dass die Wahrnehmungen unterschiedlich sein können, wobei es mehrere »richtige« Verhaltensweisen geben kann. Es muss abgewägt werden zwischen den zu erfüllenden Bedürfnissen und Erwartungen der Personen, die hauswirtschaftliche Dienstleistungen in Anspruch nehmen, und den betrieblichen Möglichkeiten.

Die Anforderungen können bezogen sein auf körperliche Grundbedürfnisse, wie z. B. Essen, Trinken, und/oder auf psychische Bedürfnisse, wie z. B. Geborgenheit, Zuneigung, Liebe, Anerkennung, Achtung, Schutz und Sicherheit (s. a. S. 86).

AUFGABEN

1. *Welche weiteren Beispiele fallen Ihnen noch zum Thema »Stigmatisierung« ein? Diskutieren Sie miteinander darüber.*
2. *Wann und wo sind einem Betrieb oder Haushalt Grenzen gesetzt bei der Erfüllung der Bedürfnisse, Wünsche oder Erwartungen der zu betreuenden Personen? Was haben Sie wahrgenommen und beobachtet?*

2.3 BEOBACHTUNG

Während Wahrnehmungen sich im Wesentlichen auf Gefühle und Eindrücke, also auf subjektive Empfindungen, beziehen, verstehen wir unter »Beobachtung« eine gezielte, systematische, geplante »Aufnahme« eines Vorganges. Es handelt sich dabei nicht um zufällige »Alltagsbeobachtungen«.

Subjektiv bedeutet:
von persönlichen Gefühlen, Interessen, Vorurteilen bestimmt, voreingenommen, befangen, unsachlich zu sein

AUFGABEN

1. *Erinnern Sie sich an eines der dargestellten Gesprächsbeispiele (s. S. 48). Notieren Sie, was Sie »beobachtet« = gesehen und was Sie »wahrgenommen« = gefühlt haben.*
   Werten Sie die Ergebnisse im Plenum aus.
   Wenn Sie Ihre Rollenspiele aufgezeichnet haben, sehen Sie sich diese unter den genannten Aspekten nochmals an.
2. *Welche Beispiele fallen Ihnen ein, in denen mehrere Personen etwas Gesehenes wiedergegeben haben und am Ende unterschiedliche Ergebnisse oder Aussagen vorlagen? Machen Sie sich Notizen und erörtern Sie diese in der Klasse.*

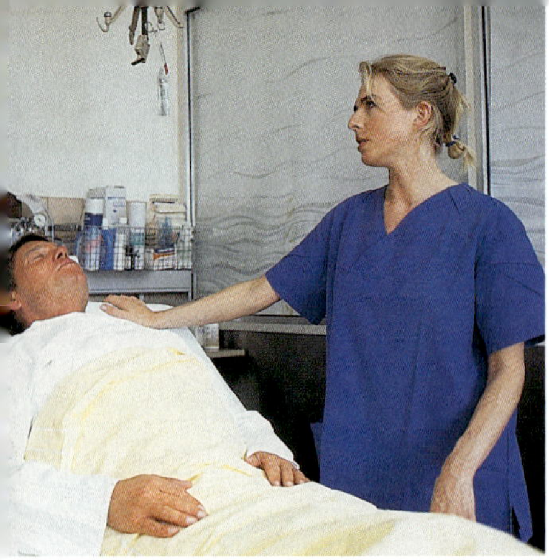

Krankenbeobachtung

Freie Beobachtung

2.3.1 FREIE BEOBACHTUNGSFORM

Bei der freien Beobachtung ist auffällig:
- *Kleidung*
- *Körpergröße*
- *Frisur*
- *Figur*
- *Benehmen*

Die freie Beobachtungsform lässt voneinander abweichende Ergebnisse zu, da die Situationen subjektiv aus der Erinnerung jedes Einzelnen zur Verfügung stehen und so beschrieben werden, wie sie empfunden und gesehen wurden. Interesse oder Desinteresse, Sympathie oder Antipathie können unbewusst die unterschiedlichen Aussagen oder Ergebnisse beeinflussen.
Es sind keine Kriterien oder Tabellen vorgegeben. Es handelt sich nicht um eine gezielte, systematische Beobachtung.

2.3.2 SYSTEMATISCHE BEOBACHTUNGSFORM

Kriterien sind
- **Prüfpunkte,**
- **Merkmale,**
- **Kennzeichen**

Bei systematischen, planmäßigen und zielorientierten Beobachtungen liegen Angaben über Kriterien vor, die beobachtet und schriftlich festgehalten werden sollen. Diese werden in Formblätter, Tabellen oder Listen eingetragen.
Ein typisches Beispiel für eine zielgerichtete Beobachtung ist die Krankenbeobachtung.
Hier werden alle wichtigen Daten, Anweisungen und Beobachtungen erfasst und jede Veränderung wird in Tabellen oder Formblättern protokolliert. Nur so kann gewährleistet werden, dass alle an der Pflege beteiligten Personen zu jedem Zeitpunkt den gleichen Informationsstand haben und zielgerichtet handeln können.

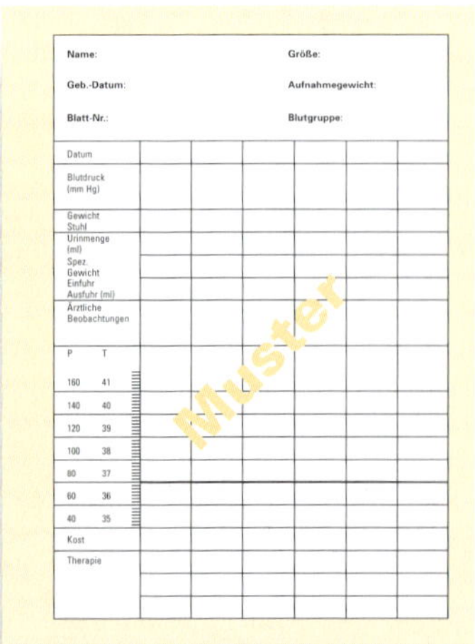

Ähnlich wie bei der Krankenbeobachtung muss z. B. die Auszubildende im Familienhaushalt bei der Betreuung von Kindern oder hilfsbedürftigen Personen genau beobachten, was geschieht, um Gefahrensituationen zu erkennen und rechtzeitig handeln zu können. Hierfür steht ihr meistens jedoch kein Formblatt mit vorgegebenen Kriterien zur Verfügung.

AUFGABEN

1. *Entwickeln Sie für ein an Masern erkranktes Kind einen Beobachtungsbogen.*
2. *Protokollieren Sie, was Sie in der Pause, auf dem Flur oder heute auf dem Weg zur Schule gesehen haben.*
3. *Führen Sie eine freie und eine systematische Beobachtung in Ihrem Betrieb durch. Beraten Sie sich mit dem Ausbilder im Betrieb.*

2.3.3 SELBSTBEOBACHTUNG

Selbstporträt von Picasso

Als Voraussetzung für den positiven Umgang mit anderen ist es erforderlich, selbst ein objektives Selbstbild zu entwickeln, d. h., sich selbst zu beobachten und die eigene Lebensgeschichte zu erforschen. Das führt dazu, dass die eigenen Gefühle und Befindlichkeiten kritisch wahrgenommen, Fähigkeiten, Schwächen und Stärken objektiv erkannt und Eigenschaften und Eigenheiten eingeschätzt werden können. Dann ist es auch möglich, auf unterschiedlichste Situationen angemessen reagieren zu können. Eine Verhaltensänderung ist ein langer Prozess und braucht Zeit. Durch Rückfälle in alte Verhaltensmuster darf man sich nicht entmutigen lassen, sondern muss beharrlich und zielstrebig gegen seine weniger guten Eigenschaften angehen. So wird das gesetzte Ziel erreicht werden.

2.3.4 ÜBUNGEN

Übung

Meine Lebensleiste

Jeder erhält einen DIN-A-3-Bogen.
Der Bogen wird quer gelegt und auf der Mitte eine horizontale Linie, die so genannte »Zeitleiste«, mit kräftigem Strich markiert.
Auf dieser Zeitleiste notieren Sie die Lebensalter, die von besonderen Ereignissen und Lebensabschnitten gekennzeichnet sind.
An der Linie stellen Sie durch Symbole oder kleine Zeichnungen die Ereignisse dar, malen sie farbig aus und ergänzen sie mit Texten.
Am Ende der Leiste versuchen Sie einen Ausblick auf die Zukunft darzustellen. Dieses Bild können Sie noch mit einem Lebensmotto versehen.
Die Reflexion findet in Kleingruppen statt. Entweder erläutert jeder von Ihnen seine Lebensleiste selbst oder die anderen beschreiben, was sie entdeckt haben.

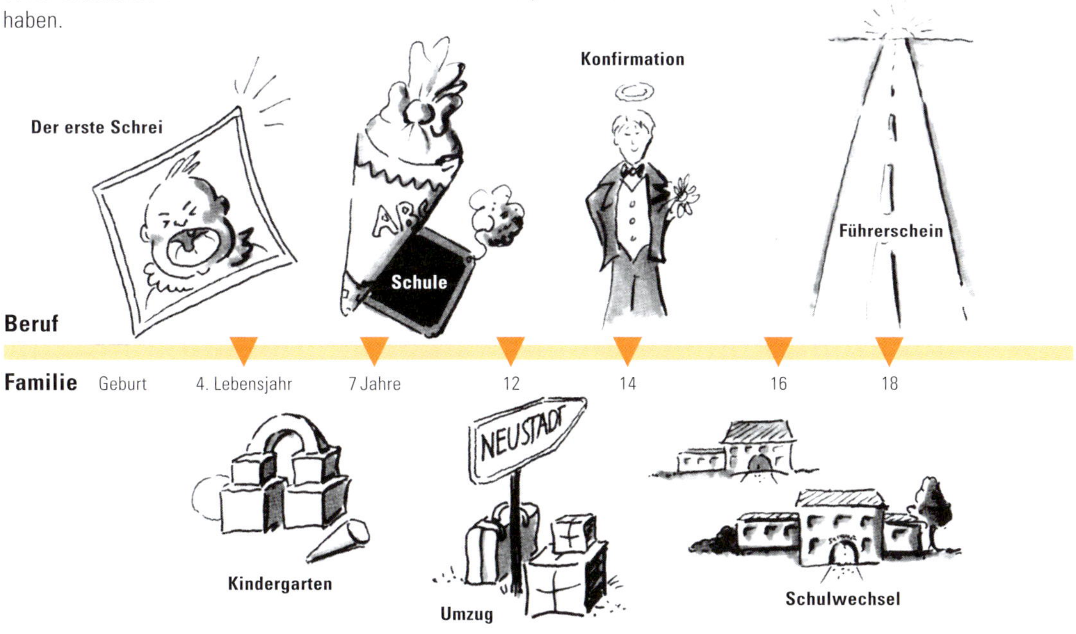

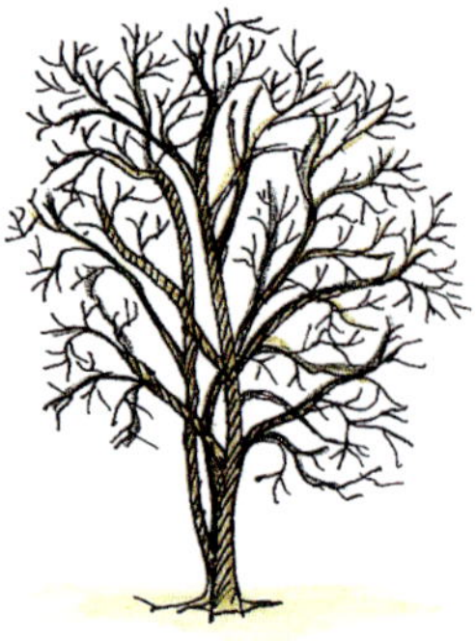

Übung

Mein Lieblingsbaum

Vor Ihnen liegen ein DIN-A-3-Bogen und viele Ölkreiden.
Leise Hintergrundmusik ist zu hören.

Für die erste Aufgabe stehen 15 Minuten zur Verfügung.
Die Aufgabe besteht darin, einen persönlichen Baum zu malen, so wie Sie sich diesen vorstellen. Entscheiden Sie sich für das Aussehen und die Gestalt des Baumes und überlegen Sie, wer in ihm wohnt. Wenn Sie fertig sind, signieren Sie Ihren Baum.

Finden Sie sich nun in Vierergruppen zusammen, legen Sie nacheinander die Bilder auf den Tisch und erzählen Sie, was Sie dargestellt haben. Benutzen Sie dabei die »Ich-Form«, z. B. »Ich bin ein knorriger Apfelbaum in unserem Garten. Im Frühjahr trage ich wunderschöne rosa Blüten« usw. Überlegen Sie, welche dieser Aussagen auf Ihre Person zutreffen oder charakteristisch für Sie sein könnten. Tauschen Sie sich in der Gruppe darüber aus, inwieweit die Merkmale und Qualitäten des Baumes dem jeweiligen Gruppenmitglied entsprechen. Nach 20 Minuten sollte das Gespräch abgeschlossen sein.
Schreiben Sie nun mit großen sichtbaren Buchstaben die ermittelten Eigenschaften auf das Bild, z. B.: »Ich bin knorrig, stark und unauffällig.« Sie haben dafür 5 Minuten Zeit.
In der letzten Runde im Plenum verteilen Sie sich im Raum und jeder hält seinen Baum gut sichtbar für alle vor sich. Nun geht einer von Ihnen durch den Raum, der einem Wald oder Garten entspricht. Immer, wenn ihm ein »Baum« gefällt oder er an einem besonderen Baum vorbeikommt, bleibt er stehen und liest seine Aufschrift vor, indem er den Maler mit seinem Namen anspricht, also z. B. »Thomas ist groß, knorrig …«. Nach ca. 5-10 Minuten ist dieser »Waldspaziergang« beendet.

Setzen Sie sich danach im Kreis zusammen, um die Beobachtungen, Wahrnehmungen, Erfahrungen und Erlebnisse auszutauschen.

Beobachtung unserer Mitmenschen – Ein Stadtgang

Übung

Führen sie in Gruppen Beobachtungen an verschiedenen Standorten am Schulort durch.
Folgende Aufgaben sind von Ihnen nach der Gruppenbildung und der Wahl der Beobachtungsstandorte in der Stadt zu erledigen:

1. Auf dem Stadtplan den Gruppenstandort kennzeichnen!
2. Ist eine vorherige Absprache mit der Institution oder dem Inhaber des Geschäftes erforderlich?
3. Klasse/Gruppe/Lehrer/Leiter legt den Zeitraum und den Termin für die Beobachtungsaufgabe fest.
   Versicherungsrechtliche Regelungen in der Schule beachten.
4. Was soll beobachtet werden?
   - Wie viele Personen besuchen den Ort während der Beobachtungszeit?
   - Welche Personen sind vorwiegend zu beobachten: Frauen, Männer, Kinder, Jugendliche, alte oder jüngere Menschen usw.?
   - Welche Verhaltensweisen sind zu beobachten, freundlich – unfreundlich, höflich – unhöflich, hilfsbereit – unaufmerksam, laut – leise, forsch – zögerlich, langsam – schnell usw.?
   - Wie sind die Sprache, Gestik (Bewegung) und Mimik (Gesichtsausdruck) der Vorübergehenden?
   - Welche Besonderheiten sind mir/uns bei den Personengruppen aufgefallen?
   - Was ist mir/uns während der Beobachtung deutlich geworden?

Erstellen Sie sich zu den Punkten von Nr. 4 eine Tabelle, um dort die Beobachtungen eintragen zu können.

Werten Sie Ihre Ergebnisse im Plenum aus.

AUFGABE

Beenden Sie folgende Satzanfänge:

a) *»Menschen zu beobachten hat mir Spaß gemacht, weil …«*
b) *»… hat mir keinen Spaß gemacht, weil …«*
c) *»Beobachtete menschliche Verhaltensweisen sind …«*
d) *»Wiedergeben des Gesehenen und Beobachteten ist schwer/leicht, weil …«*
e) *»In der Gruppe habe ich gut/nicht gut arbeiten können, weil …«*

Lebhafte Kommunikation

2.4 KOMMUNIKATION

Fallbeispiele – Situationen, die jeder kennt!

Situation 1: Eine Familie sitzt am Tisch beim Abendessen. Die Mutter fragt die Tochter, wie es ihr heute bei der Mathematikarbeit ergangen sei. »Ich habe bis auf eine Aufgabe was zu Papier gebracht!«, äußert die Tochter. »Und wie ist es dir ergangen, Peter?«, fragt der Vater den Sohn. »Die Lehrerin ist mit meiner Handschrift nicht einverstanden. Sie kann meine Schrift nicht gut lesen!« »Vielleicht solltest du ...«. Die Familienmitglieder berichten von angenehmen und unangenehmen Ereignissen des Tages. Sie informieren einander und interessieren sich füreinander.

Situation 2: In einem Wartezimmer sitzen fünf Personen, die darauf warten, ins Behandlungszimmer gerufen zu werden. Einige blättern in Illustrierten, andere schauen im Raum herum, blicken auf ihre Hände oder schauen auf die Bilder an der Wand. Es ist still im Raum, nur leise Musik ertönt aus dem Lautsprecher. Der nächste Patient wird aufgerufen.

Oft ohne verbale Kommunikation

Vergleichen Sie die beiden Situationen miteinander. Wo und wann findet Kommunikation statt?

Kommunikation bedeutet: miteinander reden, aufeinander eingehen, Informationen austauschen, Botschaften übermitteln, Meinungen austauschen, überzeugen wollen.

Miteinander kommuniziert wird jedoch nicht nur über die Sprache, sondern auch die Gestik, Mimik und Körpersprache sagen etwas aus und nehmen Einfluss auf den Verlauf und das Ergebnis eines Gespräches, eines **Dialoges**. Sie sind häufig der Ausdruck dessen, was gedacht, aber nicht ausgesprochen wird. Wird durch die Körpersprache, Körperhaltung, Gestik und durch das Abwenden und Wegschauen deutlich zum Ausdruck gebracht: »Ich will mit Ihnen nicht reden!«, so wird diese nicht ausgesprochene Aussage von anderen wahrgenommen und respektiert (Situation im Wartezimmer, im Zugabteil, in einer Warteschlange am Schalter usw.).

Dialog bedeutet:
von zwei Personen oder Personengruppen geführtes wechselseitiges Gespräch mit dem Ziel, die Standpunkte kennen zu lernen bzw. auszutauschen

Verbale (sprachliche) und **nonverbale** (nicht sprachliche) Kommunikation bedingen einander. So werden z.B. bei einer erfreulichen Mitteilung der Gesichtsausdruck (**Mimik**) und die Körperhaltung eine entsprechende Ausstrahlung haben und damit die Aussage verstärken.

Soziale Interaktion bedeutet:
die durch Kommunikation vermittelte gegenseitige Beeinflussung von Menschen, um das Handeln, Verhalten und die Einstellungen des Einzelnen oder der Gruppe zu verändern

Durch Kommunikation entsteht eine Beziehung zwischen Personen oder innerhalb von Gruppen, die sich wechselseitig in ihrem Verhalten, ihren Einstellungen und ihren Handlungen zu beeinflussen und häufig auch zu überzeugen versuchen.
Diese Wechselwirkung wird als **soziale Interaktion** bezeichnet.
Auch bei einem Gespräch mit Freunden in gemütlicher Runde handelt es sich um Kommunikation.

Merkmale der Kommunikation

- **des verbalen Verhaltens**
  - sprachliche Verständlichkeit
    - klare, einfache, kurze Sätze
    - nachvollziehbare Gedankengänge
    - kurze, prägnante Beschreibungen
    - eindeutige Aussagen
    - Zusammenfassungen
  - unterstreichende Hilfsmittel
    - direkte Rede
    - gezielte Fragen
    - praxisnahe Beispiele
    - Stimmvariationen
- **des nonverbalen Verhaltens**
  - sichtbare Merkmale
    - Mienenspiel, Gesichtszüge (Mimik)
    - Bewegungen der Arme und Hände (Gestik)
    - Körperhaltung
    - Bewegung im Raum
    - Blickkontakt
  - wahrnehmbare, hörbare Aspekte
    - Sprechtempo
    - Lautstärke
    - Klangfarbe der Stimme
    - Sprechpausen
    - Modulation (veränderbare Tonstufen)
    - Räuspern

2.4.1 VERBALE KOMMUNIKATION

Kommunikation beinhaltet neben der Beherrschung der Sprache das Zuhörenkönnen und den Austausch von Argumenten. Es werden Aussagen gemacht und Meinungen vertreten, um den oder die Gesprächspartner zu informieren, zu beeinflussen und zu überzeugen, um evtl. den Prozess einer Verhaltens- oder Einstellungsänderung zu bewirken oder einfach miteinander über Erlebnisse oder Ereignisse zu reden.
Kommunikation und das Ergebnis führen nicht immer zu Einklang und Harmonie, auch Konflikte sind möglich und Meinungsverschiedenheiten können ebenfalls ein Ergebnis von Kommunikation sein.
Da das gesprochene Wort nur so verstanden wird, wie es gehört wird, sind Missverständnisse nicht auszuschließen. Das hängt wiederum zusammen mit den Erfahrungen, die der Mensch im Laufe seiner Entwicklung gemacht hat, und welche Erkenntnisse er für sich daraus abgeleitet hat.
Es verwundert uns manchmal und macht uns hilflos, wenn jemand auf eine Aussage anders reagiert, als wir es erwartet bzw. »gemeint« haben. Wir versuchen das Missverständnis zu klären und formulieren unsere Aussage neu.

»Ich weiß erst, was ich gesagt habe, wenn ich die Antwort gehört habe!«

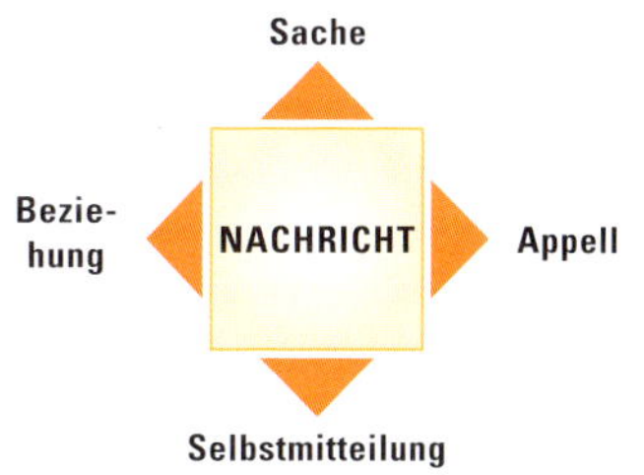

Der Mensch als »vierohriger Empfänger«

Die vier Seiten einer Mitteilung

Jede Aussage oder Nachricht beinhaltet vier Seiten:

- die Sachseite – Worüber ich informieren möchte!
- die Beziehungsseite – Wie ich zu dir stehe!
- die Appellseite – Wozu ich dich bewegen möchte und was ich erwarte!
- die Selbstmitteilungsseite – Was ich dir von mir mitteile!

(in Anlehnung an: Friedemann Schulz von Thun: »Miteinander Reden«, Bd. 1)

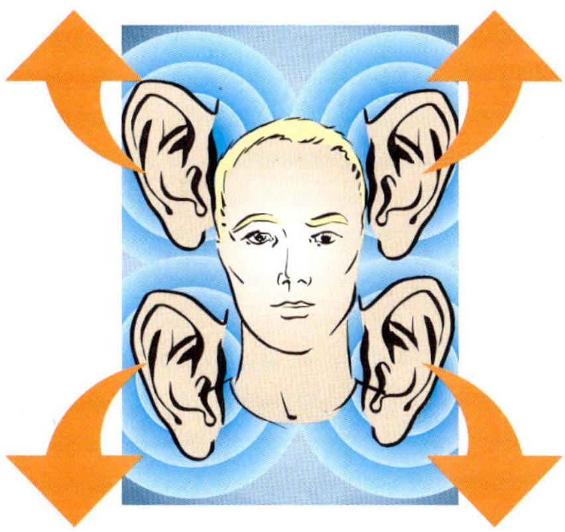

Fallbeispiel:

Die Auszubildende hat sich am Morgen um 10 Minuten verspätet.
Ihre Vorgesetzte begegnet ihr und sagt: »Es ist 7 Uhr 10!«
Was hat sie damit ausdrücken wollen?

»Arbeitsbeginn ist um 7.00 Uhr!«	▶ Sachseite
»Ich bin enttäuscht über Ihre Verspätung!«	▶ Beziehungsseite
»Ich schätze pünktliche Mitarbeiter!«	▶ Selbstmitteilungsseite
»Seien Sie in Zukunft pünktlich!«	▶ Appellseite

Welche der indirekten Mitteilungen ist Ihrer Meinung nach die wichtigste für die Vorgesetzte, aber nicht klar gesagt worden?
Wie hätten Sie auf die Aussage bzw. Botschaft der Vorgesetzten reagiert? Erörtern Sie dies in der Gruppe!

AUFGABEN

1. *Ein Bewohner des Hauses sagt zu Ihnen, als Sie den Tisch abdecken: »Das Mittagessen ist vorbei!« Welche der vier Seiten sind in dieser Aussage enthalten?*
2. *Notieren Sie Ereignisse und Reaktionen aus Ihrem Betrieb oder privatem Umfeld, wo es Missverständnisse gab.*
   Ermitteln Sie, welche der vier Seiten zum Ausdruck gebracht wurden.
3. *Reflektieren Sie, welche der vier Seiten bei Ihnen stark und welche weniger stark ausgeprägt sind.*
4. *Bei der sozialen Interaktion findet der Austausch zwischen Menschen unterschiedlichen Geschlechts statt. Diskutieren Sie, welchen Einfluss die Geschlechter auf die soziale Interaktion = zwischenmenschliche Beziehung haben kann bzw. hat.*

Die Du-Botschaft

Missverständnisse zwischen Personen sind immer wieder möglich, weil derjenige, der eine Aussage macht – der Sender – und die angesprochene Person – der Empfänger – unterschiedliche Seiten wahrnehmen und entsprechend reagieren. Wird von jemandem (»Sender«) eine Aussage gemacht, bei der das tatsächlich Gemeinte nicht klar zum Ausdruck gebracht wird, kommt es zu einer nicht erwarteten Reaktion der angesprochenen Person (»Empfänger«).
Gespräche beginnen oft mit: »Du ...!«. Dabei handelt es sich möglicherweise um eine Einführung in eine Unterhaltung oder es ist eine Aufforderung, zu einer Sache Stellung zu nehmen oder etwas tun zu müssen.
Andererseits kann es der Beginn eines Streitgespräches sein. Anschuldigungen und Beschimpfungen prallen aufeinander.
Du-Botschaften haben häufig einen wertenden Charakter.
Ein Ende dieses »Sich-übertrumpfen-Wollens« ist nicht in Sicht.
Der Schlagabtausch, es handelt sich nicht um ein Gespräch, wird nicht selten ohne ein befriedigendes Ergebnis abgebrochen und hinterlässt Blockaden, Verletzungen und schlechte Gefühle bei beiden Kontrahenten. Oftmals fühlen sich beide als Verlierer.

Keiner der Gesprächspartner sagt bei einer »Du-Botschaft« etwas über sich selbst aus. Es wird nicht wirklich mitgeteilt, was gemeint ist und empfunden wird, sondern der andere wird beschuldigt, angegriffen und in Bedrängnis gebracht. Hinter diesen oft verletzenden Du-Botschaften steht häufig eine Selbst- bzw. Ich-Mitteilung, die Verzweiflung, Wut, Zorn oder Nöte und Ängste ausdrückt. Die eigenen Gefühle, Probleme und Belastungen werden bei dem Gesprächspartner abgeladen.

Darum ist es hilfreich, hinter der Du-Botschaft die eigene Befindlichkeit zu entdecken oder zu erkennen, um sich dann so auszudrücken, wie es tatsächlich gemeint ist.

Anstelle von »Du redest dummes Zeug!« die Aussage in der Ich-Form formulieren und z. B. sagen: »Ich verstehe deine Begründung nicht und mag so nicht mehr mit dir über das Thema reden!« oder anstatt: »Du kannst mich mal!« könnte z. B. gesagt werden: »Ich möchte mit dir zu diesem Zeitpunkt nicht über diese Angelegenheit reden!«

AUFGABEN

Schreiben Sie auf, welche Gefühle, Gedanken und Empfindungen Sie haben, wenn eine Person zu Ihnen sagt:

1. *»Du bist ein Versager!«*
2. *»Du bist doof!«*
3. *»Du alter Streber; willst dich nur beim Vorgesetzten einschleimen!«*
4. *»Ich bin traurig, dass du deine Zusage nicht erfüllt hast!«*
5. *»Es fällt mir schwer, deine Arbeit zu erledigen.«*
6. *»Du hast ja keine Ahnung, wie viel Mühe ich mir mit deiner Angelegenheit gegeben habe!«*

Führen Sie anschließend in der Gruppe ein Blitzlicht durch (s. S. 38 und 70).

2.4.2 NONVERBALE KOMMUNIKATION

Die nonverbalen – körpersprachlichen und stimmlichen – Verhaltensweisen sind eine grundlegende Voraussetzung für den Erfolg eines Gesprächs oder Dialoges.

Fallbeispiel:

Stellen Sie sich einmal einen Gesprächspartner vor, der Ihnen, ohne die Gesichtszüge zu verändern, mit monotoner Stimme eine lustige Situation schildert.

Dem gegenüber steht der Pantomime, der die Situation **allein** durch Gestik, Mimik und Körperhaltung für Sie verständlich ausdrückt.

Probieren Sie es aus! Finden Sie sich in Kleingruppen zusammen und beginnen Sie!

Körpersprache

Die Körpersprache spricht für sich selbst. Eindeutige und auf jeden zutreffende Regeln gibt es nicht und wären auch unnatürlich.

Jeder Mensch hat seine individuelle »**Haltung**« durch seine Lebensumstände,

die sich durch seine Vorbilder, wie z. B. Eltern, Verwandte, Freunde usw., entwickelt hat. Außerdem muss bei der Einschätzung eines Menschen der gesellschaftliche Status bedacht und berücksichtigt werden. Allerdings haben einige körpersprachliche Ausdrucksformen häufig eine eindeutige Aussagekraft.

Ernst Barlach: Lachende Alte

So kann der aufgerichtete gerade Rücken eines Menschen Selbstsicherheit sowie ein gutes Lebensgefühl und ein offenes Verhältnis dem Umfeld gegenüber signalisieren.
Der vornübergebeugt Gehende mit schleppendem Gang wirkt bedrückt und traurig.
Steht jemand lässig und locker vor seinem Gesprächspartner, so kann diese Haltung beim Gegenüber als Überheblichkeit empfunden werden und eventuell Unsicherheit auslösen. Diese Hilflosigkeit wiederum erzeugt bei dem anderen das Gefühl von Übermacht und Stärke.

Mit der Körperhaltung können Unterwürfigkeit, Angriffslust, Überlegenheit, Trauer, Freude, Lebenslust oder Macht ausgedrückt und signalisiert werden.

Fazit:

Kommunikation kann ohne Körpersprache nicht gelingen. Auch wenn auf eine Nachricht nicht reagiert wird, bedeutet das: »Ich will mich dazu nicht äußern!«

Man kann also nicht »nicht kommunizieren«!

Die Stimme

Die hörbaren nonverbalen Merkmale (s. Tabelle Seite 59) können eine Aussage in ihrer Wirkung durch Lautstärke, Tonfall, Betonung, Sprechtempo und Aussprache stark beeinflussen. So wird jemand, der laut und eindringlich auf seinen Gesprächspartner einredet, diesen verunsichern. Dagegen wird eine freundliche, fröhliche Klangfarbe der Stimme Offenheit beim Gegenüber bewirken.

Ernst Barlach: Frierende Alte

AUFGABEN

1. *Betrachten Sie die Werke des Bildhauers Ernst Barlach (geboren 1870 in Wedel bei Hamburg, gestorben 1938 in Rostock) und formulieren Sie, was die Skulpturen durch die Körperhaltung, Gestik und Mimik für Sie ausdrücken.*
   Wählen Sie weitere Kunstwerke und Fotografien aus und bereiten Sie eine Ausstellung in Ihrem Klassenraum vor. Sie könnten z. B. sich gleichende Ausdrucksformen themenbezogen zusammenfassen.
2. *Stellen Sie sich die Situation einer blinden Person oder mehrerer blinder Personen vor. Überlegen Sie gemeinsam, wie ein Gespräch unter oder mit Blinden verlaufen könnte. Notieren Sie die Merkmale und Fakten, damit Sie diese mit den Ergebnissen der Übung unter 2.4.3 auf S. 64 vergleichen können.*

Distanzzonen

Ein weiteres Element des körpersprachlichen Ausdrucks ist die Art und Weise, wie sich jemand im Raum bewegt, wie viel Raum er für sich beansprucht und auf welche räumliche Distanz er zum Gesprächspartner geht. Dies drückt auch etwas über die Beziehung zu der Person bzw. der Gruppe aus. Es gibt vier Distanzzonen, die einen größeren bzw. geringeren Abstand zu den Mitmenschen beschreiben.

Distanzzone nah

Beispiel 1:

Ein mir vertrauter und lieb gewonnener Mensch betritt den Raum. Ich stehe auf und gehe ihm entgegen. Ich bleibe in einem geringen Abstand zu ihm stehen und begrüße ihn. Vielleicht erfolgt eine Umarmung.
Die Distanz beträgt höchstens 45 cm und weniger und wird als *»intime Distanz«* bezeichnet.

Beispiel 2:

Ich betrete das Restaurant, in dem das Klassentreffen stattfindet. Es sind bereits viele ehemalige Schulkameraden eingetroffen. Alle stehen in kleinen oder größeren Gruppen locker zusammen und sind in angeregte Gespräche vertieft. Bei einer Distanz von 45 bis 80 cm spricht man von dem persönlichen Raum, der Freunden zugestanden wird, ohne abgewiesen zu werden. Bestimmte leichte Berührungen sind möglich und erlaubt.

Beispiel 3:

Betrete ich ein Büro, bleibe ich in gebührendem Abstand vor dem Schreibtisch im Raum stehen. Ich begrüße die Person hinter dem Schreibtisch oder Tresen mit einer Grußformel und warte die Reaktion ab.
Diese *soziale Distanz* findet fast täglich beim Einkauf oder in Behörden und Banken statt. Die Entfernung kann 80 bis 100 cm und mehr betragen. Bei dieser sozialen Distanz bleiben körperliche Berührungen ausgeschlossen.

Distanzzone fern

Beispiel 4:

Ein Referent hält einen Vortrag. Er steht in größerer Entfernung, vielleicht auf einem Podest, hinter einem Rednerpult.
Die *Distanz in der Öffentlichkeit* kann mehrere Meter betragen und ist als unpersönlich zu betrachten. Eine Interaktion ist nicht möglich.

AUFGABE

Beschreiben Sie Beispiele, wo Sie sich unwohl fühlten, da eine Distanzzone überschritten wurde, z. B. in öffentlichen Verkehrsmitteln, beim Einkaufen oder beim Einlass zu einem Konzert.
Führen Sie ein Gespräch darüber mit den anderen in der Klasse.

2.4.3 ÜBUNGEN

Ich kann nicht »sehen«, was gesprochen wird!

Setzen Sie sich zu viert an einen Tisch.

Drehen Sie sich alle mit dem Stuhl um, sodass Sie die anderen Gesprächspartner nicht sehen und auch keinen Körperkontakt haben können.

Diskutieren Sie jetzt über ein Thema, das Sie vorher vereinbart haben, wie z. B. Schwierigkeiten und Konflikte im Betrieb, Arbeitszeiten bei Dienstleistungstätigkeiten oder Probleme in der Klasse.

Vereinbaren Sie einen zeitlichen Rahmen für dieses Gespräch.

Die anderen der Gruppe/Klasse beobachten den Verlauf des Gesprächs.

Achten Sie insbesondere auf folgende Punkte:

- Wie ist das Sprechtempo?
- Wie ist die Lautstärke?
- Wie hoch ist der Sprechanteil der einzelnen Gesprächsteilnehmer?
- Bleiben Gestik und Mimik aus?
- Gerät das Gespräch häufiger ins Stocken?
- Reden die Teilnehmer öfter gleichzeitig?
- Was ist sonst auffällig?

Ein wichtiger Aspekt in der Kommunikation ist die Bedeutung der nonverbalen Merkmale, weil sie zum besseren Verstehen des gesprochenen Wortes beitragen.

Auswertung:

- Die vier Gesprächsteilnehmer berichten, was ihnen aufgefallen ist und wie sie sich gefühlt haben.
- Die Beobachtungsgruppe sagt, was anders war im Vergleich zu »normalen« Gesprächsrunden.
- Fassen Sie Ihre Erkenntnisse und Ergebnisse zusammen!

Gruppenpuzzle – Experten

Die Klasse teilt sich in Stammgruppen von jeweils z. B. 4 Personen auf. In jede Stammgruppe werden 4 auf unterschiedlich farbiges Papier geschriebene Texte, Fragen, Aufgaben oder/und Schaubilder, Diagramme, Abbildungen gegeben.

Aufgaben, noch unbekannte Inhalte oder Themen könnten von der Lehrkraft oder gemeinsam zusammengestellt werden wie z. B.

- **Umgangsformen in Beruf und Alltag**
- **Konfliktbearbeitung**
- **Kommunikation**
- **Fragestellungen aus der Versorgung**

Jeder in seiner Stammgruppe liest seine Aufgabe sorgfältig durch und notiert erste Lösungsansätze. Nach 5–10 Minuten lösen sich die Stammgruppen auf und es finden sich jeweils diejenigen zusammen, die die gleiche Themenstellung (gleiche Frage) bearbeiten. Diesen Spezialistengruppen stehen jetzt z. B. 30–40 Minuten zur Verfügung, um die Kenntnisse und das vorhandene Wissen auszutauschen, evtl. in Büchern nachzulesen und gemeinsam Lösungen zu erörtern und die Ergebnisse stichwortartig zusammenzufassen. Jeder wird ein Experte auf seinem Themengebiet.

Nun finden sich die Stammgruppen wieder zusammen. Jeder Experte berichtet den anderen Mitgliedern seiner Gruppe über das, was er sich angeeignet hat, und antwortet auf Rückfragen und/oder stellt den anderen Kontrollfragen zu seinem Thema.

Kugellager-Diskussion

Übung

Kugellager ist eine Gesprächsform, um einen Erfahrungsaustausch zu einem Thema, einer Aufgabe oder einer Arbeit zu ermöglichen.

- Gemeinsam wird das Thema vereinbart.
- Einen Außen- und einen Innenkreis bilden.
- Die Teilnehmer sitzen sich gegenüber.
- Alle Paare sprechen gleichzeitig 5 Minuten über das ausgewählte Thema miteinander. Dann wird – z. B. durch ein Signal – abgebrochen.
- Die Personen im Innenkreis setzen sich jetzt um einen Patz weiter – im Uhrzeigersinn. Jeder erhält dadurch einen neuen Gesprächspartner. Mit diesem Partner wird nun dasselbe Thema 5 Minuten erörtert.
- Es ertönt wieder ein Signal. Nun rutschen z. B. die Außenkreisteilnehmer einen Platz weiter. Das Gespräch mit der dritten Person wird wieder 5 Minuten geführt.
- Jeder Teilnehmer hat jetzt mit drei Personen einen Erfahrungsaustausch zu dem Thema durchgeführt.
- Nun können die Erfahrungen zusammengetragen werden.

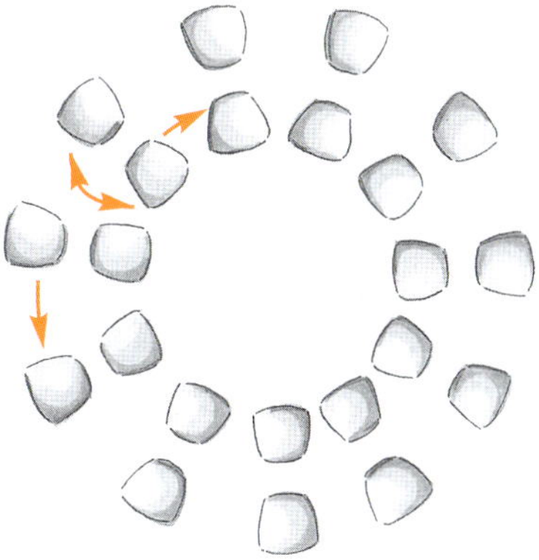

Methode 66

Übung

Ist in einer Plenumsdiskussion das Gespräch festgefahren, besteht durch diese Methode die Möglichkeit, neue Ideen, Argumente oder Anregungen für die Fortsetzung und / oder zur Lösung einer Aufgabenstellung zu entwickeln.

- Die Teilnehmer sitzen im Kreis zusammen und erörtern ein Thema bzw. eine Fragestellung. Wirft die Diskussion eine Frage auf oder ergibt sich ein neuer Aspekt, sollen sich ganz schnell Kleingruppen von 6 Personen bilden und sich 6 Minuten mit dem Thema auseinander setzen. Alle Kleingruppen bleiben in demselben Raum, sie stellen nur ihre Stühle zu einem Kreis zusammen.
- Im Plenum wird kurz über das Ergebnis jeder Gruppe berichtet.

Diese Methode hat ihre Bezeichnung daher, dass 6 Personen 6 Minuten in einer Kleingruppe diskutieren. Es ist aber genauso möglich, 4 Personen 8 Minuten diskutieren zu lassen. Dann würde man sie »Methode 48« nennen.
Wichtig beim Einsatz dieser Methode ist die eindeutige und klar formulierte Aufgaben- bzw. Fragestellung. Außerdem ist die Anwesenheit aller Kleingruppen im Raum angesagt, um den Zeitaufwand gering zu halten.

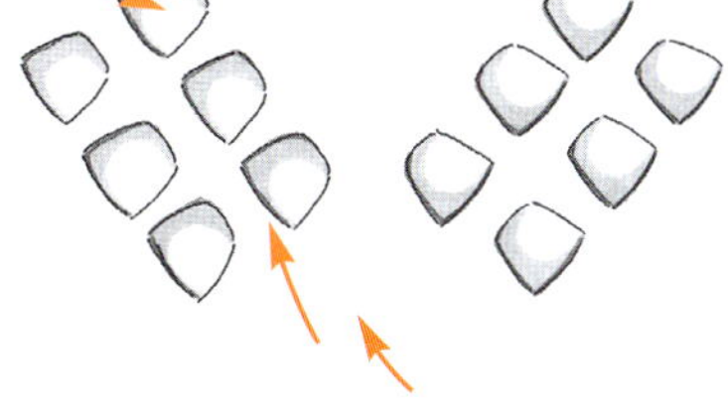

Konfliktbearbeitung bedeutet:

- Probleme zu lösen
- Offenheit zu erreichen
- sich über sein eigenes Verhalten und seine Einstellungen klar zu werden
- eine Verhaltensänderung bei sich und/oder dem anderen zu bewirken
- neue Sichtweisen zu gewinnen
- Zuversicht für einen Neuanfang zu bekommen

Dadurch erhalten Konflikte auch einen positiven Aspekt.

2.5 KONFLIKTBEARBEITUNG

Konflikte treten in den unterschiedlichsten Situationen auf. Wir kennen schulische Konflikte zwischen Schülern und Lehrern oder Schülern untereinander, berufliche Konflikte mit Kunden, Gästen, Vorgesetzten oder Mitarbeitern. Es können aber auch Konflikte mit Personen sein, denen wir sehr nahe stehen und die wir sehr lieb haben, z. B. Eltern, Ehepartner, Freund oder Freundin.
Alle Konflikte haben gemeinsam, dass sie häufig dann auftreten, wenn unsere Erwartungen, Wünsche, Interessen und Bedürfnisse nicht erfüllt wurden. Da Wünsche und Sehnsüchte oft unausgesprochen bleiben, sind wir enttäuscht über deren Nichtbeachtung und Nichterfüllung – eine Gefühlsreaktion wird deutlich – und ein Konflikt bahnt sich an.

2.5.1 KONFLIKTE ERKENNEN

Häufig sind Konflikte nicht zu verhindern.

Signale für aufkommende Konflikte können z. B. sein:

- laute, leise, hohe oder tiefe Stimmlage
- abgewandte Körperhaltung
- größere räumliche Distanz
- Veränderung der Gesichtsfarbe
- schmale, zusammengekniffene Lippen
- starrer Blick
- kaum Blickkontakt
- veränderte Wortwahl
- Gesprächspausen
- Gereiztheit
- einfache oder kürzere Sätze
- verändertes Gesprächsverhalten, z. B. scharfzüngige Aussagen, Hinnehmen der Aussagen, ausweichende Reaktionen, Zurückhalten von Informationen

Konflikt

2.5.2 KONFLIKTURSACHEN

Die Gründe für einen Konflikt sind vielschichtig. Sie beinhalten häufig mehrere Aspekte, wie beispielsweise unterschiedliche Interessen und Zielvorstellungen, verschiedene Sach- und Beziehungsinhalte, nicht erfüllte Erwartungen, Wünsche und Bedürfnisse. Ein Konflikt beruht jedoch im Allgemeinen nicht nur auf einem dieser genannten Aspekte, sondern es sind meistens mehrere beteiligt und oft lassen sie sich nicht sofort erkennen.
Konfliktarten können z.B. sein: Zielkonflikte, Beziehungskonflikte, Beurteilungskonflikte, Interessenkonflikte und Rollenkonflikte. Die Konfliktart beinhaltet sowohl den Anlass als auch das Thema des Konflikts.

Im Beziehungskonflikt beispielsweise ist die Beziehung zwischen den Personen Anlass und Thema des Konflikts. Dabei stehen persönliche emotionale Aspekte im Vordergrund. Beim Beurteilungskonflikt hingegen sind sachliche Gesichtspunkte im Mittelpunkt, wie z. B. Einigkeit über das Endprodukt, wobei jedoch der Weg dahin unterschiedlich beurteilt wird und von den Konfliktparteien geklärt werden muss.

Es gibt unterschiedliche **Konfliktarten**:

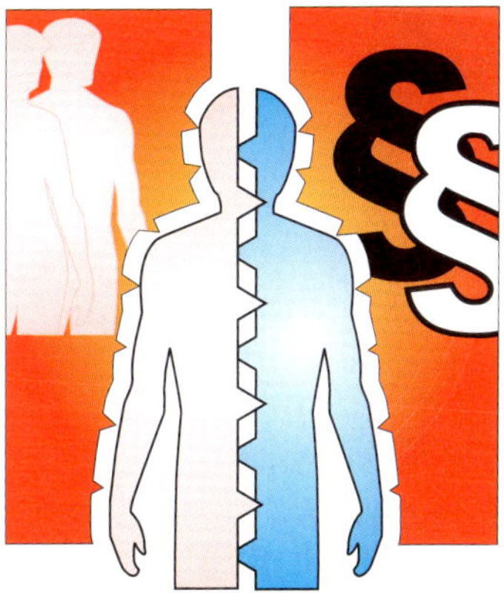

Konflikte kann der Mensch mit sich selbst haben, z. B.
- bei Unzufriedenheit über die momentane Lebenssituation, die selbst verursacht wurde
- wegen schlechter Noten in der Schule, die durch Unlust und Desinteresse entstanden sind

Konflikte können mit anderen Menschen entstehen, z. B.
- mit dem Partner, von dem erwartet wird, dass er eine Situation von sich aus erkennt und entsprechend reagiert
- am Arbeitsplatz, in der Gruppe, im Team oder unter Mitarbeitern

Konflikte können aus äußeren Umständen hervorgehen, z. B.
- durch gesetzliche/rechtliche Vorgaben
- Anordnungen von Vorgesetzten

AUFGABEN

1. *Notieren Sie nonverbale Zeichen (Gestik, Mimik, Körperhaltung, Stimme usw.) und verbale Merkmale der Kommunikation, die Ihnen einen sich anbahnenden Konflikt in zurückliegenden Situationen angezeigt haben. Erörtern Sie die Ergebnisse in der Klasse.*
2. *Erörtern Sie weitere Beispiele zu den drei möglichen Konfliktarten.*

2.5.3 KONFLIKTE LÖSEN

Nach dem Auftreten von Konflikten sollte jeder bemüht sein, den Schaden zu begrenzen und den Konflikt aufzuarbeiten. Zur Konfliktlösung trägt die Zuordnung des Konfliktes zu einer der oben aufgeführten Konfliktarten bei. Ist die Ursache erkannt, lässt sich der Konflikt leichter lösen. Aber auch folgende rückblickende (reflektierende) Fragen helfen einen Konflikt zu lösen:

Was war der Auslöser?
- versuchen, sich genau zu erinnern
- Erinnerungen sortieren und strukturieren
- erkennen, wer direkt und wer indirekt am Konflikt beteiligt ist

Wie erklären sich die Beteiligten das Zustandekommen und den Verlauf?
- subjektive Einschätzungen herausfinden, jedoch nicht nach einer Lösung suchen

Wie können die Beteiligten damit umgehen?
- Ergebnisse von beiden vorherigen Fragen ermitteln und besprechen
- gemeinsam Ideen für Veränderungen, Alternativen und/oder Ziele sammeln
- Kompromisse und Lösungswege finden und das Problem beseitigen
- oder sich einigen, mit der Situation in dieser Form leben und arbeiten zu können

Wie können die Ergebnisse zum Erfolg führen?
- **Aussagen und Ergebnisse schriftlich festhalten**
- **gemeinsame genaue Formulierungen vornehmen**
- **Vereinbarungen vorstellen bzw. vorlesen**
- **den Beteiligten die Vereinbarungen aushändigen**

Arbeiten im Team

2.5.4 KONFLIKTE IM BERUFSLEBEN

Fallbeispiel:

Jessica, Helga und die Auszubildende Melanie sind laut Plan für die Reinigungsarbeiten im »Haus Vogelnest« eingeteilt. Der Plan weist die Verteilung der Arbeiten auf die Arbeitskräfte auf. Von Seiten der Vorgesetzten wird darauf geachtet, dass die Belastungen gerecht verteilt und unangenehme und weniger beliebte Tätigkeiten im Wechsel übernommen werden müssen. Der Arbeitsverteilungsplan sieht vor, dass Helga und Melanie die 6 Zimmer mit frischer Bettwäsche versehen, Fenster putzen, Staub wischen und den Fußboden feucht wischen. Jessica ist heute für die 2 Waschräume und 4 Toiletten eingeteilt. Die Reinigungsarbeiten im Flur und im Treppenhaus sollen gemeinsam durchgeführt werden.
Die drei gehen ausgestattet mit Reinigungsmitteln und Arbeitsgeräten in das »Haus Vogelnest«. Dort angekommen, sagt Jessica: »Du, Melanie, du beginnst schon mal mit den Toiletten. Ich putze derweil die Fenster in den Zimmern!« Melanie schaut verdutzt drein.

Übung Welche Konfliktsituation ist entstanden?

- Finden Sie sich in Gruppen zusammen und überlegen Sie, wie die Situation weitergehen könnte. Entwickeln Sie Wege zur Konfliktlösung.
- Stellen Sie die Ergebnisse vor, z. B. in Form eines Rollenspiels.

Der Berufserfolg des Einzelnen ist neben seinem fachlichen Können eng verknüpft mit seiner Argumentations- und Kommunikationsfähigkeit. Der Sprachschatz muss den beruflichen Anforderungen, Situationen und Bedürfnissen angepasst sein. Außerdem muss die Sprache wirkungsvoll und gezielt eingesetzt werden können.

Voraussetzung für Teamfähigkeit ist die Bereitschaft zur Problemlösung, um Aufgaben und Arbeiten im Sinne des Betriebes erfolgreich erfüllen zu können und selbst Freude an der Erledigung der Aufgaben zu entwickeln.

Um Konflikte möglichst zu vermeiden, können methodische Vorgehensweisen helfen, das Miteinander zu entwickeln. Dazu gehört, dass jeder seine Meinung äußern und seine Vorstellungen einbringen kann.

Teamfähigkeit entwickelt sich,

- **wenn miteinander geredet wird**
- **wenn Fragen gestellt und beantwortet werden**
- **wenn dem anderen zugehört wird**
- **wenn nach Kompromissen gesucht wird**

AUFGABEN

1. *Setzen Sie sich in Kleingruppen zusammen. Jeder notiert, welche Konfliktsituationen sich in seinem privaten und beruflichen Umfeld in der letzten Zeit ergeben haben. Nach ca. 5 Minuten berichten Sie in der Gruppe darüber.*
   Ermitteln Sie die Ursachen und bewerten Sie die Konfliktlösung. Stellen Sie zusammen, welche verschiedenen Aspekte für die Konfliktlösung wichtig sind.
2. *Erfassen Sie schriftlich, was Sie unter Partnerarbeit, Gruppenarbeit und Teamarbeit verstehen.*
3. *Mobbing am Arbeitsplatz ist der Sprachgebrauch für eine besondere Konfliktart. Erarbeiten Sie, was darunter zu verstehen ist und wie man diesem Konflikt entgegenwirken kann.*

Verständigung ist nicht gleichbedeutend mit totaler Übereinstimmung, sondern ist gebunden an die sich entwickelnde und ablaufende Interaktion.

2.5.5 ÜBUNGEN

Rollenspiel – »Streitgespräch 1«

Bereiten Sie für zwei Personen eine Spielszene mit einem kontroversen Thema vor. (Verhalten während des Unterrichts bei Lehrer M. – Mitschülerin ist schwanger, Abtreibung ja oder nein – Vorgesetzte duzen, ja oder nein – usw.). Sie haben 10 Minuten Zeit für die Erarbeitung.

Setzen oder stellen Sie sich gegenüber. Spielen Sie die Szene, während die anderen der Klasse zuhören und beobachten.
Bestimmen Sie einen aus Ihrer Klasse, der die Szene notfalls beendet.
Beginnen Sie mit Ihrem Konfliktgespräch:

- Werfen Sie sich gegenseitig Ungehörigkeiten an den Kopf.
- Greifen Sie an, verteidigen Sie sich, geben Sie Kontra und bleiben Sie nichts schuldig.

Auswertung:
Beide »Spieler« äußern sich zu ihren Gefühlen während des Streitgesprächs, nennen Schwierigkeiten, die im Verlauf des Streitgespräches aufgetreten sind und wie sie damit umgegangen sind. Die anderen hören zu und werten nicht.
Die Beobachter äußern ihre Wahrnehmungen, Eindrücke und Empfindungen.
Fassen Sie in der Klasse zusammen, welchen Verlauf das Gespräch genommen hat und mit welchem Ergebnis es beendet wurde.

Übung

Die Konflikt- und Problemlösung kann für die Beteiligten mehrere mögliche Ergebnisse aufweisen:

- *Einigung, bei der Einvernehmen nach dem Austausch von Argumenten besteht … zwei Gewinner.*
- *Der Stärkere oder der in der Hierarchie höher Stehende setzt sich durch … ein Gewinner und ein Verlierer.*
- *Es ist keine Einigung zustande gekommen, da die Positionen und Ansichten auf beiden Seiten verhärtet sind und ein Aufeinanderzugehen nicht möglich ist … zwei Verlierer.*

Rollenspiel – »Gespräch 2«

Ändern Sie die Spielszene/Konfliktsituation jetzt so um, dass Selbstmitteilungen ausgesprochen werden sowie Verständnis, Einfühlungsvermögen und die Akzeptanz des Partners deutlich werden.

Auswertung: wie bei Übung 1

Bei allen Konfliktlösungen ist es hilfreich, eine Person mit einer objektiven Einstellung zu den Konfliktbeteiligten und dem Thema oder einen unparteiischen Schlichter als Moderator zur Führung des Gesprächs zu haben, um zu einer für alle annehmbaren Lösung zu kommen.

AUFGABEN

1. *Hören Sie Personen in den Medien zu, z.B. Politikern, Moderatoren, Nachrichtensprechern usw. Nehmen Sie wahr, wie deren Sprache und Klangfarbe der Stimme auf Sie wirken. Notieren Sie Ihre Beobachtungen und Wahrnehmungen.*
2. *Wie sprechen Sie? Nehmen Sie Ihre Stimme und Ihren Tonfall wahr. Nutzen Sie eigene Aufnahmen, ggf. die Videoaufnahmen der Gesprächsbeispiele in der Schule. Welchen Eindruck haben Sie von Ihrer Stimme und Ihrer Sprache?*
   Worauf sollten Sie zukünftig achten?

Beschriftung von Karten:
- nur Stichpunkte notieren
- einen dicken Filzstift benutzen
- groß und deutlich schreiben
- immer eine Idee auf eine Karte schreiben

2.5.6 METHODEN ZUR MEINUNGSFINDUNG

Verschiedene Kommunikationsformen ermöglichen es, z. B. ein Meinungsbild oder die Erwartungen oder Vorstellungen der Mitarbeiterinnen bzw. Mitschülerinnen zu erfassen oder ein allgemeines Problem gemeinschaftlich zu lösen.

Die folgenden Methodenbeispiele zeigen auf, wie in Gruppen oder Teams jeder seine Ideen oder Meinungen einbringen kann.

Brainstorming = Geistesblitz

Hierbei handelt es sich um eine aktivierende Gesprächsmethode, bei der alle ihre Ideen zu einem Thema oder einer Fragestellung mündlich oder schriftlich äußern.

Regeln:
- Jeder sagt kurz und knapp oder schreibt in Stichworten auf Karten, was ihm zu dem Thema einfällt.
- Bei mündlichen Äußerungen werden die Aussagen protokolliert.
- Nicht erlaubt sind Rückfragen, Bemerkungen oder Kritik .
- Die Ergebnisse werden sichtbar gemacht, indem sie aufgehängt werden oder in Protokollform für jeden vorliegen.

In der anschließenden gemeinsamen Auswertungsphase werden die Äußerungen nach ihren inhaltlichen Aussagen sortiert, erläutert, bewertet und die für die Sache am besten erscheinende Lösung wird ausgewählt. Die Bewertung kann durch alle Teilnehmer durch die Vergabe von Klebepunkten erfolgen.

Blitzlicht

Die Methode ist geeignet, um eine Zwischenbilanz zu ziehen oder um innerhalb einer Auswertungsphase eingesetzt zu werden.
Diese Form der Kommunikation ermöglicht es, ein Meinungsbild in einer Gruppe oder einem Team aufzuzeigen. Die Einstellungen, Wünsche, Erwartungen und/oder Gefühle können/sollten von den Teilnehmern geäußert werden.
Setzen Sie sich dafür an einen Tisch oder in einem Kreis zusammen.

Regeln:
- Es spricht nur ein Teilnehmer zur Zeit, als Hilfsmittel kann ein Gegenstand, z. B. ein Stein, als Sprechstein weitergegeben werden, sodass immer nur die Person spricht, die den Gegenstand in der Hand hält.
- Möglichst jeder Teilnehmer nimmt in kurzer und knapper Form Stellung zu dem Thema oder der Frage.
- Kommentare oder Kritik sind nicht erwünscht.
- Am Ende kann eine Zusammenfassung erfolgen.

Feedback – Rückmeldung/Rückkopplung

Diese Methode bietet die Möglichkeit, Erlebtes, Wahrgenommenes oder Verstandenes an die Teilnehmer weiterzugeben. Sie kann aber auch von einer Einzelperson genutzt werden, um etwas über eigene Verhaltensweisen zu erfahren.

Beispiel: Ampel-Feedback

Es werden möglichst kurz und knapp formulierte Aussagen, Thesen oder Statements zu dem vorher Gesehenen oder Erlebten oder einem Thema formuliert. Der Leiter der Gruppe oder die einzelnen Gruppenmitglieder tragen die Aussagen vor.
Farbkarten geben Auskunft über die Meinung des einzelnen Gruppenmitgliedes, so bedeuten
Rot = nein, der Aussage stimme ich nicht zu
Grün = ja, dem stimme ich zu
Gelb = ich weiß nicht, bin unsicher, unentschlossen

Regeln:

- Jeder Teilnehmer erhält eine grüne, gelbe und rote Karte.
- Eine Aussage wird vorgetragen.
- Die Teilnehmer zeigen ihre Meinung durch ihre Farbkarte an.
- Teilnehmer, die zu ihrer Entscheidung eine Aussage machen möchten, können das jetzt tun.
- Es sollten keine längeren Diskussionen entstehen.
- Ist dies gewünscht, so ist es günstiger, eine Methode zu wählen, bei der die Aussagen diskutiert werden sollen und bei der mehr Zeit zur Verfügung steht.

Mind-Mapping

Diese Methode visualisiert die Gedanken, die zu einem Thema geäußert werden. Die Gedanken werden entsprechend ihrer Äußerung notiert. Eine Bearbeitung findet zu diesem Zeitpunkt noch nicht statt. Die Themen- oder Fragestellung steht in der Mitte und die Verästelungen zweigen in gleichmäßigen Abständen zu den Seiten ab. Die Anzahl der Hauptäste sollte beschränkt werden, damit genügend Raum für die Nebenäste bleibt. Die Eintragungen erfolgen im Uhrzeigersinn. Es können auch Bilder, Symbole oder Zeichnungen verwendet werden (s. S. 153ff.).

Tipps zur Gestaltung:

- *gut leserlich und in Druckschrift schreiben*
- *farbliche Gestaltung der Haupt- und Nebenäste oder der Beschriftung vornehmen*
- *um Verrenkungen beim Schreiben und Lesen zu vermeiden, Text waagerecht schreiben*

AUFGABE

Anwendung der Methodenbeispiele.
Überlegen Sie sich Anwendungsbeispiele für die beschriebenen Methoden im Schulalltag und in Ihrer Berufswelt.
Beginnen Sie z. B. mit einem Brainstorming/einer Ideensammlung.
Probieren Sie die Methoden in der Klasse bzw. Gruppe aus.

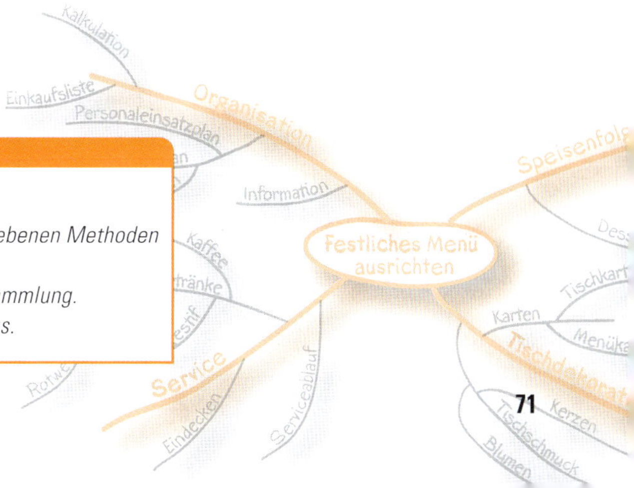

Gespräche erfordern Konzentration, Denkleistung, Disziplin, Einfühlungsvermögen und Sprechsicherheit mit dem Ziel der Zufriedenheit, Selbstbestätigung und eines positiven Ergebnisses.

2.6 GESPRÄCHE

Gespräche werden in Dialogform geführt, d. h., es sind mindestens zwei Personen beteiligt, wobei einer spricht und der andere darauf reagiert und antwortet. Es wird einander zugehört, der Sprechanteil ist ausgewogen. Dabei findet ein Austausch von Informationen, Meinungen, Argumenten und Gefühlen statt. Sach- und Beziehungsaspekte werden deutlich, außerdem Appelle und Selbstmitteilungen (die vier Seiten einer Nachricht, s. S. 59).
Bei Reden dagegen spricht eine Person zu mehreren Zuhörern, z. B. bei Vorträgen, Referaten oder Festreden. Rückmeldungen erfolgen manchmal in einer sich anschließenden Diskussion.

2.6.1 MERKMALE ERFOLGREICHER GESPRÄCHE

Ein gutes Gespräch findet statt, wenn alle Beteiligten mit dem Ergebnis zufrieden sind und sich akzeptiert fühlen.

Folgendes führt zu guten Ergebnissen:
- sich gegenseitig anerkennen
- die persönliche Meinung klar aussprechen
- zuhören und andere nicht am Sprechen hindern
- keine Bewertungen der Gesprächspartner vornehmen, z. B. »Du bist ja ...«
- zu den Aussagen und Meinungen der anderen sachlich Stellung nehmen
- Einfühlungsvermögen anderen gegenüber aufbringen
- das aussprechen, was man wirklich denkt

Nicht über andere, sondern mit ihnen reden!

Die Beachtung dieser Punkte erfordert von allen Gesprächspartnern viel Konzentration und Disziplin, führt aber zu besseren Gesprächs- und Arbeitsergebnissen.

»Das Nicht-Verstehen ist normal – und das Verstehen ist Arbeit. Machen wir uns auf den Weg und an die Arbeit ...«
Zitat von R. Miller (aus: »Schritte zum fairen Gespräch«)

Achten Sie beim Gespräch auf:
- angemessene Körperhaltung, Gestik, Mimik
- Blickkontakt
- Ausgewogenheit der Sprechanteile
- kurze Satzkonstruktionen
- klare, treffende, sachliche Wortwahl
- eindeutige, klare Gedankengänge und Begründungen
- die Formulierungen der Fragen
- Sprechgeschwindigkeit
- Tonfall

2.6.2 GESPRÄCHSVORBEREITUNG

Jedes Gespräch ist vorzubereiten, indem man sich das Ziel verdeutlicht, das erreicht werden soll oder muss.
Sachverhalte sind im Vorfeld zu klären. Fragen, die noch offen sind, und zu unterbreitende Angebote sollten schriftlich formuliert werden.

- Ort, Raum und Zeitpunkt mit Bedacht auswählen
- Eröffnungsfrage formulieren
- Argumente überlegen
- zu erwartende Einwände und Gegenvorschläge überdenken
- Lösungsbeispiele entwickeln
- Konsensangebot vorstellen können

2.6.3 GESPRÄCHSVERLAUF

Das Gespräch hat die Verständigung mindestens zweier Personen zum Ziel. Da es sich um einen Dialog handelt, stehen Hörverständnis und Sprechhandeln der Beteiligten im Mittelpunkt. Gestik, Mimik, Körpersprache, Tonfall und Lautstärke der Stimme haben jedoch erheblichen Einfluss auf das Gesprächsergebnis.

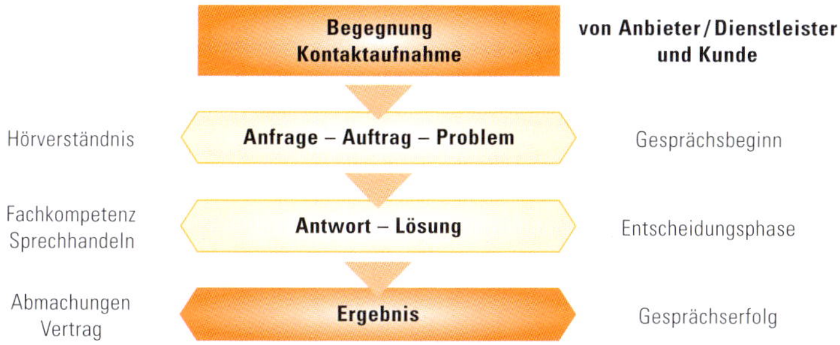

Sprechende und Zuhörer

Das erfolgreiche Ergebnis eines Gespräches ist z. B. bei der Begegnung mit Kunden oder Gästen und Anbietern von Dienstleistungen von entscheidender Bedeutung. Ein Geschäftsvorgang kann nur dann erfolgreich abgeschlossen werden, wenn die Wünsche und Erwartungen des Kunden oder Gastes verstanden und erfasst werden.

Im Folgenden sind einige Aspekte aufgeführt, die berücksichtigt werden sollten:

Der Kunde oder Gast
- reagiert auf eine ansprechende Umgebung
- reagiert auf die Ausstrahlung der Person, die eine Dienstleistung anbietet
- erwartet, dass sein Anliegen verstanden und umgehend erledigt wird
- erwartet, zuvorkommend und höflich behandelt und bedient zu werden
- erwartet Hilfsbereitschaft und Unterstützung
- erwartet einen der Leistung angemessenen Preis

Die Person, die dem Kunden oder Gast gegenübersteht und die Dienstleistung anbietet, muss folgende Voraussetzungen erfüllen:

- ein gepflegtes Äußeres vorweisen
- wachsam sein und dem Kunden aufmerksam gegenübertreten
- freundlich und höflich sein
- ruhig und sachlich reagieren
- Wünsche erfassen und erfüllen
- fachliche Kompetenz besitzen
- hilfsbereit sein
- Lösungen entwickeln und anbieten können

Ein Gespräch ist dann erfolgreich verlaufen, wenn der Kunde und der Anbieter von Dienstleistungen sich auf wesentliche Eckpunkte einigen konnten und beide mit den Absprachen und Vereinbarungen zufrieden sind.

2.6.4 TELEFONGESPRÄCHE

Die im vorherigen Abschnitt aufgeführten Verhaltensweisen treffen bis auf »ein gepflegtes Äußeres vorweisen« auch auf das Telefonieren zu.
Das Telefon ist ein schnelles und an jedem Arbeitsplatz zur Verfügung stehendes Kommunikationsmittel. Möglicherweise wird es bald durch den Computer und die Versendung von E-Mails sowie die Nutzung des Internets seine Vorrangstellung verlieren. Hierbei handelt es sich dann aber nicht mehr um Kommunikation, sondern um die schriftliche Übermittlung von Informationen, Meinungen usw..
Das Telefon bietet die Möglichkeit, kurzfristig und im direkten Gespräch Kontakte herzustellen. Auf schnellstem Wege werden Termine vereinbart, Rückfragen gestellt, Bestellungen durchgegeben, Abstimmungen getroffen und Vereinbarungen, wie z. B. An- und Abmeldungen, vorgenommen.
Das **persönliche** Gespräch ist der Vorteil dieses Kommunikationsmittels.

Einige nachteilige Aspekte im Vergleich zu einem Gespräch bei einer Begegnung sollten jedoch nicht unterschätzt werden:

- Gestik und Mimik des Gesprächspartners sind nicht sichtbar.
- Es lässt sich nur aufgrund der Sprache und Stimme eine Vorstellung vom Gesprächspartner machen.
- Es besteht die Möglichkeit, dem Gesprächspartner ungelegen zu kommen.
- Die momentane Befindlichkeit des Partners kann nicht gesehen, sondern nur »gehört« werden.

Folgende Fragen sind vor einem wichtigen Telefonat zu überdenken:

- Zeitpunkt – Wann sollte der Anruf erfolgen?
- Tageszeit – Wann erreiche ich den Teilnehmer am besten?
- Ansprechpartner – Wen will/muss ich sprechen?
- Anliegen – Warum rufe ich an?
- Ziel – Was will ich erreichen?
- Details – Welche Gegenfragen könnten kommen?
  – Welche Unterlagen/Informationen benötige ich?

Der Platz zum Telefonieren

Platz und Ort sind oftmals durch die Telefonanlage vorgegeben.

Es sollte darauf geachtet werden, dass

- ein bequemer Sitzplatz und ausreichend Schreibfläche, auf der sich mindestens zwei Schreibgeräte und fest aufliegendes Papier sowie ein Kalender befinden, vorhanden sind
- Umgebungsgeräusche abgeschirmt werden
- die Beleuchtung ausreichend ist
- die Gesamtatmosphäre angenehm und freundlich ist

Telefonplatz

AUFGABEN

1. *Zum Thema »Telefonieren«*

Bereiten Sie nach den folgenden Angaben eine Bestellung und die Terminvereinbarung für die Anlieferung von Waren vor.

Ablaufschema für ein Telefonat:

- *Namen nennen, evtl. wiederholen*
- *Begrüßung*
- *Betrieb und Anschrift angeben*
- *Auftrag übermitteln*
- *Terminwunsch für Lieferung vorschlagen*
- *evtl. Ausweichtermin und -zeitpunkt angeben*
- *Ergebnisse zusammenfassen, Vereinbarungen wiederholen*
- *sich für das Gespräch bedanken*
- *Verabschiedung*
- *in Stichworten Gesprächsnotiz mit Datum, evtl. Zeit und Unterschrift anfertigen*

Führen Sie in der Klasse mit einem Gesprächspartner das Telefonat durch.
Entwickeln Sie weitere Beispiele und setzen Sie diese um.
Hören Sie sich gegenseitig zu und erörtern und bewerten Sie die Gesprächsdurchführungen.

Uhrzeit
Datum
Telefonnotiz
An
Anruf von
☐ ruft wieder an am / um
☐ bittet um Kontakt ✆ Nr.
Telefonnotiz 1019
Aufgenommen von:
Erledigt durch
☐ Anruf
☐ Brief
☐ Besuch
Datum
Zchn.

2. *Zum Thema »Kommunikation«*

»Mit welchen Menschen kann ich/kannst du gut bzw. schlecht reden?« Klären Sie in Ihrer Klasse diese Frage. Sie können andere befragen und/oder sich selbst erinnern. Sammeln Sie die Ideen z. B. anhand einer Mind-Map. Arbeiten Sie in Gruppen daran und stellen Sie die Ergebnisse vor.

2.7 UMGANGSFORMEN

Unter Umgangsformen sind die Verhaltensweisen im Umgang mit anderen im alltäglichen Leben zu verstehen.
Dabei handelt es sich um Regeln, die einen höflichen, freundlichen, aufmerksamen, taktvollen und unaufdringlichen Umgang (s. S. 63, Distanzzonen) miteinander gewährleisten.
In der Schule, am Arbeitsplatz, im privaten Lebensbereich, bei Verhandlungen, beim Einkauf, mit Familienangehörigen, Freunden, Partnern im Privat- und Geschäftsbereich, Arbeitskollegen sowie mit zu betreuenden und zu versorgenden Personen sind Umgangsformen ganz unterschiedlicher Art einzuhalten. Sie müssen der jeweiligen Situation angepasst und angemessen sein sowie dem Alter und den Bedürfnissen der beteiligten Personen entsprechen. Das Auftreten und Verhalten eines jeden sollte offen und von Ehrlichkeit geprägt sein.
Starre Umgangsformen führen zu einer Verstellung des Einzelnen. Sie wirken unnatürlich und hemmend.

2.7.1 EINFLUSSFAKTOREN AUF DIE UMGANGSFORMEN AM ARBEITSPLATZ

Hat es Ärger oder Probleme im persönlichen Lebensbereich gegeben, gelingt es nur schwer, dies seinen Mitmenschen gegenüber zu verbergen und den Kunden oder zu betreuenden Menschen trotzdem zuvorkommend zu begegnen. Von Seiten der Vorgesetzten und der Kunden wird aber erwartet, die persönliche Befindlichkeit hinter die Rolle des Dienstleisters zu stellen.
Sind betriebliche Probleme der Grund, müssen diese angesprochen und gelöst werden, damit die Arbeit, die für andere Menschen erbracht werden soll, nicht darunter leidet.
Sind die Umgangsformen des Kunden/Gesprächspartners dem Dienstleister gegenüber unfreundlich, so muss ruhig und höflich reagiert und versucht werden zu ergründen, warum sich der andere so verhält.

AUFGABE

Welche Faktoren beeinflussen Ihre Umgangsformen?
Ordnen Sie die genannten Begriffe den Einflussfaktoren persönlicher und betrieblicher Art zu sowie den Einflüssen, die durch zu betreuende Personen/Kunden auf Sie wirken. Nehmen Sie auch die Beispiele auf, die Sie in Ihrem Umgang mit Menschen beeinflusst haben.
Begriffe:
Aufgabenstellung, große Arbeitsbelastung, Geburtstagsfeier, Besuch, Qualitätsanforderungen, Wünsche und besondere Anliegen, Mitarbeiter, Ausstattung, Gesundheitszustand, Stress, Probleme mit dem Partner, schulische Probleme, Unzufriedenheit mit dem Angebot, Führungsstil, Krankheitsstand, Antipathie

Geprägt und beeinflusst werden die Umgangsformen durch die Erziehung, den Kulturkreis, in dem man lebt, die verschiedenen Lebensgewohnheiten und Lebensverhältnisse, die politischen Bedingungen und durch das Umfeld.

In anderen Kulturkreisen können die uns vertrauten Umgangsformen eine andere Reaktion hervorrufen. So ist es bei uns selbstverständlich, während eines Gespräches Blickkontakt zum Gesprächspartner zu halten. Verhält sich jedoch z. B. eine Frau im Orient so, wird dies Verhalten als anmaßend empfunden und angesehen. Afrikanische Kulturen bezeichnen es als höflich, am Gesprächspartner vorbeizuschauen. Mit diesem Verhalten werden Achtung und Wertschätzung des Gesprächspartners zum Ausdruck gebracht.

Die Umgangsformen verändern sich, passen sich dem jeweiligen Zeitgeist an. Das Lebensalter, die Lebenssituation, die politischen Machtverhältnisse, die sozialen Einflüsse, die Zugehörigkeit zu einer Religion oder Glaubensgemeinschaft nehmen Einfluss auf sie.

Umgangsformen sollen nicht einengen, sondern das Miteinander positiv beeinflussen, lenken und leiten.

Was hindert Sie eigentlich daran, sich so zu verhalten, wie Sie es von anderen erwarten?

AUFGABEN

1. *Treffen Sie Vereinbarungen für den Umgang miteinander für den Zeitraum des Zusammenseins.*
   Schreiben Sie die Antworten zu folgenden Fragen auf Karten. Immer eine Aussage auf eine Karte. 10 bis 15 Minuten stehen zur Verfügung.

   Fragen:
   Welche Umgangsformen wünschen Sie sich von den anderen der Klasse/Gruppe Ihnen gegenüber?
   Welche Ziele verfolgen Sie mit dem Besuch dieser Klasse?
   Wie stellen Sie sich die Zusammenarbeit mit dem Leiter oder dem Lehrer vor?

   Finden Sie sich in Kleingruppen zusammen. Vergleichen und besprechen Sie die Aussagen. Legen Sie in der Gruppe eine Gewichtung bzw. Reihenfolge fest.

   Im Plenum tragen die Gruppen ihre Ergebnisse vor.
   Aus den vorliegenden Ergebnissen werden gemeinsam für alle annehmbare Regeln bzw. Verabredungen entwickelt.
   Diese werden auf einen großen Bogen Papier geschrieben und für alle gut sichtbar im Raum aufgehängt.
   In regelmäßigen Abständen oder bei entsprechenden Situationen können Sie auf die Vereinbarungen im Umgang miteinander hinweisen, sie evtl. thematisieren und Veränderungen vornehmen.

2. *Wie können Sie Kindern die Grundlagen für Umgangsformen vermitteln? Notieren Sie verschiedene Möglichkeiten. Erörtern und diskutieren Sie Ihre Einstellungen und Meinungen in der Klasse. Fassen Sie die Ergebnisse zusammen.*

Grundvoraussetzungen für den angenehmen und wohltuenden Umgang miteinander sind Akzeptanz, Toleranz, Hilfsbereitschaft und Rücksichtnahme.

2.7.2 UMGANGSFORMEN IM BERUFSALLTAG

Die Umgangsformen im Berufsalltag haben viel mit der Beachtung der Distanzzonen (s. S. 63) zu tun. Um den richtigen Umgangston zu finden und sich personenorientiert verhalten zu können, sind Kenntnisse über die Erwartungen, Lebensgewohnheiten und Bedürfnisse der zu betreuenden und zu versorgenden Personen zu bedenken.
Wer für andere eine Dienstleistung/Arbeit auszuführen hat, muss sich seines Verhaltens bewusst sein. Er muss dem Kunden gegenüber Hilfsbereitschaft, Toleranz, Verständnis und Achtung aufbringen – wobei von Seiten des Kunden ebenfalls die Einhaltung angemessener Umgangsformen erwartet wird.
Jeder Mensch hat und braucht einen Bereich – sein Territorium –, in dem niemand die Grenzen überschreitet. In der Wohnung, im Zimmer oder am Arbeitsplatz muss es möglich sein, sich zurückzuziehen, um für einen gewissen Zeitraum ungestört sein zu können.
Eingrenzungen ergeben sich aus anderen Situationen.
Es müssen oft betriebliche Voraussetzungen und gewisse Verantwortlichkeiten für Personen beachtet werden , die gleichzeitig mit deren Wünschen und Notwendigkeiten in Einklang zu bringen sind.
Bevor man z. B. das Zimmer eines Bewohners betritt, klopft man an und wartet auf eine Antwort. Kommt keine Reaktion, ist abzuschätzen, ob das Klopfen nicht gehört wurde oder ob etwas passiert sein könnte und der Bewohner Hilfe benötigt.
Bei der Betreuung und Versorgung z. B. der Bewohner in einem Altenwohnzentrum ist es wichtig, einerseits die erforderliche Distanz zu wahren, die der ältere Mensch zu dem Zeitpunkt benötigt, ihm aber andererseits genügend Zuwendung und Aufmerksamkeit zukommen zu lassen.

Angemessene Umgangsformen
- *Aufmerksamkeit anderen gegenüber – Was benötigt der andere gerade?*
- *Anklopfen vor dem Betreten eines Zimmers*
- *Heimbewohner mit »Sie« ansprechen*
- *Türen aufhalten*
- *»Bitte« und »Danke« sagen*

Im öffentlichen Leben ist es noch schwerer, diesen »Schonraum« zu finden. Denken wir nur an Situationen im Bahnhof, beim Einkauf in vollen Kaufhäusern oder in öffentlichen Verkehrsmitteln. Die Menschen dort sind uns fremd und kommen uns dennoch sehr nahe. Hier lässt es sich nicht vermeiden, dass Distanzzonen verletzt werden.

Mitarbeiter sollten am Arbeitsplatz an Entscheidungsprozessen beteiligt werden, um auf die Anforderungen vorbereitet und positiv eingestimmt zu sein. Alleingänge finden selten eine positive Resonanz und führen zu Missstimmungen und schlechten Umgangsformen.
Ein freundlicher, offener und respektvoller Umgang miteinander sowie eine sachliche Gesprächsführung sind die Grundlage für eine vertrauensvolle Zusammenarbeit, angemessene Umgangsformen und ein gutes Betriebsklima. Die Belange aller Beteiligten sind zu berücksichtigen und verhelfen so zum Erfolg.

AUFGABEN

1. *Was können folgende Redewendungen im Zusammenhang mit den Umgangsformen bedeuten? Tragen Sie weitere vor!*
   »Jemandem eine Grenze setzen.«
   »Jemand hat eine Grenze überschritten.«
   »Das überschreitet die Grenze des Erlaubten.«
   »Das ist die absolute Grenze.«
2. *Erinnern Sie sich noch einmal an die Gesprächsbeispiele (Rollenspiele) zu Beginn des Kapitels auf Seite 48.*

Hinweis zu Aufgabe 2:
Wenn Sie die Übung noch nicht durchgeführt haben, dann holen Sie sie jetzt nach.
Sehen Sie sich Ihre Videoaufnahmen an und analysieren Sie
- *Ihre Wahrnehmungen und Beobachtungen*
- *die verbale Kommunikation*
- *die nonverbale Kommunikation*
- *die Umgangsformen*

2.8 BEDEUTUNG DER WAHRNEHMUNG UND BEOBACHTUNG FÜR JEDEN EINZELNEN

Voraussetzung für den erfolgreichen Umgang mit Menschen ist das Wissen über das eigene Verhalten und seine Wirkung auf die Mitmenschen. Beim Zurückverfolgen und Überdenken der persönlichen Lebensgeschichte (s. S. 55, 56) entdeckt man sich selbst.
Erlebnisse aus der Kindheit, Familie und Schule werden in der Erinnerung wach und dabei Gefühle wie Freude, Unsicherheit oder Angst nachempfunden.
Die gemachten Erfahrungen, der Einfluss durch die Erziehung sowie die Veranlagungen sind Bestandteile der eigenen Person geworden. Sie haben den Menschen so werden lassen, wie er ist.

»Es ist leichter, zum Mars vorzudringen, als zu sich selbst.«

(Carl Gustav Jung, Psychiater, 1875–1961, Schweiz)

... sich selbst erkennen und wahrnehmen

Es ist deutlich geworden, dass die Erlebnisse und Erfahrungen das heutige Tun und Handeln einer Person steuern und sich im Umgang mit den Mitmenschen teilweise widerspiegeln:

- in der Art und Weise der Gesprächsführung
- in den Reaktionen in Konfliktsituationen
- im Umgang mit Kritik
- im Zusammensein und Zusammenleben mit Freunden, Familienangehörigen und dem Partner
- in der Zusammenarbeit mit Vorgesetzten, Kolleginnen und Mitarbeiterinnen

»Selbstvertrauen ist die Quelle des Vertrauens zu anderen.«

(François de La Rochefoucauld)

... von anderen wahrgenommen und bewertet werden

Die Berufswelt erfordert die Hinwendung zu den Menschen, die versorgt und betreut werden müssen, sowie die Zusammenarbeit im Team. In der Gegenwart nimmt die Erlangung von Fach-, Sozial- und Methodenkompetenzen einen breiten Raum ein. Arbeitsanleitungen von Vorgesetzten müssen angenommen, überdacht und umgesetzt werden und deren Beurteilung und Bewertung der geleisteten Arbeit als hilfreiche Kritik gesehen werden.

Erfolgreich sein heißt also:

- durch genaues Wahrnehmen und Beobachten die individuellen Bedürfnisse und Wünsche der zu betreuenden und zu versorgenden Menschen zu erkennen
- sich auf die Bedürfnisse der anderen einzustellen und deren Wünsche und Vorstellungen in die Entscheidungen und Umsetzungen einzubeziehen
- manchmal gegen die persönlichen Vorstellungen handeln zu müssen, wenn das Ergebnis dadurch den Vorstellungen des Auftraggebers entspricht
- die Balance finden zwischen dem, was machbar und sinnvoll ist, und dem, was gewünscht wird

»Menschen tragen mehr oder weniger Konfliktstoff mit sich. Wer Schwierigkeiten macht, hat sie auch.«

(Emil Oesch, Menschen)

... Mitmenschen mit ihren individuellen Vorstellungen und Wünschen wahrnehmen und darauf eingehen

Das bedeutet: hinzuschauen und hinzuhören sowie die eigenen Empfindungen/Gefühle zu registrieren und zu deuten und aus diesen Komponenten eine Entscheidung zum Wohle der anderen Menschen sowie für sich selbst zu treffen.

3 PERSONEN INDIVIDUELL BETREUEN

Innerhalb der vielfältigen hauswirtschaftlichen Aufgaben hat die Betreuung von Personen eine besondere Bedeutung. Der zu betreuende Mensch steht im Mittelpunkt aller Tätigkeiten. Diese sind daher immer personenbezogen und beschränken sich nie auf die Erledigung von Versorgungsaufgaben.
Im Zeitalter des sich verändernden sozialen Gefüges, der damit verbundenen Individualisierung, der Vereinsamung und der verlängerten Lebenserwartung werden zunehmend ambulante Dienstleistungsangebote und personenorientierte Betreuung in Einrichtungen notwendig.

Um diese Aufgaben erfolgreich bewältigen zu können, sind neben den Fachkenntnissen Einfühlungsvermögen, Konsequenz zum Erreichen der Ziele und Geduld notwendig. Beim Einschätzen des Bedarfes müssen die besondere Lebenssituation und der Gesundheitszustand der zu betreuenden Menschen beachtet werden. Ebenso sind die Entwicklungsstufen von gesunden, kranken oder behinderten Menschen bei der Erstellung von Konzepten zur Betreuung zu berücksichtigen. Dementsprechend ist der Arbeitsablauf zu planen und zu organisieren.

Betreuungsleistungen umfassen:
- *Hilfe bei Alltagsverrichtungen*
- *Umgang mit Menschen in unterschiedlichen Lebenssituationen*
- *Verabreichung von Nahrung*
- *Beschäftigung und Motivation*
- *Schaffung von Atmosphäre*
- *Häusliche Krankenpflege*

Projektideen für dieses Lernfeld:

- Organisation eines Kinderfestes.
- Unterricht früher und heute: Senioren besichtigen die Schule.
- Gestaltung eines Nachmittags für Senioren einer Altenwohnanlage.
- Besuch verschiedener sozialer Einrichtungen und Erkundung der hauswirtschaftlichen, betreuenden und pflegerischen Tätigkeiten in den jeweiligen Betrieben.
- Internetführer für Kinder verschiedener Altersstufen und/oder für Senioren erstellen.
- Mit 18 sich wie 80 fühlen.

3.1 BETREUUNGSLEISTUNGEN

3.1.1 BETREUEN IN HAUSHALTEN

Früher war der Familienhaushalt einer der klassischen Einsatzorte für Hauswirtschafterinnen. Insbesondere auf dem Lande – und dort speziell in landwirtschaftlichen Betrieben – war es üblich, dass mehrere Generationen unter einem Dach lebten und oft auch im eigenen landwirtschaftlichen oder handwerklichen Betrieb arbeiteten. Dabei war eine lebenslange materielle und soziale Versorgung gegeben.

Heute ist die Kleinfamilie das vorherrschende Lebensmodell. Während es zu Beginn des 20. Jahrhunderts durchaus üblich war, sechs bis acht Kinder zu haben, deren Aufgabe es unter anderem auch war, die Eltern im Alter bei sich aufzunehmen und zu unterstützen, hat die typische deutsche Kleinfamilie ein Jahrhundert später statistisch gesehen im Durchschnitt nur noch 1,8 Kinder.

Dadurch entsteht ein Bedarf an außerfamiliärer Betreuung vor allem im persönlichen Bereich.

Diese gesellschaftlichen Veränderungen bewirken daher auch eine andere Aufgabenstellung für die Hauswirtschafterin. Damit ergibt sich ein neues berufliches Selbstverständnis dahin gehend, dass die persönliche Betreuung gleichrangig neben den Versorgungsleistungen steht und damit deren Qualität unmittelbar davon beeinflusst wird.

Der Anteil und die Art der Betreuungsleistungen in den jeweiligen Betrieben und sozialen Einrichtungen sind sehr unterschiedlich.

So vielseitig wie die Tätigkeiten einer Hauswirtschafterin sind auch die Einsatzmöglichkeiten.

Betreuungsleistungen in den unterschiedlichen Betrieben und Einrichtungen

Die meisten Hauswirtschafterinnen finden heute ihren Arbeitsplatz in einer **Großküche**. Großküchen sind entweder Krankenhäusern, Altenheimen etc. angeschlossen bzw. in diese integriert oder es handelt sich um selbstständige Einrichtungen, die z. B. »Essen auf Rädern« zubereiten. Der Einsatzbereich der Hauswirtschafterinnen in den Großküchen ist variabel. Sie können in den verschiedenen Abteilungen, wie z. B. in der Gemüseküche, der kalten Küche, dem Bereich der Speisenvorbereitung, der Abwaschküche etc., eingesetzt werden. Hauswirtschafterinnen, die in einem der nachstehend aufgeführten Betriebe oder Institutionen tätig sind, obliegt bezüglich der Verpflegung in der Regel die Herstellung von warmen Mahlzeiten. Alle anderen Tätigkeiten variieren und hängen stark von der Struktur und Größe der jeweiligen Betriebe ab.

Alle Betreuungsleistungen dienen dazu, das Wohlbefinden der Menschen zu verbessern.

In **Kindergärten, Kindertagesstätten** bieten vor allem die kindgerechte Ernährung, Gestaltung von Mahlzeiten, Ernährungserziehung, Festgestaltung und gemeinsames Kochen Möglichkeiten der Betreuung.

In **Behindertenwerkstätten, Wohnheimen oder Wohngruppen** für Menschen mit Behinderungen kann durch gemeinsames Erledigen hauswirtschaftlicher Tätigkeiten Hilfestellung zur selbstständigen Lebensführung gegeben werden.

In **Seniorenheimen oder Einrichtungen für betreutes Wohnen** für alte Menschen wird durch entsprechende Betreuungsangebote die Lebensqualität der dort lebenden Menschen beeinflusst. Mahlzeiten werden zu einem wichtigen Tagesereignis, sie sollten daher in einer ansprechenden Atmosphäre eingenommen werden können, die Berücksichtigung der Vorlieben für bestimmte Speisen erhöht das Wohlbefinden. Aufmunternde Gespräche, persönliche Ansprache, Nachfragen nach bestimmten Wünschen gehören für diese Menschen wesentlich zur Betreuung. Bei der Gestaltung von Festen oder gemeinsamen Beschäftigungsangeboten wirken hauswirtschaftliche Fachkräfte mit.

In **Tagungshäusern** steht die umfassende Gästebetreuung im Vordergrund. Informationen über das Haus, seine Serviceangebote für Gäste, aufmerksames Beobachten der Gäste und Erfüllung ihrer Wünsche, damit sie sich im Haus wohl fühlen, machen hier Betreuung aus. Manchmal ist es angebracht, die Versorgungsangebote der Küche auf das Tagungsprogramm abzustimmen, etwa im Hinblick auf den Zeitpunkt und die Speisenfolge. Ein mit persönlicher Note gestaltetes Wohnumfeld trägt zum guten Eindruck des Hauses bei und ermöglicht einen angenehmen Aufenthalt im Haus.

Beim Anbieten von Mahlzeiten in **Betriebsrestau-**

rants sollte der Aspekt der angenehmen Atmosphäre bei der Mahlzeiteneinnahme durch entsprechend gedeckte Tische, freundlichen Umgang mit den Gästen und ruhiges Arbeiten sehr wichtig genommen werden.

Welche Betreuungsaufgaben in einem **Privathaushalt** zu erledigen sind, hängt zuallererst von den darin lebenden Personen und der Aufgabenstellung für die Hauswirtschafterin ab. Es können alle Arbeiten anfallen, die im Rahmen der Erziehung von Kindern notwendig sind. Es können aber auch Aufgaben sein, die eher der Gästebetreuung zuzurechnen sind oder Aufgaben aus dem pflegerischen Bereich, wenn ein Haushaltsmitglied kurzfristig erkrankt oder pflegerisch betreut werden muss.

Tätigkeiten aus den Bereichen Versorgung und Betreuung ergänzen einander und sind nicht immer klar voneinander zu trennen.

3.1.2 SCHNITTSTELLEN GESTALTEN

Durch das gemeinsame Arbeiten im hauswirtschaftlichen, pflegerischen und pädagogischen Bereich entsteht in den Einrichtungen ein umfassendes Leistungsangebot. Schnittstellen enstehen immer da im Betrieb, wo gleiche Tätigkeiten von Mitarbeiterinnen der verschiedenen Bereiche ausgeführt werden können. Schmutzwäsche könnte von Hauswirtschafterinnen, Altenpflegerinnen oder Erzieherinnen in den jeweiligen Einrichtungen eingesammelt werden. Für die Bearbeitung derselben ist jedoch ausschließlich die hauswirtschaftliche Fachkraft in der Waschküche verantwortlich. Was liegt also näher, sich gegenseitig darüber zu informieren, worauf beim Sammeln geachtet werden sollte, wie dies erledigt werden könnte, um in der Wäscherei Fehler in der Bearbeitung, Gefährdungen für die Mitarbeiter und zusätzliche Arbeit zu vermeiden?

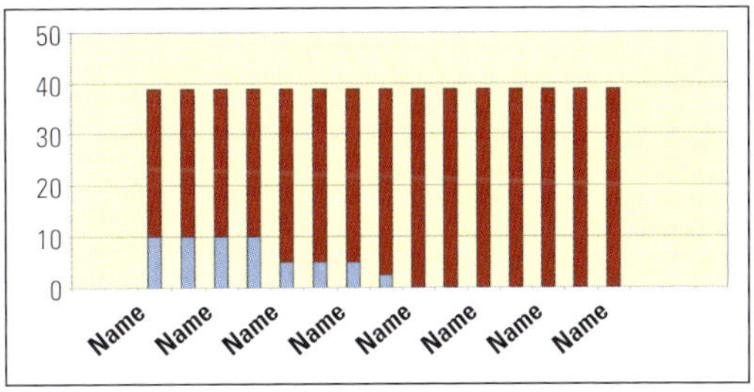

Beispiel für eine Darstellung mit dem PC-Programm Excel.
Der Anteil der Betreuungsleistung ist lila dargestellt, alle übrigen Leistungen dunkelrot.
Berechnungsgrundlage:
38,5 Stunden / Woche.

Schnittstellen von Hauswirtschaft und Pflege

Im pflegerischen Bereich gibt es eindeutige Abgrenzungen der Tätigkeiten, die ausschließlich von einer examinierten Pflegefachkraft ausgeführt werden dürfen. Gleichzeitig gibt es Tätigkeiten, die eindeutig der hauswirtschaftlichen Fachkraft zugeordnet werden. Dazwischen liegen Tätigkeiten der »pflegerischen Betreuung«, bei denen Schnittstellen oder Schnittflächen zwischen den beiden Fachbereichen entstehen.

AUFGABEN

1. *Erarbeiten Sie, welche Betreuungsleistungen in den einzelnen Betrieben zu erbringen sind.*
2. *Erfassen Sie in der Klasse, z. B. durch Kartenabfrage, welche Betreuungsaufgaben/-tätigkeiten Sie in Ihrem Ausbildungsbetrieb durchführen. Fassen Sie die Ergebnisse in Form von Tabellen, Diagrammen o. Ä. zusammen und werten Sie diese aus.*
3. *Ermitteln Sie in Ihrem Ausbildungsbetrieb, wie viel Zeit pro Woche für folgende Tätigkeiten benötigt werden:*
   Raumpflege – Textilpflege – Speisenzubereitung und Service – Betreuung – Gestaltung von Wohn- und Arbeitsräumen – Arbeitsplanung – Sonstiges
   a) Stellen Sie Ihre Ergebnisse als Balkendiagramm dar.
   b) Vergleichen Sie Ihre Ergebnisse innerhalb der Klasse. Begründen Sie Gemeinsamkeiten und Unterschiede.

Tipp:
Erkundigen Sie sich in Ihrem Betrieb, ob diese Daten bereits ermittelt wurden. Sie können Ihre ermittelten Werte auch in Excel eingeben. Drücken Sie anschließend die Taste F11 und klicken Sie dann auf Säulendiagramm.

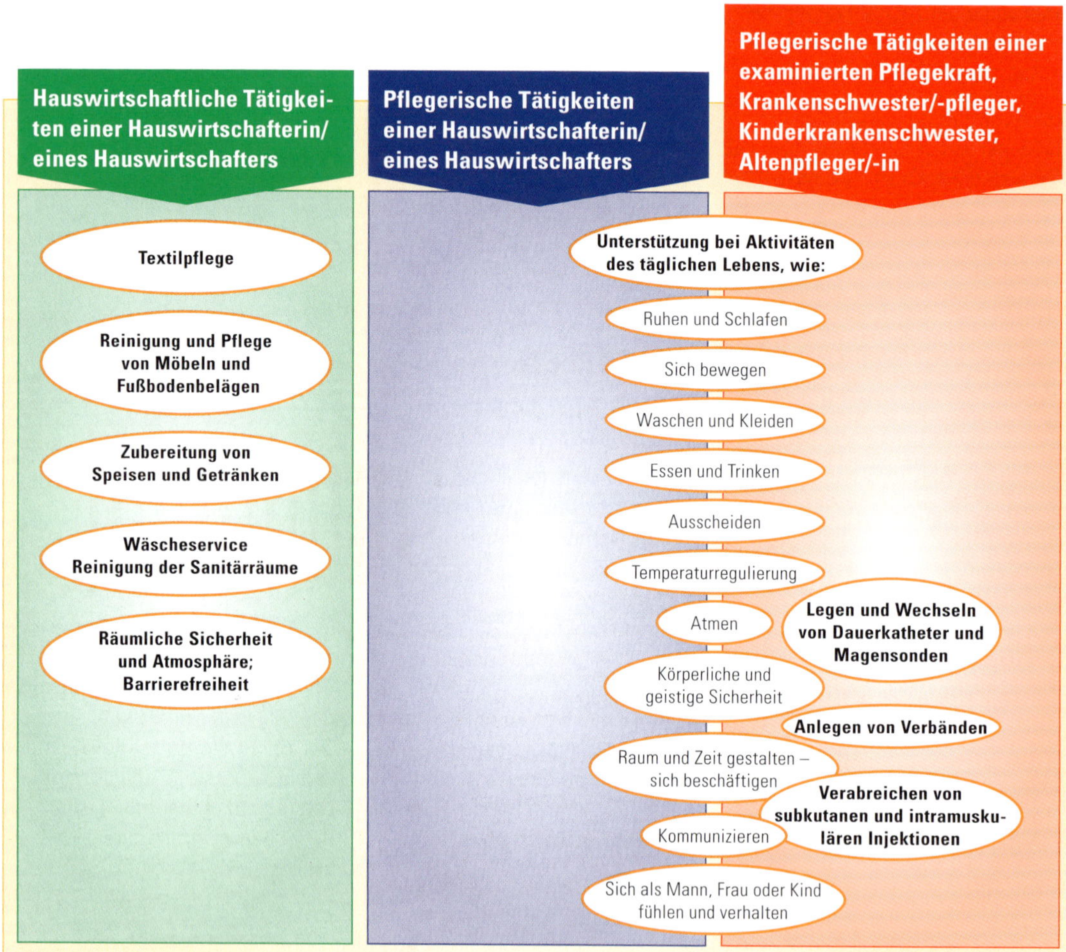

Für alle drei Bereiche gelten jedoch übergeordnete Fähigkeiten, wie z. B.

- Wahrnehmung/Beobachtung
- Kommunikation
- Teamfähigkeit
- Dokumentation

Die Aktivitäten des täglichen Lebens (ATL's) sind bei der Beobachtung des Kranken Orientierungspunkte für das Erfassen von Krankheitszeichen und Ressourcen.

AUFGABEN

1. *Ergänzen Sie die Liste der übergeordneten Qualifikationen um fünf weitere Aspekte.*
2. *Bilden Sie Gruppen. Einigen Sie sich auf eine fiktive zu betreuende Person (z. B. eine 65-jährige gehbehinderte Frau, ein 80-jähriger erblindeter Mann, ein vierjähriges fieberndes Kind o. ä.).*
   Überlegen Sie, welche Hilfestellungen Sie dieser Person bei den Aktivitäten des täglichen Lebens geben könnten.

Zusammenarbeit an Schnittstellen

Um eine kollegiale Verbindung unterschiedlicher Bereiche und deren Zusammenarbeit zu organisieren, müssen die anfallenden Tätigkeiten als gemeinsame Verantwortlichkeit verstanden werden. Die Bedürfnisse der Bewohner einer Einrichtung bilden die Grundlage für die Aufteilung der Tätigkeiten zwischen den Bereichen.
Im Laufe der Zeit haben sich folgende Tätigkeiten als häufig behandelte Themen in der Zusammenarbeit an Schnittstellen herauskristallisiert: z. B.

Eine kollegiale Abstimmung benötigt:
- **Kommunikation**
- **Teamfähigkeit**
- **Dokumentation**

Speisenversorgung
- Essenswünsche erfragen
- gemeinsames Kochen
- Speisen portionieren
- Speisen mundgerecht zerkleinern
- Pausenbrot richten
- angeleitetes Einkaufen

Reinigungsbereich
- Schränke mit privatem Inhalt reinigen
- Betten frisch beziehen
- Blumenpflege in Bewohnerzimmern

Reinigungsversorgung
- Schmutzwäsche einsammeln und transportieren
- Verteilen der sauberen Wäsche

Tagungsservice
- Begrüßung der Gäste
- Abrechnen der Pausengetränke
- Verwalten der Hausapotheke
- Schlüsselausgabe

Vorteile der Zusammenarbeit an Schnittstellen:
- **gute innerbetriebliche Information**
- **personenorientierte Betreuung der Bewohner**
- **klare Aufgabenteilung**
- **keine Reibungsverluste**
- **keine Doppelungen**
- **verbessertes Arbeitsklima**

Der Erfolg der Organisation der Aufgabenteilung an Schnittstellen hängt von mehreren Faktoren ab. Wichtig ist eine regelmäßige gegenseitige Information über die Beobachtungen von Erfahrungen mit Arbeitsabläufen, auch unter dem Aspekt der Bewohnerbedürfnisse. Dem schließen sich eindeutige Zuordnungen von Tätigkeiten in den einzelnen Bereichen an, sodass jede Mitarbeiterin in ihrem Bereich weiß, was zu ihrem Aufgabengebiet gehört. Diese Vereinbarungen müssen dokumentiert und in der Praxis auf ihre Anwendbarkeit hin überprüft werden.

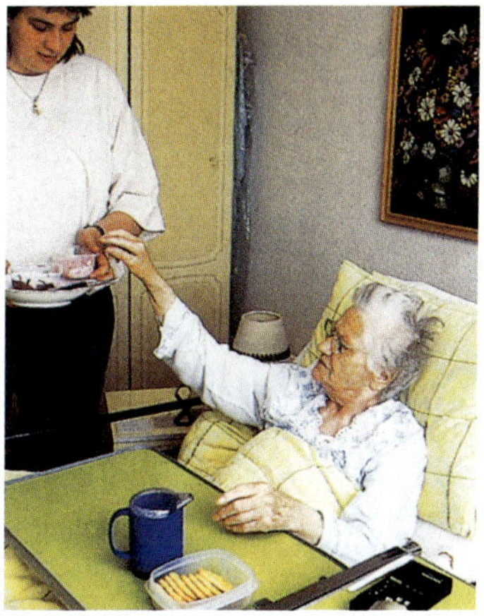

AUFGABEN

1. *Eine Bewohnerin lässt immer etwas auf ihrem Teller liegen. Überlegen Sie, wie eine pflegerische und eine hauswirtschaftliche Fachkraft darauf reagieren könnten.*

2. *Eine Erzieherin bittet Sie, den Jugendlichen einer Wohngruppe das Sammeln der Schmutzwäsche zu erläutern. Überlegen Sie Fragen, die Sie in der vorbereitenden Besprechung an die Erzieherin stellen wollen.*

3. *Beschreiben Sie an Ihrem Arbeitsplatz die Schnittstellenproblematik, die entstehen kann oder bereits entstanden ist. Wie wurde damit umgegangen?*

Kommunikation und Geselligkeit

3.2 PERSONENORIENTIERUNG

Hauswirtschafterinnen müssen in der Lage sein, die individuellen Grundbedürfnisse der zu Betreuenden wahrzunehmen und auf diese einzugehen, denn alle Menschen haben den Wunsch nach Befriedigung ihrer Grundbedürfnisse. Abgesehen von den physiologischen Grundbedürfnissen, wie Atmen, Schlafen und Nahrungsaufnahme, variieren die Ausprägungen der Grundbedürfnisse im Verlaufe des Lebens sehr. So hat z. B. ein Kind ganz andere Bedürfnisse als ein Mensch, der sich gerade von seinem Elternhaus löst. Jemand, der arbeitslos ist, hat ein wesentlich stärkeres Bedürfnis nach Sicherheit als jemand, der beruflich abgesichert ist. Ein Mensch, der alleine ist, wünscht sich vielleicht nichts sehnlicher, als einen Partner zu haben, um Nähe und Geborgenheit zu verspüren. Bei kranken Menschen geraten viele andere Bedürfnisse in den Hintergrund. Ihr wesentlichstes Bedürfnis ist es, wieder gesund zu werden. Von der persönlichen Lebenssituation und vom Lebensalter hängt es ab, welchen Stellenwert die verschiedenen Bedürfnisse haben.

Bewegung

3.2.1 DIE BEDÜRFNISPYRAMIDE

Geborgenheit

Der amerikanische Psychologe Abraham Maslow untersuchte gesunde, erfolgreiche und glückliche Menschen. Dabei entdeckte er, dass man die menschlichen Bedürfnisse nach einer bestimmten Rangordnung einteilen kann.

Erst wenn die Bedürfnisse einer unteren Stufe gestillt sind, strebt der Mensch nach Bedürfnissen der nächsthöheren Stufe, d. h., dass »höhere« Bedürfnisse erst dann entstehen, wenn »niedrigere« Bedürfnisse befriedigt sind.

Auf diese Weise ergibt sich die dargestellte Hierarchie der Bedürfnisse.

AUFGABEN

1. *Ordnen Sie die Abbildungen auf S. 86 den einzelnen Stufen zu.*
2. *Am nebenstehenden Beispiel wird veranschaulicht, wie die Zuordnung zu den Stufen 2 bis 5 für eine Auszubildende im Beruf der Hauswirtschafterin aussehen könnte. Finden Sie weitere Beispiele aus Ihrem persönlichen Umfeld und für Ihre Altersgruppe.*
3. *Erstellen Sie ein weiteres Schema zu den Bedürfnissen von anderen Altersgruppen (z. B. von Jugendlichen, alten Menschen).*
   Es sollte möglichst jede Altersgruppe repräsentiert werden.
   Stimmen Sie sich mit Ihren Mitschülerinnen ab.
4. *Werten Sie Ihre Darstellungen auch unter dem Aspekt aus, ob und warum es eine altersbedingte Verschiebung der Bedürfnisse gibt.*

Beispiel zu Aufgabe 2:
Stufe 2: *Ausbildungsvergütung/Ausbildungsvertrag*
Stufe 3: *Klassengemeinschaft/Kollegen/Familie/Freund*
Stufe 4: *Gute Noten/Lob/Durchführung von Aufgaben in eigener Verantwortung*
Stufe 5: *Erstellen von Raumschmuck/Lösen von Konflikten zwischen Kollegen*

3.2.2 LEBENSABSCHNITTE UND LEBENSSITUATIONEN

Lebensabschnitte orientieren sich am Lebensalter. Gleichzeitig werden verschiedene Lebenssituationen durchlebt, in denen unterschiedliche Geschehnisse vorzufinden sind (s.a. Lebensleiste S. 55). Einige haben erheblichen Einfluss auf den weiteren Lebensweg (z. B. Hochzeit) und haben auch in der Erinnerung einen besonderen Stellenwert.

Jeder Lebensabschnitt und jede Lebenssituation bedarf einer gewissen Betreuung – nicht nur im Krankheitsfall. Unterstützung zum Wohlbefinden kann in allen Lebenslagen notwendig werden. So braucht selbst der gesunde erwachsene Arbeitnehmer Möglichkeiten zur Entspannung, um seine Arbeitskraft wiederherzustellen. Entsprechende Möglichkeiten sind in der Freizeit, aber auch am Arbeitsplatz in den Arbeitspausen zu schaffen. Ein Sozialraum sollte dementsprechend gestaltet sein und nicht von Chaos beherrscht werden.

Bring Sonnenschein ins Heim hinein

Liebe Kolleginnen und Kollegen,
Herr M. hat mich beauftragt, für mehr Atmosphäre im Pausenraum zu sorgen.
Dafür habe ich 400,00 € zur Verfügung.
Um Ihre/eure Vorstellungen mit einplanen zu können, habe ich einen Fragebogen erstellt, den ich gerne am ...... zurückhätte.

Vielen Dank für Ihre/deine Mühe
Angela S.

AUFGABEN

1. *Beschreiben Sie Ihren eigenen Aufenthaltsraum im Betrieb. Was gefällt Ihnen daran, was stört Sie? Gäbe es dort Änderungsmöglichkeiten? Wenn ja, welche? (Alternativ können Sie auch einen anderen Raum wie z. B. das Klassenzimmer nehmen.)*
2. *Entwerfen Sie einen Fragebogen für eine Umfrage unter den Kollegen. Überlegen Sie vorher, welche Kriterien Sie dabei beachten müssen.*
3. *Welche Rolle hat eine Auszubildende in einem Betrieb?*

Fallbeispiel:

Frau Müller, geb. Schroeter, ist heute 85 Jahre alt und gerade in ein Altersheim gezogen. Um mehr über die Bewohnerin zu erfahren, haben sich eine Pflegefachkraft, eine Hauswirtschafterin und der Küchenchef zu einem Gespräch mit ihr zusammengefunden. Frau Müller hat ihr Familienalbum mitgebracht.

Beim Einsatz der Hauswirtschafterin in einem Altenheim kann auch diese mit der Biografie einzelner Bewohner konfrontiert werden. Der Lebenslauf prägt den Menschen und sein Verhalten, seine Bedürfnisse, Ansprüche und Erwartungen. Dieses sollte im Umgang mit den zu betreuenden Menschen nicht außer Acht gelassen werden.

1899: Eltern von Frau Müller, geb. Schroeter

1916: Geschwister von Frau Müller

1925: Frau Müller als Kind

1932: Frau Müller als junge Erwachsene

1935: Arbeit auf dem Feld

1936: Hochzeit von Frau Müller

1937: Frau Müllers erstes Kind

1944: Frau Müller mit 4 Kindern

1945: Zweiter Weltkrieg! Einschulung des ersten Kindes

1953: Bewerbungsfoto des ersten Kindes

1960: Hochzeit des ersten Kindes

1961: Frau Müller feiert Silberhochzeit

1962: Frau Müller als Großmutter mit erstem Enkelkind

1981: Ehemann geht in Rente

1988: Ehemann verstirbt

1994: Frau Müller mit einem ihrer Urenkel

2000: Frau Müller zieht ins Altersheim

Aus diesen einzelnen Lebensstationen lassen sich die unterschiedlichen Bedürfnisse aus der Bedürfnispyramide ableiten. Gleichzeitig zeigt die Erläuterung der Fotos mit den dazugehörigen Geschichten, welche Bedeutung diese für die Personenorientierung haben.

AUFGABEN

1. *Beschreiben Sie die hier dargestellten Lebensabschnitte und Lebenssituationen von Frau Müller.*
2. *Welche Art der Notizen haben sich die drei unterschiedlichen Fachkräfte wahrscheinlich gemacht?*
3. *Arbeiten Sie in Gruppen.*
   Suchen Sie sich
   a) eine Abbildung aus und beschreiben Sie detailliert, welche Gedanken und Empfindungen Menschen allgemein in der von Ihnen gewählten Lebensphase haben könnten.
   b) Erarbeiten Sie den damaligen gesellschaftlichen Hintergrund zu der jeweiligen Lebensphase. Innerhalb der Klasse sollten möglichst alle Phasen bearbeitet werden.
4. *Einige dieser Lebensphasen und -abschnitte haben Sie bereits selbst erlebt. Woran können Sie sich noch erinnern? Was hat man Ihnen erzählt? Wie haben Sie diese Phasen/Lebensabschnitte empfunden? Berichten Sie.*
5. *Versuchen Sie etwas über die Begriffe »Biografiearbeit« und »Lebensweltorientierung« herauszubekommen.*

30 000 Kinder im Land vernachlässigt

Hannover. Mindestens 30 000 niedersächsische Kinder unter sieben Jahren leiden nach Schätzungen des Deutschen Kinderschutzbundes (DKSB) darunter, dass sie von ihren Eltern erheblich vernachlässigt werden. Ihre Grundbedürfnisse würden größtenteils nicht erfüllt, teilte der DKSB-Vorsitzende von Niedersachsen, Johannes Schmidt, mit. Die Vernachlässigung von Kindern ist das Hauptthema der Fachtagung »Gewalt gegen Kinder – Kooperation und Prävention« in Hannover.

dpa, 2. Sept. 2000

Den Bedürfnissen von Kindern gerecht zu werden ist gar nicht so einfach...

3.3 ENTWICKLUNG VON KINDERN UND JUGENDLICHEN

Kinder zu haben ist einerseits eine Bereicherung für die Eltern, andererseits gesellschaftspolitisch unbedingt notwendig. Durch Erziehung und Betreuung müssen die Kinder auf das Leben in unserer Gesellschaft vorbereitet werden. Dabei kommt es darauf an, deren Bedürfnisse richtig einzuschätzen und angemessen darauf zu reagieren unter Berücksichtigung der Begabungen und Einschränkungen jedes Einzelnen.

3.3.1 BEDÜRFNISSE VON KINDERN

Zum Zeitpunkt der Geburt verfügt der Mensch bereits über eine Menge Fähigkeiten, ist aber auf Unterstützung und Betreuung angewiesen. Diese verändern sich im Laufe des Lebens. Kinder benötigen Zuwendung, Geborgenheit, Ernährung, Hygiene, Lob und Anerkennung, um sich gut zu entwickeln. Diesen Bedürfnissen muss durch die Erziehenden altersgemäß entsprochen werden.
Gelingt dies in den ersten Lebensjahren, entsteht bei jedem Menschen ein Urvertrauen zu sich und anderen Personen. Dies ist eine wichtige Voraussetzung für die lebenslange Entwicklung der Persönlichkeit (s. a. S. 98).
Aufgabe der Eltern und Erzieher ist es aber nach wie vor, das Kind aufmerksam zu beobachten, gezielt zuzuhören und das Kind nach Kräften zu fördern und zu motivieren. Dabei steht nicht nur der einzelne Mensch selbst, sondern das ganze Umfeld wie Elternhaus, Kindergarten, Freundeskreis, Stellung in der Geschwisterreihe und Schule im Blickpunkt der Betrachtung.

Bedürfnisse von Kindern:
- **Zuwendung**
- **Geborgenheit**
- **Nahrung**
- **Lob/Anerkennung**
- **Freiraum und Beständigkeit**
- ...

AUFGABEN

1. *Welche Gründe für die Vernachlässigung der Kinder können Sie dem Zeitungsartikel entnehmen? Welche weiteren Gründe gibt es?*
2. *Informieren Sie sich, welche Möglichkeiten es an Ihrem Wohnort gibt, um Kindern zu helfen, denen Gewalt angetan wird.*
3. *Einmal angenommen, dass in Ihrer Nachbarschaft ein Kind sehr häufig geschlagen wird. Was würden Sie persönlich unternehmen?*
4. *Das Land Niedersachsen hatte an dem o. g. Datum 7,9 Millionen Einwohner. Der Anteil der Kinder unter 7 Jahren betrug 2,2 Millionen. Berechnen Sie den prozentualen Anteil derjenigen Kinder, deren Grundbedürfnisse nicht erfüllt werden bzw. wurden.*
5. *Übertragen und ergänzen Sie die nebenstehende Aufzählung auf Karten. Das zentrale Thema kommt in die Mitte und wird an die Pinnwand geheftet. Schreiben Sie Ihre Ideen zu den Bedürfnissen von Kindern auf kleinere Karten und heften diese um das zentrale Thema herum. Sofern Sie an Ihrer Schule Zugang zu Computern haben, können Sie Ihr Schema auch mit dem MindManager (s. a. S. 153 f.) erstellen.*

3.3.2 DENKENTWICKLUNG BEI KINDERN

Einflussfaktoren auf das Kind:
- Elternhaus
- Kindergarten/Hort
- Schule
- Freunde

Die Betrachtung der Entwicklung des Kindes hat sich in den letzten Jahren deutlich geändert.
Während man früher die geistige, körperliche und seelische Entwicklung in einzelnen vom Alter abhängigen Stufen erwartet hat, geht man heute offener mit den einzelnen Phasen um, da erkannt wurde, dass jedes Kind seine Entwicklung auf seine eigene Weise gestaltet.

In den ersten zwei Lebensjahren kann der Mensch noch keine kognitive Denkleistung (kognitiv = lat. *cognitio* = Erkennen) im Sinne von »innerem Handeln« vollbringen. Der Beginn dieser Entwicklungsphase ist stark geprägt von Reflexen (Saugen, Schlucken, Greifen), von einfachen, absichtslosen Gewohnheiten, wie z. B. das Öffnen und Schließen der Hände, und vom aktiven Experimentieren.

Inneres Handeln = vorausschauendes Denken
»Wenn ich eine Leiter hätte, käme ich an die Schokolade oben auf dem Küchenschrank ...«

Die geistige, seelische und körperliche Entwicklung des Kindes hängt ganz entschieden von der Förderung ab, die ihm von anderen zuteil wird. Ein Kind im Mutterleib erkennt bereits die Stimme der Eltern (ab 6. Schwangerschaftsmonat), es kann mit bestimmten Melodien beruhigt werden und reagiert auch nach der Geburt positiv auf die bekannten Melodien.

Gemeinsamer Hausputz – Lernen durch Erfahrung

Auch wenn das Neugeborene noch nicht sprechen und logisch denken kann, ist es dennoch – sofern es wach ist – als »einzig erregter Sinnesnerv« zu begreifen. Es genügt nicht, dass das Kind satt, sauber und warm versorgt ist. Bereits in dieser frühen Phase, die auch sensomotorische Phase genannt wird, reagiert das Kind auf äußere Reize und benötigt für eine gesunde Entwicklung die Befriedigung der Bedürfnisse nach Aufnahme von Reizen.

Säuglinge, die viel herumkommen, ständig in der Nähe der Mütter sind und tagsüber draußen ruhen, erfahren durch ihre Teilnahme am normalen Leben genügend Außenreize. Dennoch kann das Standardspielzeug der ersten Monate, das Mobile oder die Kette bunter Plastikkugeln über dem Kinderwagen, eine sinnvolle Ergänzung sein. Das Kind kann zwar noch nicht selbst nach Gegenständen greifen, aber es kann Dinge, die ihm in die Hand gedrückt werden, festhalten, begucken, beriechen und hin- und herschwenken.
Grundsätzlich braucht für die Förderung der Denkentwicklung und der Motorik kein teures Spielzeug zur Verfügung zu stehen. So kann z. B. eine Küche voller sinnlicher Erlebnisse sein. Das Kind nimmt den Geruch einer zubereiteten Mahlzeit wahr, darf an einzelnen Gewürzen riechen, es kann Lebensmittelpackungen schütteln oder die Töpfe ein- und ausräumen. Das Kind lernt dadurch im wahrsten Sinne des Wortes zu be-»greifen«. Dem älteren Kind muss es ermöglicht werden, durch Erfahrung zu lernen.
Jüngere Kinder ahmen gern ihre Eltern nach. Wenn ein Kind ein Elternteil beim Blumengießen, Kochen oder Wäschewaschen beobachtet, möchte es diese Tätigkeiten auch ausführen. Das Kind sollte dann nicht gebremst, sondern gefördert und dazu ermuntert werden. Eine kleine Gießkanne, Kochgeschirr für Kinder oder eine kleine Wanne unterstützen das Kind spielerisch bei seinen Bemühungen. Bei an-

Kind räumt Spülmaschine aus

Möglichkeiten zur personenorientierten Betreuung:

- gemeinsames Spielen
- Basteln
- Gespräche führen
- altersgemäßes Spielzeug auswählen
- konzentrationsfördernde Beschäftigungen

fänglichen Unzulänglichkeiten sollte darüber hinweggesehen bzw. vorsichtig Hilfestellung gegeben werden. Das Kind sollte dabei immer das Gefühl haben, dass es ernst genommen wird.

Im Alter von etwa vier bis fünf Jahren sind Kinder noch nicht in der Lage, sich in die Rolle eines anderen Menschen hineinzuversetzen oder den Blickwinkel eines anderen einzunehmen. Ihre eigene momentane Wahrnehmung oder Meinung wird als einzige Möglichkeit und nicht als eine unter mehreren begriffen. Ein Kind von etwa drei bis vier Jahren geht selbstverständlich davon aus, dass der Gesprächspartner verstanden hat, was es sagt.

Zudem ist das Denken in dieser Altersstufe sehr an **Anschauung** gebunden, das heißt, das Kind kann nicht gleichzeitig mehrere Aspekte wahrnehmen, sondern immer nur einen Aspekt. Dies soll an zwei Beispielen verdeutlicht werden:

- Nehmen Sie zwei Spielzeugautos und markieren Sie eine Startlinie. Die Kinder sollen sowohl das Signal zum Losfahren als auch das Signal zum Halten geben. Lassen Sie beide Autos gleichzeitig losfahren und halten. Eines der Spielzeugautos soll jedoch weiter fahren als das andere.
  Sie können diesen Versuch sowohl per Hand als auch mit ferngesteuerten Autos durchführen.
  Wenn nun die Kinder gefragt werden, ob beide Autos gleich lange unterwegs waren, werden viele antworten, dass das weiter gefahrene Auto auch länger unterwegs gewesen sei. Die Kinder sehen nur den Aspekt der zurückgelegten Entfernung, nicht aber den der Zeit.

- Bereiten Sie im Beisein von Kindern dieser Altersgruppe eine Nachspeise zu und füllen Sie die eine Hälfte in eine große und die andere in eine kleine Schüssel. Die meisten Kinder werden behaupten, dass in der kleineren Schüssel mehr Nachspeise als in der größeren sei, da Gewicht und Volumen als veränderlich angesehen werden, wenn sich die äußere Form ändert.

Diese fehlende Beweglichkeit des Denkens verliert sich ab dem siebten Lebensjahr. Das Denken ist zwar noch überwiegend an tatsächlichen Gegebenheiten orientiert, dennoch können Kinder dieses Alters historisch und schlussfolgernd denken und zu bestimmten Gegenständen Oberbegriffe finden (Teller, Tasse = Geschirr; Hemd, Jacke = Oberbekleidung; Querflöte, Geige = Musikinstrumente).

Ab dem 12. Lebensjahr können die Jugendlichen abstrakt denken, sie können Hypothesen (Grundsätze) aufstellen und auf ihre Richtigkeit hin überprüfen, sie können theoretische Regeln aus anschaulichen Gegebenheiten ableiten und sie können über das Denken selbst nachdenken.

Übung

AUFGABEN

1. *Überprüfen Sie die Richtigkeit der Beispiele mit einer Gruppe von drei- bis fünfjährigen Kindern.*
2. *Fassen Sie die einzelnen im Text genannten Entwicklungsphasen tabellarisch zusammen. Welche übergeordneten Gesichtspunkte sollten in der Tabelle erscheinen? Finden Sie eigene Beispiele zur Veranschaulichung.*
3. *Überlegen Sie, wie man die Denkentwicklung von Kindern fördern kann.*

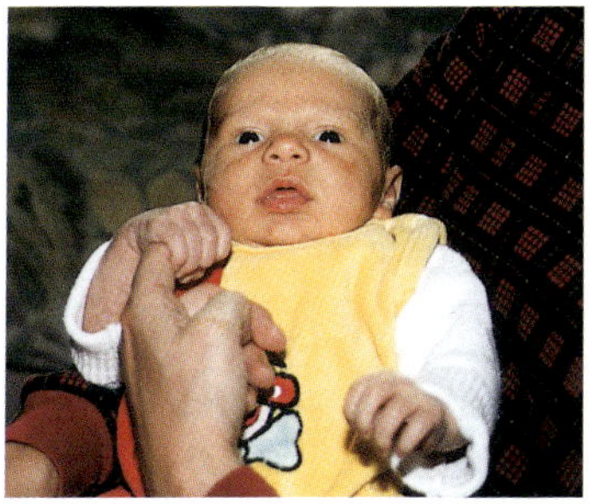

Palmar-Reflex

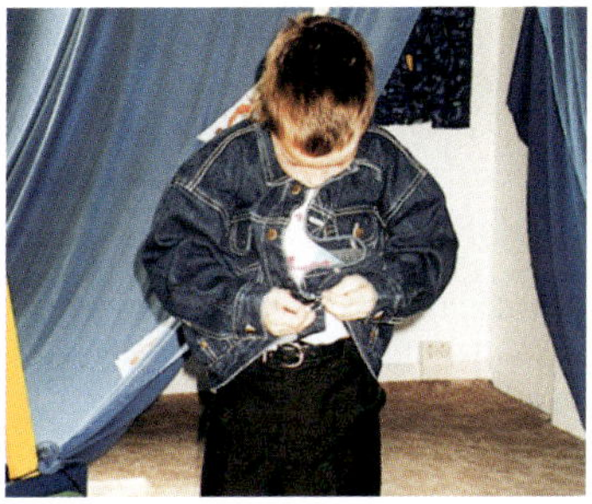

Kind knöpft sich erfolgreich die Jacke zu

3.3.3 MOTORISCHE ENTWICKLUNG

Unter Motorik versteht man die Gesamtheit aller Bewegungsabläufe eines Organismus.
Bereits im Mutterleib dreht und wendet sich das ungeborene Kind und strampelt gegen die Gebärmutterwand. Diese Reaktionen werden als Reflexe bezeichnet.
Viele dieser Reflexe sind lebensnotwendig, wie z. B. der Saug-, Atem- oder Schluckreflex.

Andere Reflexe – wie der **Palmar-Reflex** (lat. *palma* = Handfläche) – erklären sich aus der Entwicklungsgeschichte des Menschen. Berührt man die Handflächen von Neugeborenen, so ballen diese eine Faust. Berührt man die Zehen, krümmen diese sich nach innen.

Die Motorik unterscheidet sich in Grob- und Feinmotorik.

- Grobmotorik:
  Bewegungen von Rumpf, Bauch, Becken, Rücken, Schultern, Armen, Beinen und des Kopfes
- Feinmotorik:
  Bewegungen von Fingern und Zehen sowie des Gesichtes

Mit zunehmender Reifung differenzieren sich auch die Bewegungsabläufe. Während das Kind im ersten Lebensjahr so wichtige Bewegungsabläufe wie Sitzen, Stehen und Gehen erlernt, verfeinern sich diese Fertigkeiten in den nächsten Lebensjahren weiter zum Treppensteigen, Hüpfen, Rennen etc. Das Kind kann die Bewegungsabläufe auch zunehmend besser koordinieren, es lernt, das Gleichgewicht zu halten, und verfeinert auch seine feinmotorischen Fähigkeiten, wie z. B. das Zubinden von Schuhen oder das An- und Ausziehen einer Jacke.

Reflex: direkte und unmittelbare Reaktion auf einen Reiz

Unabdingbar für die Koordination der Bewegung ist die entsprechende Wahrnehmung der Gegebenheiten. Ein Kind, das über einen Graben springen will, muss nicht nur den Graben sehen, sondern auch seine Tiefe und Weite beurteilen, um abschätzen zu können, wie weit es den Sprung ansetzen muss, um auf der anderen Seite sicher zu landen.
Kinder haben einen natürlichen Bewegungsdrang. Sie wollen herumtoben, ihre Kräfte messen und sich von den Anstrengungen in der Schule erholen. Bewegung verschafft körperliches Wohlgefühl und seelische Zufriedenheit. Um beides zu erreichen, brauchen Kinder genügend Freiraum und ausreichend Platz.

»Und wo bleibe ich?«

Oft wird diese Selbstverständlichkeit einfach übersehen. Die Kinder »verhäuslichen« zunehmend. Die wachsende Verkehrsdichte jagt ihnen Angst ein, die Wohnungen sind

oft viel zu klein zum Herumtoben, die Nachbarn fühlen sich durch den Kinderlärm gestört und manche Spielplätze hemmen den Bewegungsdrang eher, als dass sie ihn fördern. Hinzu kommt, dass die Medien wie Fernsehen, Computer und Internet eine zunehmende Bedeutung einnehmen und dem Wunsch nach Bewegung entgegenstehen.

Bewegungsmangel erzeugt Unlustgefühle bis hin zur Aggression. Der prozentuale Anteil der übergewichtigen Kinder hat ebenso zugenommen wie der Anteil der Kinder, die an Haltungsschäden oder Kopfschmerzen leiden. Neben der falschen Ernährung ist mangelnde Bewegung dafür verantwortlich zu machen.

Zwei Millionen Kinder, *d. h. 20% der 6- bis 8-Jährigen haben ein zu hohes Gewicht für ihr Alter. Damit hat sich die Zahl der übergewichtigen Kinder in den vergangenen Jahren mehr als verdoppelt. Übergewichtige Kinder sind motorisch unterentwickelt, muskulär kaum belastbar und neigen zur Kurzatmigkeit. Auf diese Kinder kommen als Erwachsene ernsthafte gesundheitliche Probleme wie Herzinfarkte und Schlaganfälle zu. Zudem beeinflusst mangelnde Bewegung die intellektuelle Entwicklung und die psychische Belastbarkeit.*

dpa / MediReport vom 10. 07. 2000

Bewegungsmangel erzeugt Unlustgefühle.

Übung

AUFGABEN

1. *Finden Sie anhand geeigneter Literatur oder im Internet weitere Reflexe eines Menschen heraus und beschreiben Sie deren Funktionen.*
2. *Besuchen Sie einen Kindergarten und finden Sie heraus, mit welchen Bastelarbeiten die Feinmotorik der Kinder gefördert wird.*
3. *Durchsuchen Sie Illustrierte und Kinderbücher nach Beschäftigungen, die die Grob- oder Feinmotorik fördern. Erstellen Sie eine Collage.*
4. *Besuchen Sie den nächsten Spielplatz Ihres Wohnortes und finden Sie heraus, welche Spielgeräte dort vorhanden sind. Beurteilen Sie diese bezüglich der Förderung der Motorik. Welche Fähigkeiten werden jeweils im Einzelnen gefördert? Gibt es dort auch weniger geeignete oder unbrauchbare Spielgeräte? Sind Gefahrenquellen vorhanden?*
5. *Befragen Sie Kinder und Jugendliche nach ihrem Freizeitverhalten. Werten Sie die Angaben dann nach den entsprechenden Altersstufen und Tätigkeiten aus, die sie unter »Bewegung« oder unter »sitzende Tätigkeiten« zusammenfassen können. Überlegen Sie vorher die Fragen, die Sie stellen wollen. Z. B.: Wie viele Stunden am Tag bewegst du dich durchschnittlich im Freien? Wie viele Stunden am Tag sitzt du durchschnittlich vor dem Computer?*
   Werten Sie Ihre Ergebnisse in der Klasse aus und erstellen Sie ein Säulendiagramm.
6. *Welche Aufgaben haben Sie als Kind im Haushalt erledigen dürfen/müssen? Sind Ihnen dabei Missgeschicke passiert und wenn ja, welche?*

Möglichkeiten zur personenorientierten Betreuung:

- Spielplatz besuchen
- Ballspiele
- Geschicklichkeitsspiele
- gemeinsames Basteln
- Dreirad, Roller, Fahrrad fahren
- Unterstützen beim selbstständigen Essen und Trinken

3.3.4 SPRACHENTWICKLUNG

Die erste sprachliche Äußerung eines Kindes beginnt mit dem ersten Schrei nach der Entbindung. Das Schreien wird zum ersten Kommunikationsmittel für das Kind, mit dem es seine Bedürfnisse vermittelt. Jede Mutter kann aus zwanzig schreienden Kindern sofort das Schreien ihres eigenen Kindes erkennen. Sie kann auch erkennen, welcher Art das Schreien ihres Kindes ist, z. B. ob es sich langweilt, Hunger hat oder ärgerlich ist.

Vokale = Selbstlaute
Konsonanten = Mitlaute, z. B. »b« (gesprochen »be« = das »e« ist der Mitlaut)

Die ersten Laute sind Vokale wie a, i, u und bei den Konsonanten vor allem Laute wie p, m, n. Auf der ganzen Welt gleich bilden die Kinder daraus die ersten so genannten **Laleme**.

Etwa am Ende des ersten Lebensjahres begreift das Kind, dass es mit dem richtigen Wort seine Bedürfnisse oder Wünsche ausdrücken kann. Es entstehen **Holophrasen**, d. h. Äußerungen, die nur aus einem Wort wie »Dada«, »Eiei« oder »Kuchen« bestehen. An der Betonung (Intonation) lässt sich aber schon erkennen, ob es sich um einen Wunsch, eine Frage oder um eine Aufforderung handelt.

Nachahmung der Sprache

Bis zum Ende des zweiten Lebensjahres werden zwei Wörter wie »Dada gehen«, »Eiei machen« oder »Kuchen haben« aneinander gereiht und die Aussagen dadurch konkretisiert.
Mit zunehmendem Alter verfeinert sich der Spracherwerb. Da das Kind die Sprache der Erwachsenen nachahmt, ist es für die Erwachsenen wichtig, an ihre Vorbildfunktion zu denken und auf den richtigen eigenen Sprachgebrauch zu achten. Es ist ebenso wichtig, nicht in der kindlichen Sprache zu verharren. Sagt ein Kind z. B. »wauwau« oder »muh«, sollte man die Begriffe nicht korrigieren, wohl aber ergänzen: »Ja, ein Hund macht ›wauwau‹ und eine Kuh macht ›muh‹.«

Die Sprache der Erwachsenen ist den Kindern ein Vorbild.

Bis zum fünften Lebensjahr kann das Kind die Grammatik weitgehend beherrschen und komplizierte Satzstrukturen verwenden. Probleme tauchen jedoch noch bei der Benutzung der Zeiten auf. (»Ich habe nach dem Teller gegreift« in Anlehnung an »Ich habe gemacht«.) Die Sprache des Kindes gleicht sich aber immer mehr der Sprache der Erwachsenen an und verfeinert sich zusehends. Auch hier gilt, das Kind nicht direkt zu korrigieren, sondern den Satz in richtiger grammatikalischer Form zu wiederholen.

Im Sprachverhalten von Jugendlichen zeigt sich dann der Wunsch nach Identität und Zugehörigkeit durch die Sprache. Sie verwenden häufig Redewendungen, die nur in ihrer Gruppe verstanden werden.

Möglichkeiten zur personenorientierten Betreuung:

- **Kinderreime**
- **Fingerspiele**
- **Vorlesen**
- **Spiele mit und um das deutsche Vokabular**
- **Üben von höflichen Redewendungen**

AUFGABEN

1. *Stellen Sie in einer Übersicht die vielfältigen Funktionen von Sprache zusammen. (Mit Sprache kann man ...)*
2. *Überlegen Sie sich fünf Spiele zur Sprachförderung von Kindern.*
3. *Wählen Sie Kinderlieder und Kinderreime aus und analysieren Sie diese bezüglich ihrer Funktion.*
4. *Bitten Sie eine Logopädin oder einen Logopäden, in Ihre Klasse zu kommen und von der Arbeit zu berichten. Überlegen Sie sich vorher die Fragen, die Sie stellen wollen.*

»Legen die Engel nachts ihre Flügel ab?«

Welche Antwort würden Sie dem Kind geben?

3.3.5 SPEZIELLE ENTWICKLUNGSPHASEN (TROTZPHASE / PUBERTÄT)

»Ich will! Ich will nicht!«
»Ich kann! Ich kann nicht!«

Entwicklungsbedingt gibt es zwei »normale« schwierige Phasen, die fast alle Eltern und Kinder bewältigen müssen. Zum einen ist das die »Trotzphase« und zum anderen die »Pubertät«. Diese Phasen sind für jeden wichtig, da sich hierbei bedeutende Entwicklungen vollziehen.

Die Trotzphase

Sie fängt um den zweiten Geburtstag herum an und stellt für die Kinder einen Meilenstein in ihrer Entwicklung dar. In diesem Lebensalter entdeckt das Kind das »Ich« und stellt fest, dass es einen eigenen Willen hat. Das Kind will mehr, als es körperlich und geistig schon kann. Es kann zwar problemlos in die Schuhe schlüpfen, aber es will ihm nicht gelingen, diese Schuhe zuzubinden. Es kann den Knopf an seinem Hemd benennen, es gelingt ihm aber nicht, das Hemd zuzuknöpfen. Zudem möchte es oft nicht die Dinge tun, die es tun könnte oder sollte. Es reagiert über seine eigene Unzulänglichkeit und auf nicht erfüllte Wünsche wütend. Es trotzt, es wirft sich auf den Boden und schreit. Es schlägt in Wutanfällen um sich und rennt mit dem Kopf gegen die Wand.

Im Umgang mit Kindern ist es wichtig, diese Phase als vorübergehend und notwendig zu betrachten. Sobald die Vorboten eines Wutanfalls zu erkennen sind, sollte man sich bemühen, selbst ruhig zu bleiben und versuchen, das Kind abzulenken.
Viele Wutausbrüche ergeben sich durch das falsche Verhalten seitens der Eltern oder anderer Erziehender und durch mangelndes Einfühlungsvermögen in das Gemüt des Kindes und könnten vermieden werden.

Die dreijährige Nele fährt das erste Mal mit ihren Eltern in Urlaub. Sie wird gebeten, ihren Koffer selbst zu packen. Nele stampft mit den Füßen und schreit, dass sie jetzt mit der Mutter spielen möchte. Sie brauche nichts weiter als ihren Teddy.

Wutanfällen kann man vorbeugen, indem man

- die Liste der Verbote überprüft.
  Je mehr Einschränkungen das Kind erfährt, desto mehr wird es sich dagegen auflehnen.
- das Kind in seinem Bestreben nach Selbstständigkeit unterstützt.
  Das Kind sollte an den täglichen Aktivitäten wie z. B. Tisch decken, Staub saugen etc. teilhaben können.
- dem Kind auch eigene Entscheidungsmöglichkeiten anbietet, ohne es dabei zu überfordern (Entscheidung zwischen zwei Möglichkeiten).
- auf das noch nicht vorhandene Zeitgefühl eingeht.
  Es ist nicht gut, Kinder aus ihrer Beschäftigung herauszureißen, weil es Zeit zum Essen ist oder weil die Eltern / Erzieherinnen etwas anderes vorhaben.
- dem Kind Erfolgserlebnisse verschafft – und seien sie auch noch so klein.

Das Kind soll mitentscheiden

AUFGABEN

1. *Stellen Sie in einem Rollenspiel die Trotzphase eines Kindes an verschiedenen Beispielen dar. Spielen Sie unterschiedliche Bewältigungsstrategien – auch negative – durch und diskutieren Sie anschließend die Ergebnisse.*
2. *Die Trotzphase wird auch Autonomiephase genannt. Welche Gründe mag es für diese unterschiedlichen Bezeichnungen geben? Welche würden Sie persönlich bevorzugen? Begründen Sie Ihre Meinung.*

Die Pubertät

Neben der körperlichen Veränderung befinden sich die Jugendlichen auch seelisch im Umbruch. Beide Veränderungen bereiten ihnen Schwierigkeiten. Arme und Beine sind im Verhältnis zum restlichen Körper zu lang und sie wissen nicht, wo sie sie lassen sollen. Die eigene Individualität wird entdeckt, oft von Weltschmerz begleitet, und die Eltern erfahren den ersten wirklichen Machtverlust. Sie sind nicht mehr die Allwissenden, sie fallen »vom Sockel«, müssen sich häufig Kritik gefallen lassen und ihre Vorgehensweisen rechtfertigen. Die Jugendlichen grenzen sich auch in Kleidung, Stil und Sprache von den Erwachsenen ab. Sie suchen Freundschaft und Verständnis in Cliquen. Auf der Suche nach Orientierung besteht aber auch die Gefahr, blindlings irgendwelchen »Idolen«, die der Gemeinschaft und der Gesellschaft schaden, nachzulaufen oder von Drogen, Alkohol und Nikotin abhängig zu werden.

Möglichkeiten zum Umgang mit Jugendlichen in dieser Phase:
- Zeit für Gespräche nehmen.
- Ruhig bleiben und trotzige oder schnippische Antworten nicht überbewerten.
- Toleranz üben und akzeptieren, dass sich Jugendliche in dieser Lebensphase von den »spießigen« Erwachsenen abgrenzen wollen.
- Bei größeren Konflikten Beratung aufsuchen.

Lieber Dr. Winter,
mir geht es echt mies. Jeden Tag, wenn ich von der Schule nach Hause komme, fragt mich meine Mutter sofort: »Du hast doch hoffentlich keine Drei bekommen? Fang schon mal an zu üben für die Englischarbeit in zwei Wochen.« Mich kotzt das echt an. Selbst an den Wochenenden muss ich noch lernen. Also darf ich auch nicht weg. Was ist bloß los mit meinen Eltern? *Jessica, 14*

Liebe Jessica,
Du hast Recht, deinen Eltern sind Noten wichtig. Grundsätzlich ist die Forderung nach Leistung ja nicht schlecht. Du solltest deinen Eltern aber klar machen, dass es viele Wege gibt, um gute Noten zu erreichen. Erst wenn du auch deine freie Zeit genießen kannst, bist du auch wieder in der Lage, gute Noten zu erbringen. Der Mensch braucht Entspannung und Anspannung im Wechsel. Sprich offen mit deinen Eltern über deine Wünsche und mach ihnen klar, dass du sehr wohl schon Verantwortung für dich selbst übernehmen kannst.

AUFGABEN

1. *Welche Cliquen gibt es an Ihrer Schule und wodurch unterscheiden sich diese voneinander?*
2. *Finden Sie Beispiele, wie Jugendliche sich durch ihre Sprache, ihre Kleidung und ihren Stil von den Erwachsenen absetzen.*
3. *Wie haben Sie Ihre eigene Pubertät erlebt? Wer oder was hat Ihnen geholfen, mit den Problemen fertig zu werden?*
4. *Versetzen Sie sich in die Rolle eines Pubertierenden und schreiben Sie Ihre Sorgen für eine Zeitschrift für Jugendliche auf. Sie können ein Problem beschreiben, das Sie selbst während Ihrer Pubertät gehabt haben, Sie können für einen Freund oder eine Freundin schreiben oder auch einfach ein Problem erfinden. Losen Sie innerhalb der Klasse Ihre Sorgenbriefe aus und beantworten Sie Ihre »Zuschrift« als »Ratgeberin« einer Jugendzeitschrift.*

3.4 UMGANG MIT KINDERN UND JUGENDLICHEN

3.4.1 ERZIEHUNGSGRUNDSÄTZE

Mit Urvertrauen *ist eine auf die Erfahrung in den ersten Lebensjahren zurückgehende positive Einstellung zu sich selbst, zu anderen Personen und zur Umwelt gemeint, die es ermöglicht, sich mit unbekannten Personen und Dingen sowie mit sich selbst auseinander zu setzen.*
(in Anlehnung an: Hobmair, Psychologie, S. 281)

Das pädagogische Prinzip lautet:
Erst fördern, dann fordern!
Daher:

- **Geduld haben**
- **dem Kind Wertschätzung entgegenbringen**
- **die individuellen Stärken und Schwächen erkennen**
- **Freiräume lassen**

Ziel einer jeden Erziehung sollte sein, das Kind zu einem weltoffenen, konfliktfähigen, verantwortungsbewussten, entscheidungsfähigen, sozialen und kreativen Menschen zu machen. Kurz: Das Kind soll zur Mündigkeit erzogen werden.

Um diese Ziele zu erreichen, müssen die Erziehenden alle die ihnen zur Verfügung stehenden Möglichkeiten ausschöpfen, aber auch die Grenzen ihrer Bemühungen erkennen. Es darf einem Kind nicht etwas abverlangt werden, was es aufgrund seines Alters oder seiner Erbanlagen nicht leisten kann.

Eine Voraussetzung für die oben angeführten Ziele ist die Entwicklung des **Urvertrauens**.
Um dieses Urvertrauen entwickeln zu können, bedarf es einer stabilen Mutter-Kind- oder auch Vater-Kind-Bindung. Das Kind darf nicht zu lange allein gelassen werden und die Bezugspersonen sollten möglichst nicht wechseln. Ein Kind braucht emotionale Zuwendung und das sichere Gefühl, sich auf die Bezugsperson(en) verlassen zu können. Werden diese Bedingungen nicht erfüllt, entwickelt das Kind **Urmisstrauen**, es bekommt eine negative Einstellung zu sich selbst und zu seinem Umfeld. Diese frühkindlichen Erfahrungen können einen Menschen sein Leben lang beeinträchtigen.

Unumstritten sollte aber der Grundsatz sein, dass man Kinder nicht schlagen darf und dass Lob besser als Strafe ist. Erwachsene sollten aber nicht nur die vollbrachte Leistung ihres Kindes loben, viel wichtiger ist, schon die Bemühungen zu loben, um es nicht permanent zu überfordern und auf Leistung zu trimmen.

Kinder sollten ein Grundrecht auf Anerkennung haben und es sich nicht erst verdienen müssen. Nur wenn sie die Erfahrung machen, dass Eltern und andere Erwachsene ihnen etwas zutrauen, entwickelt sich ein gesundes Selbstwertgefühl.

Das Kind

Ein Kind, das ständig kritisiert wird,
lernt zu verdammen.
Ein Kind, das geschlagen wird,
lernt selbst zu schlagen.
Ein Kind, das verhöhnt wird,
lernt Schüchternheit.
Ein Kind, das der Ironie ausgesetzt wird,
bekommt ein schlechtes Gewissen.

Aber:
Ein Kind, das ermuntert wird,
lernt Selbstvertrauen.
Ein Kind, dem mit Toleranz begegnet wird,
lernt Geduld.
Ein Kind, das gelobt wird,
lernt Bewertung.
Ein Kind, das Ehrlichkeit erlebt,
lernt Gerechtigkeit.
Ein Kind, das Freundlichkeit erfährt,
lernt Freundschaft.
Ein Kind, das Geborgenheit erleben darf,
lernt Vertrauen.
Ein Kind, das geliebt und umarmt wird,
lernt Liebe in dieser Welt zu geben und zu empfangen.

Liebe ist ...
ein Kind stark zu machen

AUFGABEN

1. *Nennen Sie fünf weitere Erziehungsgrundsätze.*
2. *Wie beurteilen Sie heute Ihre eigene Erziehung? Was hat Ihnen daran gefallen, was hat Sie gestört oder geärgert?*
3. *Nehmen Sie Stellung zu dem Gedicht. Welcher Vers gefällt Ihnen am besten? Begründen Sie.*
4. *Kennen Sie andere literarische Werke über Kinder? Haben Sie eventuell selbst eigene Werke erstellt? Berichten Sie darüber.*

Demokratischer Erziehungsstil

Laisser-faire-Erziehungsstil

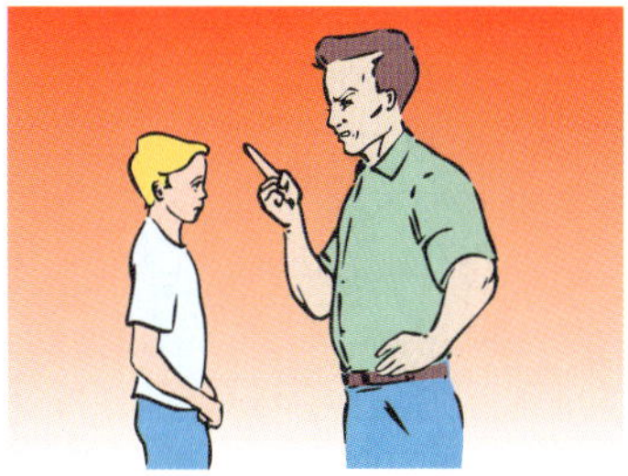

Autoritärer Erziehungsstil

3.4.2 ERZIEHUNGSSTILE

In der Erziehungswissenschaft wird davon ausgegangen, dass im Kindergarten, in der Schule und in der Familie drei verschiedene Arten der Erziehung praktiziert werden können. Diese verschiedenen Formen heißen Erziehungsstile. Die drei Erziehungsstile sind

- der autoritäre Stil
- der demokratische oder partnerschaftliche Stil und
- der so genannte Laisser-faire- (sprich: lässe fär) Stil (franz.: gewähren lassen, treiben lassen)

Der autoritäre Stil ist dadurch gekennzeichnet, dass der Erzieher ein sehr dominantes, alles bestimmendes Verhalten zeigt. Kinder und Jugendliche müssen gehorchen, sich einfügen und haben wenig Möglichkeiten, ihre eigenen Bedürfnisse und Interessen einzubringen.

Der demokratische oder partnerschaftliche Stil versucht die Erziehung in Abstimmung mit den Kindern und Jugendlichen zu gestalten. Auch hier werden bestimmte Erziehungsziele verfolgt, aber nicht um ihrer selbst willen, sondern um die Entwicklung einer Persönlichkeit zu gestalten. Das Finden der notwendigen Kompromisse ist oftmals ein langwieriger Prozess, der Geduld und gegenseitiges Verständnis erfordert.

Der Laisser-faire-Stil gewährt viel Freiheit und setzt wenig oder keine Grenzen. Häufig ist dieser Stil verbunden mit einem gewissen Maß an Gleichgültigkeit den Kindern und Jugendlichen gegenüber.

Im Erziehungsalltag finden sich meistens verschiedene Kombinationen der unterschiedlichen Erziehungsstile. Zum Beispiel erziehen die meisten Eltern ihre Kinder demokratisch, sie verwenden aber auch Befehle, Strafen, Anordnungen usw., wie sie für den autoritären Stil typisch sind. Die autoritäre Erziehungsform wird oft in den ersten Jahren der Kinder neben der demokratischen Form benutzt, da Kinder dieses Alters noch keine Wertvorstellung haben. Früher, d. h. in etwa bis nach dem Zweiten Weltkrieg, wurden die Kinder fast ausschließlich autoritär erzogen.

Die Entwicklung der verschiedenen Erziehungsziele lässt sich dadurch erklären, dass diese sehr stark von dem gesellschaftlichen Wandel und den jeweiligen Umwelteinflüssen geprägt werden.

Heutzutage versuchen Eltern meistens so zu erziehen, dass die Kinder nicht zu viele Freiheiten haben, aber auch Eigeninitiative entwickeln können. Insgesamt betrachtet setzen sich die Eltern heute mehr für ihre Kinder ein und berücksich-

Gehorsam

Überbehütung

Die drei Erziehungsstile sind:
- **der autoritäre Stil**
- **der demokratische oder partnerschaftliche Stil und**
- **der so genannte Laisser-faire-Stil**

1. *»Solange du deine Füße unter meinen Tisch stellst, wird getan, was ich dir sage.«*
2. *»Wirf die Blumenvase bitte nicht um. Sie war sehr teuer und ist ein wertvolles Erinnerungsstück für mich.«*
3. *Ein Kind streut Zucker im Wohnzimmer aus und ruft vergnügt: »Es schneit, es schneit!«*
   Mutter: »Ach, Julia, du bist heute aber wieder kreativ.«
4. *»Um 10 Uhr bist du zu Hause. Schluss. Aus. Basta.«*
5. *»Geh einfach nach oben, wenn du heute Nacht nach Hause kommst. Wir haben Besuch und wollen nicht gestört werden.«*
6. *»Erzähl mir doch von deinem Ärger in der Schule. Komm, setz dich hin. Ich habe Zeit für dich.«*

tigen sowohl ihre körperliche als auch ihre seelische Befindlichkeit weitaus stärker als noch vor einigen Jahrzehnten. Die Entwicklung zur Kleinfamilie bewirkt jedoch auch, dass viele Eltern den Kindern sämtliche Probleme abnehmen und diese dadurch überbehütet werden (overprotection).

AUFGABEN

1. *Ordnen Sie die nebenstehenden Beispiele den einzelnen Erziehungsstilen zu. Begründen Sie Ihre Zuordnung.*
2. *Welche der folgenden Begriffe gehören zu welchem Erziehungsstil? freundschaftlich – Vorwürfe – Ignoranz – Drohung – kritiklos – dominant – begründen – Gleichgültigkeit – verständnisvoll – Respekt – partnerschaftlich – Desinteresse – Verwarnung – diskutieren – vernachlässigen – Befehl.*
3. *Ergänzen Sie diese Liste um fünf eigene Begriffe, die Ihnen spontan zu den verschiedenen Erziehungsstilen einfallen. Schreiben Sie diese Ideen auf kleine Karten und lassen Sie die Zuordnung zu den einzelnen Erziehungsstilen von Ihren Mitschülerinnen vornehmen.*
4. *Fassen Sie die für Sie wesentlichen Aspekte zusammen und erörtern Sie, welche Konsequenzen sich aus den gewonnenen Erkenntnissen für Sie als Hauswirtschafterin und als Privatperson ergeben.*

Grundsätzlich gilt:
- **die Selbstständigkeit fördern**
- **sich mit Kritik zurückhalten**
- **kleinere Fortschritte loben**

Erziehende sollten sich einig sein über ihre Ziele und Erziehungsmaßnahmen. Kinder und Jugendliche spüren sehr schnell, wenn hier Uneinigkeit vorhanden ist.

Wenn du mir nicht erlaubst, mit diesen Schuhen zur Schule zu gehen, dann frage ich eben Papa.

Beispiele für einen demokratischen Umgang mit Kindern:

Der Wissensdurst der Kinder kennt keine Grenzen und stellt eine große Herausforderung an die Erziehenden dar. Wichtig ist, auf die Fragen des Kindes einzugehen. Meistens sind sie mit einer kurzen Erklärung schon zufrieden. Weitschweifige Erklärungen verwirren sie eher. Auf keinen Fall sollten die Fragen der Kinder mit Antworten wie: »Das verstehst du noch nicht« oder »Dafür bist du noch zu klein« abgetan werden.
Wenn z. B. ein Kind aufgefordert wird, einen vollen Teller nach draußen zu tragen, ist damit zu rechnen, dass der Teller zunächst nicht ganz gerade gehalten wird und etwas auf den Fußboden fällt. Einem Kind, das die Aufgabe erhält, eine Schüssel Suppe gleichmäßig auf vier Teller zu verteilen, wird auch dies nicht beim ersten Versuch perfekt gelingen. Auch das logische Denken kann im Umfeld »Haushalt« durchaus gefördert werden.
So können Kinder beim Einräumen der Geschirrspülmaschine von selbst erkennen, dass Schüsseln, die nicht richtig hineingelegt werden, entweder schmutzig bleiben oder aber voll Wasser laufen. Sie werden auch feststellen, dass es sinnvoller ist, mit dem Einräumen der Geschirrspülmaschine von hinten zu beginnen und nicht vorne anzufangen. Kinder, die ihr Zimmer selbst aufräumen, werden merken, dass es sinnvoller ist, den Fußboden freizuräumen, damit keiner auf ihre Spielsachen tritt, und dass es zunächst z. B. weniger wichtig ist, die Reihenfolge der Bücher im Regal zu ordnen.

3.4.3 MITWIRKUNG DER HAUSWIRTSCHAFTERIN BEI DER ERZIEHUNG

Konkrete Absprachen

Hauswirtschafterinnen sind bei einem Einsatz in Haushalten, Kindertagesstätten etc. an der Erziehung der Kinder mit beteiligt. Ihnen können Aufgaben übertragen werden wie

- Beaufsichtigung von Kindern
- Spielen mit Kindern
- Hausaufgabenbetreuung
- Anleitung zur Körperhygiene
- Anleitung zum Ordnunghalten
- Anleitung zum richtigen Umgang mit Medien

Für die Hauswirtschafterin gilt, die von den Eltern oder der (Heim-)leitung oder im Team festgelegten Erziehungsregeln und -grundsätze im Wesentlichen einzuhalten und die gemachten Beobachtungen mitzuteilen.
Es gibt jedoch einige Unterschiede grundsätzlicher Art zwischen der elterlichen Erziehung und der Erziehung durch eine Hauswirtschafterin.

Elterliche Erziehung	Erziehung nach Anleitung
Eltern können ...	Im Erziehungsbereich tätige Hauswirtschafterinnen sollten ...
▶ den Tagesablauf individuell gestalten	▶ den Tagesablauf strukturieren und einhalten
▶ die Kinder manchmal allein lassen	▶ die Aufsichtspflicht konsequent einhalten
▶ eigene Regeln aufstellen	▶ nach pädagogischen Prinzipien handeln
▶ intuitiv erziehen	▶ die abgesprochenen Erziehungsziele einhalten und eigenes Verhalten überprüfen
▶ Regeln aufstellen und diese auch ändern oder brechen	▶ die von den Eltern oder Fachkräften aufgestellten Vereinbarungen (Ziele) unbedingt einhalten
▶ ein Kind bevorzugen oder benachteiligen	▶ alle Kinder gleich behandeln
▶ angefangene Arbeiten liegen lassen	▶ angefangene Arbeiten zu Ende führen
▶ die Handlungsweise ihrer Kinder in bestimmten Situationen einschätzen	▶ bei bestimmten Handlungsweisen die Eltern / Fachkräfte um Rat bitten
▶ ihren Kindern sehr emotional begegnen	▶ eine gewisse Distanz zu den Kindern einhalten; es sind nicht »ihre« Kinder
▶ spontan handeln	▶ die getroffenen Absprachen einhalten

AUFGABEN

1. *Welche Erfahrungen haben Sie selbst im Rahmen Ihrer Ausbildung als Mitwirkende bei der Erziehung gemacht?*
   Gab es manchmal auch Konflikte? Berichten Sie darüber.
2. *Sie erhalten den Auftrag, die Hausaufgabenbetreuung der 12-jährigen Ann-Christine zu übernehmen. Wie gehen Sie vor?*
3. *Die 4-jährige Marina will sich nach dem Aufstehen nicht waschen. Sie behauptet, sie habe ja nur im Bett gelegen, sich gestern Abend schon gewaschen und sei deshalb nicht schmutzig. Wie bewältigen Sie die Situation?*

3.4.4 BESCHÄFTIGUNG MIT KINDERN UND JUGENDLICHEN

Das Spielen von Kindern und Jugendlichen erfüllt multifunktionale Aufgaben. Je nach Art der Spiele können sie dazu dienen, die Fein- oder Grobmotorik zu fördern oder das Gedächtnis und/oder die Sprachentwicklung zu trainieren. Mit zunehmendem Alter trägt das Spiel ganz entschieden zur Förderung des Sozialverhaltens bei. Die Kinder und Jugendlichen lernen, sich in die Rolle eines anderen hineinzuversetzen, spielerisch Konflikte auszutragen und nach Lösungen zu suchen. Ihnen ist das Erlernen dieser Fähigkeiten oft nicht bewusst, sie lernen diese eher nebenbei. Dennoch sollten Spiele auch Spiele bleiben, d. h., sie sollten freiwillig und aus eigener Motivation entstehen. Den jungen Menschen sollte für ihre Spiele genügend Zeit und Raum gegeben werden und man sollte sie möglichst nicht dabei unterbrechen.

Selbst hergestelltem Spielzeug und selbst ausgedachten Spielen sind gegenüber industriell hergestellten Spielen stets der Vorzug zu geben. Ebenso sind Spiele zu bevorzugen, die dem Bewegungsdrang der Kinder nachkommen.

Wenn das Spielen unterbrochen werden muss, sollte dies frühzeitig – ca. fünf Minuten vorher – angekündigt werden, damit das Kind sich darauf einstellen kann.

Dennoch ist es wichtig, dass den Kindern und Jugendlichen auch Computerspiele und die Beschäftigung mit dem Internet erlaubt werden. Sie sollten aber nicht stundenlang ohne Kontrolle oder Rücksprache mit den Eltern/Erziehern davor sitzen bleiben. Eine gewisse Neugierde der Kinder bezüglich der Erotikseiten ist verständlich. Wichtig ist ein ruhiges Gespräch über das dort oft vermittelte Frauen-/Männerbild. Kinder und Jugendliche sollten außerdem wissen, dass ihre Aktivitäten im Internet überprüft werden können (s. S. 103).

Folgende weitere Kriterien sollten bei der Auswahl von Spielen beachtet werden:

- Ist das Spielzeug frei von giftigen Inhaltsstoffen (Gütezeichen »Spiel gut«; vgl. Band 3 dieser Fachbuchreihe, HT 4203, S. 14)? Kann es eventuell Allergien auslösen?

»Ich habe mir ein Haus gebastelt«

»Das hier hat mir mein Papa gekauft«

Welche der beiden Spielmöglichkeiten würden Sie favorisieren? Begründen Sie.

Dies gilt insbesondere für Spielzeuge für Babys und kleinere Kinder.

- Ist das Spielzeug/Spielgerät sicher oder gibt es Verletzungsgefahren (scharfe Ecken, lockere Schaukel etc.)?
- Ist das Spiel sozial akzeptabel oder motiviert es zu Gewalt, Fremdenfeindlichkeit, Hass etc.? Dies gilt insbesondere für Computerspiele.
- Sofern die Kinder über einen PC mit Internetanschluss verfügen, sollten die Seiten, die angeklickt wurden, nachvollzogen werden können. (Im Internet bzw. im Explorer »Verlauf« anklicken. Alle in der erfragten Zeit angeklickten Internetadressen können aufgelistet und die einzelnen Seiten überprüft werden.)

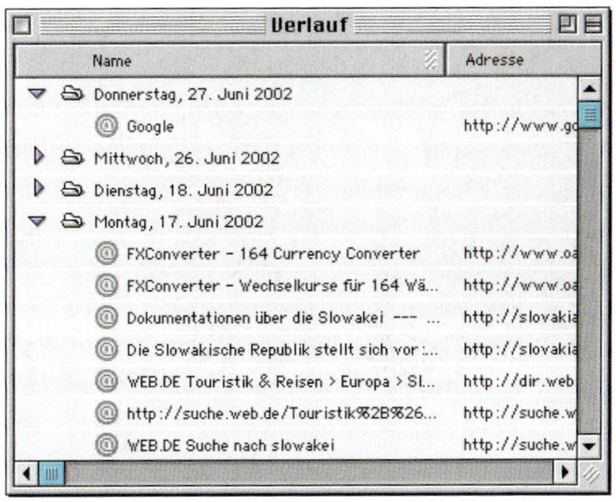

AUFGABEN

Übung

1. *Sie werden beauftragt, sich drei Stunden um den fünfjährigen Matthias zu kümmern. Sie spielen in dieser Zeit mit ihm. Als die Mutter zurückkommt, sagt sie empört: »Was, ihr habt die ganze Zeit nichts gemacht - nur gespielt?« Wie argumentieren Sie?*
2. *Suchen Sie sich drei Spiele oder Beschäftigungsmöglichkeiten (z. B. Basteln, sportliche Aktivität, gemeinsames Kochen o. Ä.) aus. Bewerten Sie diese auf ihre Tauglichkeit und stellen Sie Ihre Ergebnisse in der Klasse vor. Überlegen Sie sich vorher, nach welchen Kriterien Ihre Präsentationen bewertet werden sollen.*
3. *Nehmen Sie Stellung zu folgenden Beschäftigungsmöglichkeiten mit Kindern: Vorlesen – Fernsehen – Computer – Bewegung im Freien – Kindergeburtstag feiern.*
   Welche Vorteile haben diese Beschäftigungsmöglichkeiten für die Kinder jeweils? Gibt es auch Nachteile? Wenn ja, welche?

Möglichkeiten zur personenorientierten Betreuung:

- **Spielregeln vereinbaren und auf deren Einhaltung achten**
- **Spiele altersgemäß auswählen**
- **Spieldauer richtig einschätzen**

3.4.5 HILFE BEI ALLTAGSVERRICHTUNGEN

Das Zubinden der Schnürsenkel muss geübt werden

Betreuungsleistungen bei Kindern und Jugendlichen umfassen für Hauswirtschafterinnen neben übergeordneten Aufgaben wie Mitwirkung bei der Erziehung, Planung und Strukturierung des Alltags usw. auch ganz praktische Tätigkeiten wie Hilfe beim Anziehen von kleineren Kindern, Baden von Säuglingen und Kindern oder die Verabreichung von Nahrung.

Das Anziehen

Für alle Altersstufen sollte Kleidung folgende Eigenschaften haben:

- zweckmäßig
- der jeweiligen Jahreszeit angepasst
- nicht einengen oder einschnüren
- pflegeleicht
- nicht kratzen

Der Umgang mit Reißverschlüssen ist leichter als der Umgang mit Knöpfen

Kleinere Kinder müssen das Anziehen noch üben. Dabei fällt es ihnen bei Schuhen leichter, einen Klettverschluss zu schließen, als die Schnürsenkel zuzubinden. Ebenfalls ist es leichter, einen Reißverschluss zu schließen, als Knöpfe zuzuknöpfen. Um sie bei der beginnenden Selbstständigkeit zu unterstützen, sollte daher schon beim Einkauf darauf geachtet werden, dass die Kleidung auch bezüglich des Anziehens praktisch ist.

Pullover sollten keinen oder aber einen weiten Rollkragen haben. Pullover mit einem engen Rollkragen verursachen häufig Probleme, da die Kinder nicht schnell genug hindurchgelangen können und sozusagen »in der Röhre« stecken bleiben.

Kinder, die sich noch nicht alleine anziehen können, wollen gerne beim Anziehen mithelfen. Daher ist es wichtig, immer die gleiche Reihenfolge einzuhalten. Im Familienhaushalt ist es sinnvoll, die von der Mutter durchgeführte Reihenfolge zu übernehmen. In allen anderen Fällen gilt es, eine Absprache mit allen Beteiligten zu treffen und diese einzuhalten.

Kinder wollen meistens bei der Auswahl der Kleidung mit entscheiden. Um sie nicht zu überfordern, sollte seitens der Eltern oder Betreuerinnen eine Vorentscheidung bzw. Vorauswahl getroffen werden. Am besten ist es, dem Kind die Wahl zwischen zwei Kleidungsstücken zu lassen. Es kann dann in einem überschaubaren Rahmen handeln und hat zudem das Gefühl, selbstständig und anerkannt zu sein.

Waschen eines Säuglings (3 Monate)

Baden macht Babys in diesem Alter im Allgemeinen sehr viel Spaß, da sie an die Zustände im Mutterleib erinnert werden. Die Betreuungskräfte selbst können ihren Teil zum Wohlbefinden dadurch beitragen, indem sie für angenehme Licht- und Temperaturverhältnisse sorgen, selbst auch möglichst entspannt sind und nicht unter Zeitdruck stehen.

Vorbereitung

Da Säuglinge schneller auskühlen als Erwachsene, sollte die Raumtemperatur bei 22 bis 23 °C liegen. Es ist ebenfalls sinnvoll, die Handtücher vorzuwärmen. Die Wassertemperatur sollte etwa 37 bis 38 °C betragen. Die allgemeinen Regeln zur Vorbereitung (s. S. zuvor) gelten selbstverständlich auch für Säuglinge.

Material

Folgende Utensilien sollten bereitgelegt werden:

- Babybadewanne
- Badethermometer
- Badetuch, Waschlappen
- frische Wäsche und Windeln
- Papiertücher

Vorbereitung des Raumes

- Fenster und Türen schließen
- Hände waschen
- Richten des Wickeltisches (Wäsche, Windel, Pflegeutensilien)
- Badewasser einlassen, Wassertemperatur 37 bis 38 °C (Thermometer unter der Wasseroberfläche ablesen)

Durchführung

- Windel entfernen (Stuhlreste mit Papiertuch und Babyöl entfernen).
- Säugling vollständig ausziehen.
- Gesicht außerhalb der Wanne mit klarem Wasser waschen.
- Kind mit den Füßen zuerst in das Wasser »gleiten« lassen, dabei umfasst die linke Hand den Oberarm in der linken Achselhöhle des Kindes, Nacken und Hinterkopf liegen auf dem Unterarm der Pflegeperson.
- Dann in folgender Reihenfolge waschen: Haare, Ohren, Hals, Hände, Arme, Brust, Bauch, Füße, Beine.
- Kind zu sich umdrehen, das Kind liegt dabei auf dem linken Unterarm der Pflegeperson. Dann Rücken und Genitalbereich (von vorne nach hinten) waschen.
- Kind aus dem Wasser nehmen, in Badetuch hüllen und auf dem Wickeltisch sorgfältig abtrocknen (von oben nach unten).
- Kind auf eine trockene Stelle des Handtuchs legen, Hautfalten besonders sorgfältig abtrocknen. Hautpflege nach Bedarf.
- Oberkörper ankleiden, Gesäßpflege, Windel anlegen, vollständig ankleiden, Haare bürsten.

AUFGABEN

1. *Nennen Sie fünf weitere Hilfen bei der Alltagsverrichtung von Kindern, die Hauswirtschafterinnen geben können.*
2. *Überlegen Sie, welche allgemeinen Ziele Sie mit einer Ganzkörperwäsche erreichen wollen.*
3. *Arbeiten Sie heraus, wodurch sich die Ganzkörperwäsche eines alten Menschen von der bei Säuglingen durchgeführten Ganzkörperwäsche unterscheidet (s. S. 139). Achten Sie dabei auch auf die Ziele, die Sie erreichen wollen. Stellen Sie beides tabellarisch einander gegenüber.*
4. *Finden Sie heraus, warum und bis zu welchem Lebensmonat der Kopf eines Säuglings beim Waschen und Tragen unterstützt werden muss.*

Bitte beachten:

- **Das Baby niemals unbeaufsichtigt lassen.**
- **Den Kopf beim Waschen und Tragen unterstützen.**
- **Ohren nicht mit Wattestäbchen säubern (Gefahr einer Trommelfellverletzung!).**
- **Die Badewanne rutschfest aufstellen.**
- **Sich mit dem Kind »unterhalten«.**

Zu häufiges Baden zerstört den Säureschutzmantel der Haut

- *1 – 2 mal wöchentliches Baden genügt.*
- *Kein Puder verwenden, es verstopft die Poren und kann versehentlich inhaliert werden.*
- *Babyöl fördert die Entstehung von Pilzinfektionen im Genitalbereich, daher nur in Ausnahmefällen verwenden.*

Rückenschonend arbeiten! D. h., die Badewanne muss so hoch stehen, dass der Säugling gebadet werden kann, ohne dass die Fachkraft sich selbst bücken oder eine unnatürliche Haltung einnehmen muss.

Vorbeugende Maßnahmen sind z.B.:

- Größere Gartenteiche umzäunen, kleinere mit Maschendraht so absichern, dass niemand hineinfallen oder -rutschen kann.
- Kinder für sportliche Aktivitäten wie Skaten, Rollerfahren etc. mit entsprechender Schutzkleidung ausrüsten.

3.4.6 SICHERHEIT

Gefahren im Haushalt

Jedes Jahr werden in Deutschland über 3 Millionen Menschen, vor allem Kinder und Menschen mit Behinderungen, Opfer eines Unfalls. An erster Stelle steht dabei nicht etwa der Unfall im Straßenverkehr, sondern der Unfall in den eigenen vier Wänden, im Haushalt also: durch Ertrinken in der Badewanne, durch Verbrühung, elektrische Stromschläge, Stürze aus dem Fenster etc.
Kinder haben erst im Alter von ca. 6 Jahren ein Gefahrenbewusstsein. Ab 10 Jahren verstehen sie ansatzweise Präventionsmaßnahmen, die ihrem Schutz dienen sollen, denn Fantasie und Realität werden bis zu diesem Lebensalter noch stark miteinander vermischt. Bei Menschen mit Behinderungen und geistig verwirrten Menschen ist deren jeweilige intellektuelle Fähigkeit im Umgang mit Gefahren sorgfältig abzuschätzen.

Gefahrenquellen erkennen und bewusst machen

- Auch die Gartenteiche der Nachbarn sind gefährlich. Rücksprache wegen Sicherheitsmaßnahmen halten.
- Mit gefährdeten Personen über mögliche Gefahrenquellen sprechen, diese eventuell auch anschaulich vorführen, z.B. Rutschgefahr am Teichrand selbst demonstrieren, giftige Pflanzen zeigen etc.
- Mit Kindern den Schulweg üben.
- Auf Sicherheit beim Fahrradfahren achten (Helm!).
- Fremde Hunde nicht streicheln lassen.
- Richtigen Umgang mit Hunden und anderen Tieren beibringen.

AUFGABEN

1. *Die Wichtigkeit von Schutzhelmen lässt sich einfach – aber wirkungsvoll – anhand zweier Melonen demonstrieren.*
Nehmen Sie Stellung zu den nebenstehenden Abbildungen.
Beide Melonen wurden aus zwei Meter Höhe geworfen.

2. *Begehen Sie Ihre häusliche Umgebung in einem Radius von 2 km.*
Welche Gefahrenquellen haben Sie entdeckt? Berichten Sie.

3. *Informieren Sie sich in der Fachliteratur oder im Internet*
a) über das Aussehen der giftigen Pflanzen,
b) welche Bestandteile der Pflanze jeweils giftig sind.
Internet: www.giftnotruf.de/pflanzen.htm

Giftnotruf: (030) 192 40

Vergiftungsunfälle mit Pflanzen

Bei Verdacht einer Vergiftung ist es am besten, sofort die Giftnotrufzentrale in Berlin anzurufen.

Unfallquellen im Wohnumfeld

Nicht nur im Haus selbst, sondern auch draußen lauern viele Gefahren für Kinder und Menschen mit Behinderungen. Sie können im Gartenteich oder auch in natürlichen Teichen und Flüssen ertrinken, sich am Stacheldraht verletzen oder Stromschläge erhalten. Sie können die Geschwindigkeit von Autos noch nicht oder nicht richtig abschätzen und beachten diese eventuell auch nicht, da sie abgelenkt sind oder aber die Gefahr nicht erkennen können. Besonders im Herbst besteht Rutsch- und Verletzungsgefahr auf nassem Laub. Das Erkennen von Gefahrenquellen ist wichtig, um sich angemessen zu verhalten.

Ersticken

Kindersicherer Herd

Die nachstehende Liste zeigt typische Unfallquellen auf:

- spitze oder scharfe Kanten / Schrauben (Schränke, Regale, Tische)
- Schubladen, die herausfallen können
- Bilder, Regale (Bretter!), die herunterfallen können
- Öllampen und Lampenöl an unsicheren Orten
- herumliegende Zigaretten ($\frac{1}{3}$ einer verschluckten Zigarette kann bei einem Säugling bereits tödlich wirken)
- unbeaufsichtigte brennende Kerzen
- herumliegende Streichhölzer und Feuerzeuge
- Glastüren ohne Splitterschutzfolie
- Steckdosen ohne Kindersicherung
- herumliegende Plastiktüten (Erstickungsgefahr)
- heiße, herunterziehbare Töpfe auf dem Herd

Es gibt Zeitschriften, die sich speziell mit dem Thema »Sicherheit« befassen.

AUFGABEN

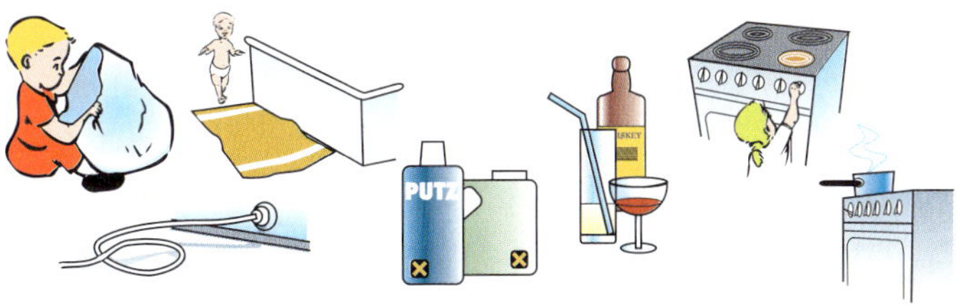

1. *Geben Sie an, worauf die Gefährlichkeit der abgebildeten Gegenstände beruht, und schlagen Sie Gegenmaßnahmen vor.*
2. *Gehen Sie durch Ihre eigene Wohnung oder Ihr Elternhaus und suchen Sie nach möglichen Gefahrenquellen für Kinder unter sechs Jahren oder aber für Menschen, deren Entwicklungsstufe mit der von sechsjährigen Kindern zu vergleichen ist.*
3. *Listen Sie auf, was Sie verändern müssten, um die Wohnung kindersicherer herzurichten. Erfragen Sie die jeweiligen Kosten für die Maßnahmen.*

Unfälle können vermieden werden durch:

- **Anbringen von Schutzvorrichtungen**
- **Einschätzen von Gefahren und dementsprechendes Verhalten**
- **Anschaffung sicherer Einrichtungsgegenstände**
- **Training des Verhaltens in Gefahrensituationen**

Betreutes Wohnen

Möglichkeiten zur personen-orientierten Betreuung:
- barrierefreies Einrichten der Wohnung
- Angebote zur Mobilisierung
- Beschaffen von und Anleiten zum Benutzen von einfachen Hilfsmitteln zur Alltags-bewältigung
- Begleiten bei Einkäufen
- gemeinsames Erledigen hauswirtschaftlicher Arbeiten

Beispiele für Einrichtungen:
- *Wohnheime für Menschen mit Behinderungen, die tagsüber in Schulen, Ausbildungsbetrieben oder Werkstätten beschäftigt sind*
- *Heime mit integrierten Beschäftigungs- und Therapieangeboten*
- *Einrichtungen mit Vollversorgung*

3.5 UMGANG MIT MENSCHEN MIT BEHINDERUNGEN

Menschen mit Behinderungen werden auch von hauswirtschaftlichen Fachkräften betreut, wenn diese in Einrichtungen, betreuten Wohngemeinschaften oder Familienhaushalten leben und arbeiten.
In betreuten Wohngemeinschaften leben in der Regel vier bis sechs geistig, körperlich oder mehrfach behinderte Menschen, die keine Betreuung rund um die Uhr oder ständige Pflege benötigen. Je nach Art der Behinderung erhalten sie Hilfe bei der eigenen Versorgung, der Alltagsbewältigung und Anleitung zur eigenständigen Haushaltsführung durch das Zubereiten einfacher Mahlzeiten, das Einüben des Einkaufens oder das Trainieren einfacher Arbeiten zum Waschen und Bügeln der persönlichen Wäsche.
Für Menschen mit schweren oder mehrfachen Behinderungen gibt es ein breit gefächertes Angebot an Einrichtungen, die ihnen entsprechend ihren Fähigkeiten ein individuelles Betreuungs- oder Pflegekonzept anbieten.
Entsprechend den Einschränkungen, die mit der Art und dem Ausmaß der unterschiedlichen Behinderungen zusammenhängen, wird in solchen Einrichtungen i. Allg. eine umfassende hauswirtschaftliche Versorgung angeboten, ergänzt durch vielfältige Betreuungs- oder Pflegeleistungen.
Der Begriff Behinderung ist durch eine (von Deutschland nicht angenommene) Definition der Weltgesundheitsorganisation klar beschrieben. Behinderung ist die Folge schwer wiegender Schädigungen, die zu erheblichen Einschränkungen in der individuellen Lebensgestaltung führen können. Von Behinderung kann im Umgang mit Personen dann gesprochen werden, wenn folgende Merkmale gegeben sind:
- Die Lebensführung ist nur mit besonderen Hilfen möglich.
- Die Teilnahme am gesellschaftlichen Leben ist erschwert.
- Mehrere Lebensbereiche sind von der Schädigung betroffen.
- Die Beeinträchtigungen dauern länger an.

In der Arbeit mit Menschen mit Behinderungen wird der Ansatz verfolgt, die Fähigkeiten, die bei einer Behinderung vorhanden sind, zu entwickeln und zur Entfaltung zu bringen. So können häufig vorhandene Beeinträchtigungen ausgeglichen werden, etwa wenn Menschen lernen, mit den Füßen zu schreiben, Blinde ein gutes Gehör entwickeln, Gehörlose zu bemerkenswerten Gedächtnisleistungen fähig sind.

3.5.1 KÖRPERBEHINDERUNG

Unter Körperbehinderung versteht man eine unüberwindbare oder dauernde Beeinträchtigung der Bewegungsfähigkeit infolge einer Schädigung des Stütz- und Bewegungssystems oder einer anderen organischen Schädigung.

Folgende Behinderungsformen werden unterschieden:
- *körperliche Behinderung*
- *geistige Behinderung*
- *seelische Behinderung*
- *Sinnesbehinderung*
- *Sprachbehinderung*

Umgang mit Menschen mit körperlichen Behinderungen

Bei allen Maßnahmen geht es darum, für Beweglichkeit und Sicherheit zu sorgen, um die Selbstständigkeit zu erhalten oder zu fördern. Dies reicht von der Bereitstellung einfacher Hilfsmittel bis zur Schaffung eines barrierefreien Wohnumfeldes, z. B. Sitzmöglichkeiten vor dem Waschbecken schaffen, Bewe-

gungsflächen für Rollstühle freihalten, Haltevorrichtungen wie Geländer und stabile Griffe anbringen, Stolperfallen beseitigen (s. a. S. 142 f.).
Ergänzt werden können diese Maßnahmen durch persönliches Unterstützen mit sicheren, geübten Handgriffen zum Aufstehen, Hinsetzen und Laufen.

AUFGABEN

1. *Besorgen Sie sich einen Rollstuhl und fahren Sie damit Ihren Wohnort ab. Notieren Sie sich die Stellen, die Ihnen positiv und negativ aufgefallen sind. Veröffentlichen Sie gegebenenfalls Ihre Ergebnisse und/oder sprechen Sie mit einem Behindertenbeauftragten.*
2. *Unternehmen Sie eine etwa 10 bis 20 km lange Zugfahrt als »Rollstuhlfahrerin«. Gab es Schwierigkeiten? Wenn ja, wo und warum? Wie sind Ihnen die Menschen entgegengetreten? Berichten Sie.*
3. *Was müsste in Ihrer Wohnung verändert werden, um diese rollstuhlgerecht umzugestalten?*

Um die Selbstständigkeit zu erhalten, muss die vorhandene Bewegungsfähigkeit optimal gefördert und unterstützt werden.

3.5.2 GEISTIGE BEHINDERUNG

Diese beruht auf Einschränkungen der intellektuellen Beweglichkeit. Der Grad der geistigen Behinderung hängt vom Ausmaß dieser Einschränkungen ab und kann sehr unterschiedlich sein.
Geistig Behinderte haben häufig Defizite in der Wahrnehmung, in der Interessenbildung und im sprachlichen, sozialen und gefühlsmäßigen Verhalten. Bei geistig Behinderten können die Gesamtentwicklung und die Lernfähigkeit so stark beeinträchtigt sein, dass lebenslange Hilfe notwendig wird.

Umgang mit Menschen mit geistiger Behinderung

Im Umgang mit Menschen mit geistiger Behinderung ist es wichtig, die vorhandenen Fähigkeiten und Interessen zu erkennen und zu fördern. Entsprechend der jeweiligen Lebenssituation und der Altersstufe muss eine größtmögliche Einbindung in das alltägliche Leben und in das Gemeinwesen angestrebt werden. Folglich gilt für die Betreuenden, den Menschen mit Behinderungen Angebote zu unterbreiten, an denen sie sich mit ihrer Behinderung beteiligen und ihre vorhandenen Fähigkeiten entwickeln und trainieren können. Die Stimmungslage und die damit verbundenen Empfindlichkeiten müssen daher immer berücksichtigt werden.

Möglichkeiten zur personenorientierten Betreuung:
- **für saubere, passende Kleidung sorgen**
- **gemeinsames Kochen als Freizeitgestaltung**
- **Trainieren von einfachen hauswirtschaftlichen Tätigkeiten**
- **Gepäck für Urlaubsreise vorbereiten**
- **Basteln von Tisch- oder Raumdekorationen**

AUFGABEN

Übung

1. *Erkunden Sie die Einstellung der Bevölkerung gegenüber Menschen mit Behinderungen. Entwerfen Sie dazu einen Fragebogen, sodass es Ihnen möglich ist, Ihre Ergebnisse statistisch auszuwerten.*
2. *Welche Schlüsselqualifikationen benötigen Ihrer Meinung nach Menschen, die beruflich mit Menschen mit Behinderungen zu tun haben? Als Methode eignet sich die Kartenabfrage. Schreiben Sie die Ihnen einfallenden Schlüsselqualifikationen jeweils einzeln auf kleine Karten und heften diese anschließend an eine Pinnwand. Welche Begriffe wurden häufiger genannt? Sind diese auch die wichtigsten? Diskutieren Sie.*
3. *Wie verhalten Sie sich selbst gegenüber Menschen mit Behinderungen?*

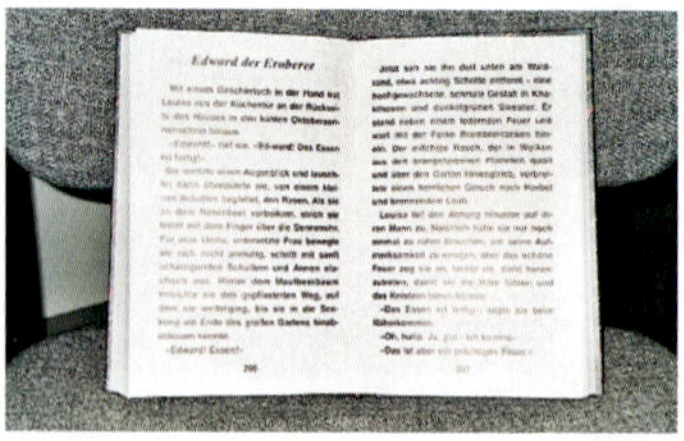

3.5.3 SINNESBEHINDERUNG

Jede Sinnesbehinderung beruht auf einer Einschränkung der Wahrnehmung über die Augen und Ohren.

Sehschädigung/Erblindung

Unterschieden werden angeborene und erworbene Sehschäden.
Bei starker Sehschwäche oder hochgradiger Gesichtsfeldeinschränkung spricht man von Blindheit. Diese Personen können sich in unvertrauter Umgebung nicht allein zurechtfinden. Dadurch sind sie unsicher und werden aufgrund ihrer behutsamen Vorgehensweise beim Orientieren oder Reagieren von den Mitmenschen schnell als misstrauisch eingeschätzt. Bei alten Menschen ist der fortschreitende Verlust der Sehkraft eine mögliche Folge von langjährigem Diabetes.

Umgang mit Menschen mit Sehschädigungen / Erblindung

Die Industrie bietet sehgeschädigten Menschen neben individuell angepassten Brillen viele weitere Hilfsmittel an, die ihnen das tägliche Leben erleichtern. So gibt es z. B. Bücher und Kartenspiele mit extra großer Schrift, Telefone mit großer Tastatur, Leselupen usw.

Möglichkeiten zur personenorientierten Betreuung:

- individuelle Ordnungssysteme einhalten
- Ursachen für Stolpern und Stürze beseitigen
- bei der Erledigung von Arbeiten in Anwesenheit einer blinden Person Arbeitsabläufe erklären
- vor Ausführung einer Arbeit nach Gewohnheiten fragen
- Hörbücher besorgen, vorlesen
- Atmosphäre durch angenehme Düfte schaffen

Für den Umgang mit schwer Sehgeschädigten gilt:

- Unterstützung bedeutet Orientierungshilfen geben.
- Den Sehgeschädigten nur dort unterstützen, wo es gilt, das fehlende Sehvermögen auszugleichen.
- Den Blinden oder Sehgeschädigten direkt ansprechen, nicht etwa die Begleitperson.
- Darüber informieren, wenn man sich einem anderen Gesprächspartner zuwendet oder den Raum verlässt.
- Beim Essen am besten einen Teller vorbereiten und der Person mitteilen, um was es sich im Einzelnen handelt. Wenn man sich den Teller wie das Zifferblatt einer Uhr vorstellt, können auch genaue Angaben über die Lage der einzelnen Speisen gemacht werden. (Das Gemüse liegt bei 9 bis 11 Uhr, die Kartoffeln bei 12 bis 3 Uhr und das Fleisch bei 4 bis 7 Uhr.)
- Bei Wegbeschreibungen genaue Auskünfte geben. Eine Auskunft wie »Die Bushaltestelle ist da drüben« ist wenig hilfreich.

Schwerhörige/Ertaubte

Schwerhörigkeit oder Taubheit kann – ebenso wie Sehbehinderungen – angeboren oder erworben sein; Letzteres z. B. durch einen Unfall, einen Hörsturz oder eine Infektion. Den Personen entgehen alle Geräusche, auch Warnsignale. Aufgrund der meist damit verbundenen Sprachschädigung ergeben sich zunehmend Schwierigkeiten in der Kommunikation. Die Gefahr der Vereinsamung ist daher groß. Durch Gebärdensprache und ein Fingeralphabet können sich Gehörlose verständigen.

Umgang mit Schwerhörigen und Ertaubten

Für die Betreuung von Schwerhörigen gelten folgende Verhaltensregeln:

- Schwerhörige lesen von den Lippen ab, daher sind sie stets von vorne anzusprechen.
- Die Sprache sollte ruhig, langsam und deutlich sein.
- Hohe Stimmlagen oder gar Schreien verzerren den Ton und können gegebenenfalls bei Hörgeräteträgern auch schmerzhaft sein.
- Bei einem Gespräch sind alle anderen Lärmquellen wie Radio und Fernseher auszuschalten.
- Jeglicher zusätzliche Lärm sollte vermieden werden.
- Bei einer Unterhaltung in Gesellschaft ist dafür zu sorgen, dass der Schwerhörige etwas mitbekommt.

Möglichkeiten zur personenorientierten Betreuung:

- **Speisen anhand von Bildern auswählen lassen**
- **beim Sprechen Blickkontakt halten, langsame Sprechbewegungen erleichtern das Ablesen der Worte**
- **wichtige Begriffe in der Gebärdensprache ausdrücken**
- **Gefahrenquellen durch Hinweise kenntlich machen**

3.5.4 SEELISCHE BEHINDERUNG

Diese Behinderungen beruhen auf Einschränkungen des Erlebens, entstanden durch psychische Erkrankungen, durch Angst, durch Abhängigkeiten.
Die Erscheinungsformen der einzelnen Einschränkungen sind sehr unterschiedlich und können nur aus der persönlichen Lebenssituation der Betroffenen heraus verstanden werden.
Viele Einrichtungen bemühen sich durch entsprechende Therapieangebote Hilfestellungen zum Leben mit dieser Behinderung zu geben. Durch abgestimmte Kooperation mit dem therapeutischen Team leistet die Hauswirtschafterin einen wichtigen Beitrag zur Stabilisierung der Persönlichkeit der Menschen mit Behinderungen.

Möglichkeiten zur personenorientierten Betreuung:

- **gemeinsames Arbeiten, um ein Gebäck herzustellen**
- **gelungene Arbeitsergebnisse loben**
- **Vorschläge zur Tagesgestaltung unterbreiten**
- **Anregungen geben, das äußere Erscheinungsbild zu verbessern**
- **Fragen zur richtigen Ernährung beantworten**
- **Umgang mit Geld üben**

AUFGABEN

1. *Besorgen Sie sich Augenbinden, Schals o. Ä. Arbeiten Sie zu zweit. Gehen Sie zusammen eine bestimmte Strecke in der Schule ab. Jede Person ist einmal »Führer« – also sehend – und einmal »Geführter« – also blind. Berichten Sie über Ihre Erfahrung.*
2. *Beschreiben Sie aus der Erinnerung einem Blinden den Weg von Ihrer Schule zur nächstgelegenen Einkaufsmöglichkeit, Bushaltestelle o. Ä. in ca. 200 bis 400 m Entfernung. Halten Sie Ihre Wegbeschreibung schriftlich fest und vergleichen Sie die jeweiligen Ergebnisse untereinander. Gehen Sie anschließend den beschriebenen Weg ab. Haben Sie alles richtig eingeschätzt und wahrgenommen oder fehlte etwas an Ihrer Wegbeschreibung? Berichten Sie.*
3. *Wie würden Sie die Aussage »Bei einer Unterhaltung in Gesellschaft ist dafür zu sorgen, dass der Schwerhörige etwas mitbekommt« praktisch umsetzen?*

Schwerhörige liest von den Lippen ab

3.6 PFLEGERISCHE BETREUUNG VON KRANKEN MENSCHEN

Gesichtsausdruck: gesund

Neben der fachlichen Qualifikation setzt die pflegerische Betreuung von gesunden und kranken Menschen im häuslichen Umfeld ein Höchstmaß an Fingerspitzengefühl, Verantwortungsbewusstsein, Wahrnehmungsvermögen und manuellem Geschick voraus. Dies sind wesentliche Voraussetzungen, um bei den zu pflegenden Personen Zufriedenheit und Wohlbefinden zu erreichen.

3.6.1 BEOBACHTEN ALS GRUNDSATZ PFLEGERISCHER BETREUUNG

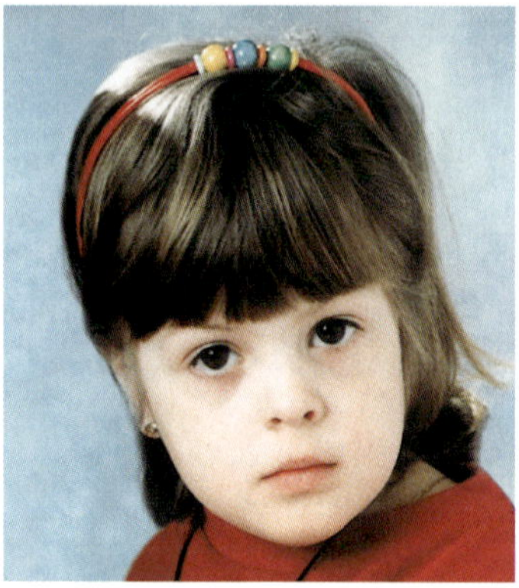

Gesichtsausdruck: krank

Unter Beobachten versteht man allgemein ein bewusstes Wahrnehmen mit allen Sinnesorganen.
Sowohl bei einem gesunden als auch bei einem kranken Menschen ist die Beobachtung des Körpers eine wichtige Voraussetzung, um z. B. die Bedürfnisse wahrzunehmen oder auch Anzeichen einer beginnenden Krankheit feststellen und entsprechend handeln zu können.

Ganzheitliches Beobachten umfasst alle Dimensionen des Menschseins, d. h.

- der körperliche Zustand
- der seelische Zustand
- das soziale Umfeld und
- die verbleibenden Fähigkeiten

des kranken Menschen müssen wahrgenommen werden.

Krankenbeobachtung sollte
- **sorgfältig,**
- **gezielt,**
- **sachlich,**
- **systematisch**

durchgeführt werden.

Beobachten bedeutet folglich:

- für das, was vor sich geht, aufmerksam und wach sein
- sich konzentrieren
- Wichtiges von Unwichtigem unterscheiden
- innerlich ruhig und ausgeglichen sein

Insbesondere die Beobachtung von kranken Menschen sollte genau, gezielt, sachlich und systematisch durchgeführt werden.
Auch ohne pflegerisches Fachwissen kann ein Laie allgemeine Krankenbeobachtungen wie in der nebenstehenden Checkliste aufgelistet, durchführen. Gezielte Krankenbeobachtung erfolgt nicht von Hauswirtschafterinnen, sondern ist Aufgabe der Pflegekräfte. Diese sind auch bei Veränderungen zu benachrichtigen.

Checkliste zur Krankenbeobachtung

Beobachtung von
- *Schlaf und Schlafstörungen*
- *Haltung und Bewegung*
- *Haut*
- *Ernährung, Appetit, Essverhalten*
- *Ausscheidungen (Stuhl, Urin)*
- *Atmung*
- *Sicherheitsaspekte, Gefahrenquellen*
- *Strukturierung der Zeit, Raumgestaltung*
- *Stimmungslage, Schmerz, Trauer*
- *Sprache, Sprech- und Verständigungsprobleme*

AUFGABEN

1. *Nennen Sie Beispiele für die einzelnen Punkte der Krankenbeobachtung.*
2. *Erstellen Sie Regeln für einen guten und sorgfältigen Umgang mit Kranken.*

3.6.2 HYGIENISCHE REGELN

Unter Hygiene wird allgemein »Sauberkeit« verstanden. Tatsächlich ist jedoch hygienisches Verhalten als »gesundheitlich richtiges Verhalten« zu verstehen. Die wesentlichen Grundsätze, wie z. B. das Händewaschen vor dem Essen oder nach dem Toilettengang, erlernen bereits kleine Kinder, auch wenn ihnen der Sinn dieser Maßnahmen anfangs noch nicht ganz verständlich erscheint. Menschen, die mit Lebensmitteln umgehen, müssen diesbezüglich besonders sorgfältig sein (LMHV).
Grundsätzlich erhält jeder Arbeitnehmer, der in diesem Bereich arbeitet, eine Erstbelehrung seitens des Gesundheitsamtes vor Beginn eines Praktikums bzw. vor der Übernahme in ein Arbeitsverhältnis (Infektionsschutzgesetz §§ 42, 43, s. S. 166 f.). Die Teilnahme an der Belehrung wird vom Gesundheitsamt schriftlich bestätigt.
Nach der neuen Regelung führt der Arbeitgeber selbst – oder aber von ihm bestimmte Hygienebeauftragte – eine jährliche Erneuerung dieser Belehrung durch und weist auf Tätigkeitsverbote im Zusammenhang mit infektiösen Erkrankungen hin. Arbeitnehmer sind verpflichtet, infektiöse Magen- und Darmerkrankungen unverzüglich ihrem Arbeitgeber mitzuteilen.

__Hygiene__ ist die Gesamtheit der Bestrebungen und Maßnahmen zur Verhütung von Krankheiten und Gesundheitsschäden. Dazu gehören u. a. die Körperhygiene und die Desinfektion von Gegenständen.

Zudem wird von allen Mitarbeitern gefordert, dass

- das äußere Erscheinungsbild gepflegt wirkt
- die (Dienst-)kleidung sauber und gebügelt ist
- die Haare frisch gewaschen, evtl. zusammengebunden und mit einer Kopfbedeckung versehen sind, sofern mit Lebensmitteln umgegangen wird
- die Nägel unlackiert und kurz geschnitten sind
- die Schuhe rutschfest, geschlossen oder hinten mit einem Riemen versehen sind
- beim Umgang mit Reinigungsmitteln (evtl. auch Lebensmitteln) Handschuhe getragen werden
- Wunden und Verletzungen mit Pflaster und / oder Verband bedeckt sind
- nur dezentes Make-up getragen wird und der Schmuck unauffällig ist

Korrekt gekleidete Hauswirtschafterinnen

Um Krankheiten und Gesundheitsschäden von anderen Menschen, vor allem von Säuglingen, deren Immunsystem noch nicht vollkommen ausgebildet ist, von immungeschwächten alten Menschen und von kranken Menschen, fern zu halten, sind gewisse zusätzliche Regeln einzuhalten.

Die Wirkungen von Desinfektionsmitteln können sein:

- **antimikrobiell**
- **wachstumshemmend**
- **mikrobizid = keimtötend**
- **mikrofungizid = pilztötend**

Händedesinfektion:

- Hohle Hand mit Desinfektionsmittel füllen (3 bis 5 ml).
- Hände (einschließlich Fingerkuppen, Nagelfalze und Fingerzwischenräume) und Unterarme einreiben, bis die Haut trocken ist (mindestens 30 Sekunden).
- Das Mittel nicht abtrocknen.
- Nur bei optischer Verschmutzung Hände waschen, trocknen und desinfizieren.

Benutzte Pflegehilfsmittel mit einem Desinfektionsmittel absprühen oder abwischen und anschließend gründlich reinigen.
Einmalartikel wie z. B. Thermometerhüllen aus Plastik, Windeln etc. sofort korrekt entsorgen.

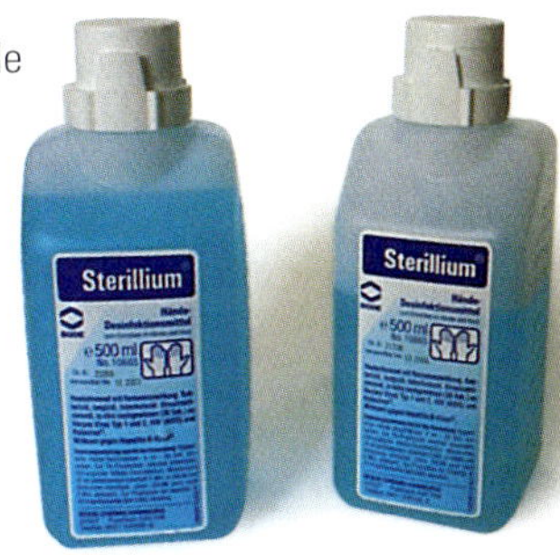

Eine Händedesinfektion unter 30 Sekunden ist keine Händedesinfektion!

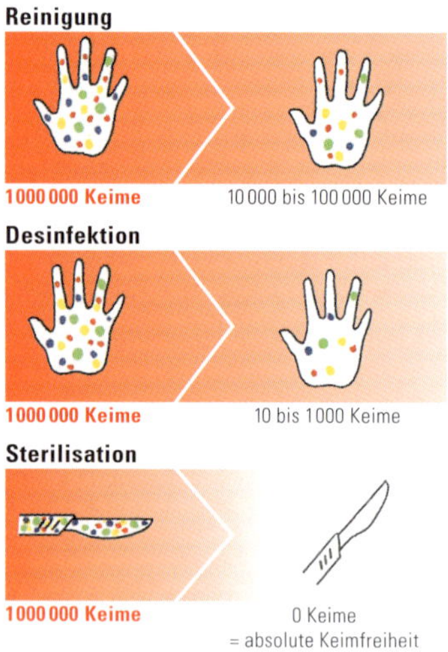

Keimverminderung durch Reinigung, Desinfektion und Sterilisation

In einem Familienhaushalt ist der Einsatz von Desinfektionsmitteln nur dann notwendig, wenn sich in dem Haushalt immungeschwächte oder kranke Menschen befinden. Übertriebene Desinfektion schadet eher, da im menschlichen Organismus Abwehrzellen vorhanden sind, die darauf spezialisiert sind, eingedrungene Erreger zu vernichten.
Ist die Umgebung zu steril, richten sich die Abwehrzellen gegen den eigenen Körper und fördern u. a. die Entstehung von Neurodermitis.
In Institutionen wie Großküchen, Altenheimen und Krankenhäusern ist eine sorgfältige Desinfektion der Räume, der Geräte und der Hände hingegen unbedingt erforderlich, um das Ausbreiten von Krankheitserregern zu verhindern.

Einrichtung eines Krankenzimmers

Müssen bei einem Erkrankten über einen längeren Zeitraum pflegerische Tätigkeiten wie Ganzkörperwaschungen oder das Wechseln der Bettwäsche vorgenommen werden, ist es sinnvoll, das Krankenbett so zu stellen, dass es von beiden Seiten zugänglich ist. In diesem Fall ist es auch zweckmäßig, das Bett auf 65 cm zu erhöhen, sodass rückenschonend gearbeitet werden kann. Gegebenenfalls muss auch über die Anschaffung eines höhenverstellbaren und verschiebbaren Krankenbetts nachgedacht werden.

Grundsätzlich wird es als angenehm empfunden, wenn sowohl ein Blick zum Fenster als auch zur Tür gewährleistet wird.
Das Zimmer sollte ruhig, gut belüftbar und hell sein, jedoch auch eine Möglichkeit zum Verdunkeln haben. Insbesondere bei kleinen Kindern ist es wichtig, dass sie in Rufnähe sind. Das Mobiliar sollte einfach und leicht zu reinigen sein. Außerdem ist Platz für Pflegemittel frei zu lassen.

Kopfkissen und Bettdecke sollten leicht und luftdurchlässig und die Bettwäsche sollte kochbar sein. Ein Spannbettlaken ist einem normalen Laken vorzuziehen, da es keine Falten wirft, wodurch Druckstellen entstehen können.

Stets gilt es jedoch, die individuellen Bedürfnisse des Kranken zu ermitteln und den Aufenthaltsraum des Kranken diesen Bedürfnissen anzupassen. Bei unruhigen oder dementen Personen sollte z. B. ein Bett-Seitengitter angebracht werden, um ein Herausfallen des Kranken zu verhindern.

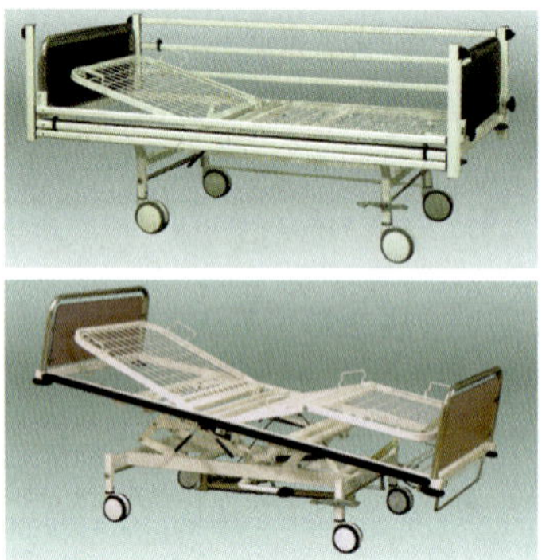

Höhenverstellbares Krankenbett

Spezielle Pflegehilfsmittel können in Krankenmobiliarzentren (Gemeindepflege, Krankenkasse etc.) ausgeliehen werden.

AUFGABEN

1. *Welche hygienischen Maßnahmen werden in Ihrem Betrieb durchgeführt? Sind Ihnen auch unhygienische Zustände aufgefallen? Wenn ja, welche?*
2. *Waschen Sie Ihre Hände und »desinfizieren« Sie sie anschließend für 30 Sekunden. Als Desinfektionsmittel reicht zu Probezwecken auch Wasser aus einer »Desinfektionsflasche«. Arbeiten Sie »nach Gefühl«. Lassen Sie die Zeit von einer Mitschülerin / einem Mitschüler stoppen.*
3. *Überlegen Sie, welche Gründe dazu führen könnten, dass die hygienische Händedesinfektion so häufig vernachlässigt wird.*
4. *Informieren Sie sich über den Begriff »Infektionskette«.*
5. *Stellen Sie eine Liste gängiger Desinfektionsmittel zusammen (Supermarkt, Sanitätshaus, Apotheke, Internet). Beschreiben Sie diese Mittel nach Wirkungsspektrum, Einwirkzeit, Anwendbarkeit.*

3.6.3 DIE BETREUUNG VON KRANKEN

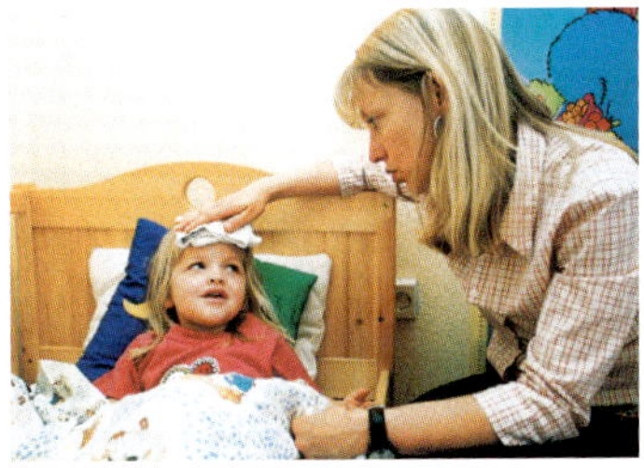

Kranke sind müde, Kranke haben stundenlang nicht geschlafen, Kranke wollen nicht essen und nicht trinken, Kranke haben plötzlich Heißhunger auf irgendetwas, Kranke sind launisch, Kranke wollen allein sein, Kranke fühlen sich verlassen, wenn sie allein sind, Kranke wollen liebevoll betreut werden, Kranke wollen Ablenkung, Kranke wollen in Ruhe gelassen werden.
Kurz: Kranke brauchen Toleranz, Rücksicht und Verständnis.

Was nützt es also, wenn pflegerische Techniken wie Lagern, Nahrung anreichen, Puls fühlen, Fieber und Blutdruck messen einwandfrei beherrscht werden, der Kranke sich aber trotzdem nicht wohl fühlt?

So widersprüchlich sich die oben angeführten Aussagen auch anhören mögen, es gibt Regeln, die den Umgang zwischen den Erkrankten und den Hilfs- oder Fachkräften wesentlich erleichtern. Primäres Ziel ist jedoch, den kranken Menschen zufrieden zu stellen.

Einige Regeln für den Umgang mit Kranken:

- Die erkrankte Person so behandeln, wie man selbst behandelt werden möchte.
- Die umgebende Atmosphäre ruhig und wohnlich gestalten (Zimmertemperatur / Lichtverhältnisse / Lärm).
- Vor dem Betreten des Zimmers anklopfen.
- Alle Tätigkeiten ruhig, konzentriert und besonnen ausführen – Hektik vermeiden.
- Die Bedürfnisse des Kranken wahrnehmen (Durst, Hunger, Ruhe, Kontakt, Eisbeutel, Wärmflasche etc.).
- Sorgen und Nöte vom Kranken fern halten.
- Für Ruhe und Erholung sorgen.
- Individuelle Gewohnheiten berücksichtigen (Essenszeiten, Lieblingsgerichte, Musik-, Literaturgeschmack).
- Zeit für Gespräche nehmen.
- Dem Kranken Mut und Trost zusprechen.
- Eventuelle Ekelgefühle dem Kranken nicht zeigen.

Tipps für eine richtige Gesprächsführung am Krankenbett

- *Sagen Sie stets, was Sie zu tun gedenken (Ich ziehe jetzt die Bettdecke weg; ich öffne jetzt das Fenster).*
- *Geben Sie keine Befehle wie »Jetzt wird aber etwas gegessen«. Wenn der Kranke im Moment keinen Appetit hat, versuchen Sie es zu einem späteren Zeitpunkt noch einmal.*
- *Setzen Sie sich an das Bett, wenn der erkrankte Mensch oder Sie selbst ein Gespräch führen möchten. Bleiben Sie nicht im Raum stehen, denn dann entsteht der Eindruck, dass Sie keine Zeit haben.*
- *Setzen Sie sich bei einem Ihnen nicht so vertrauten Menschen nicht auf das Bett, sondern auf einen Stuhl. Sie könnten sonst leicht die Intimsphäre verletzen. Im Krankenhaus ist es auch aus hygienischen Gründen verboten, sich auf das Bett der Patienten zu setzen.*
- *Entscheiden Sie in allen anderen Fällen selbst, wie viel Nähe und Körperkontakt Sie geben können und wollen. Kinder, Menschen mit Behinderungen und alte Menschen sind dafür meistens sehr empfänglich.*
- *Speisen Sie den Kranken nicht mit Floskeln wie »Das wird schon wieder« ab.*
- *Verlassen Sie nicht schweigend das Zimmer, geben Sie stets an, wohin Sie gehen und wie lange es etwa dauert, bis Sie zurückkommen.*

AUFGABEN

1. *Sammeln Sie in einer Mappe Beschäftigungsmöglichkeiten für kranke Kinder. Begründen Sie, warum diese geeignet sind.*
2. *Legen Sie sich zu Hause 20 Minuten in Ihr Bett und bewegen Sie sich nicht.*
   Welche Geräusche haben Sie gehört?
   Welchen Blickwinkel hatten Sie? Was hat Sie gestört / erfreut?
   Protokollieren Sie Ihre Empfindungen, Gedanken. Berichten Sie Ihre Ergebnisse der Klasse.
3. *Führen Sie in Rollenspielen Gespräche mit kranken Menschen durch. Achten Sie dabei auf die Einhaltung der nebenstehenden Ratschläge. Reflektieren Sie anschließend Ihr Rollenspiel und bewerten Sie es. Legen Sie vorher fest, nach welchen Kriterien Sie es bewerten wollen.*

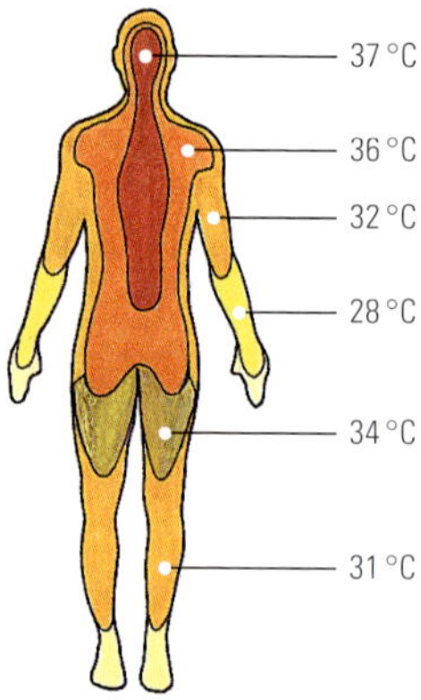

Temperaturverteilung im Körper

Untertemperatur: unter 36 °C
Normale Temperatur: 36 bis 37 °C
Erhöhte Temperatur: 37 bis 38 °C
Fieber: über 38 °C
Hohes Fieber: über 39 °C

Definition Stoffwechsel

Unter Stoffwechsel versteht man den Auf-, Um- und Abbau von Stoffen innerhalb des Organismus.

Das Fiebermessen mit dem Fieberthermometer kann an folgenden Stellen erfolgen:

- **unter der Achsel = axillar (lat. axilla = Achsel)**
- **unter der Zunge = sublingual (lat. sub = unter; lingua = die Zunge)**
- **im After = rektal (lat. rectum = Mastdarm)**
- **Infrarotmessungen im Ohr (angenehm, aber ungenauer)**

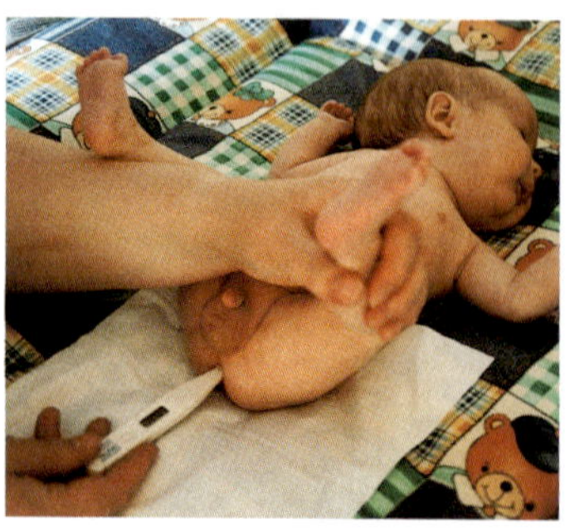
Rektale Fiebermessung

3.6.4 KRANKHEITSANZEICHEN BEOBACHTEN

Es lässt sich nicht immer gleich erkennen, ob jemand nur kurzfristig müde, lustlos, verstimmt oder appetitlos ist oder ob dies bereits erste Anzeichen einer beginnenden Krankheit sind.
Die Vermutung einer Krankheit bestätigt sich dann, wenn andere Symptome wie Fieber, Durchfall, Husten, Schmerzen oder Veränderungen der Haut wie Bläschen, Schwellungen oder Rötungen hinzukommen.

Fieber

Die normale Körpertemperatur beträgt 36 bis 37 °C. Kinder haben schneller eine erhöhte Körpertemperatur als Erwachsene, da die körpereigenen Funktionen zur Regulierung der Körpertemperatur noch nicht voll entwickelt sind. Durst oder Aufregung kann z. B. bei Neugeborenen und Säuglingen schon Fieber auslösen. Auch Verletzungen oder Schädigungen der inneren Organe führen zu Fieber.
Die häufigste Ursache für das Auftreten von Fieber sind Infektionen mit Bakterien oder Viren. Der Organismus reagiert darauf mit erhöhter Temperatur, dem Fieber. Für den menschlichen Körper ist die erhöhte Temperatur zunächst nützlich und sollte nicht sofort unterdrückt werden, weil sie darauf hinweist, dass vom Körper selbst Abwehrstoffe gegen die eingedrungenen Erreger gebildet werden. Fieber ist also keine Krankheit, sondern ein Symptom einer Krankheit.

Ein fiebernder Mensch hat zugleich auch einen beschleunigten Herzschlag und in dessen Folge auch einen schnelleren Puls. Der gesamte Stoffwechsel beschleunigt sich, d. h., es wird viel Flüssigkeit verbraucht. Häufig tritt als Folge des Fiebers Durchfall auf, der dem Körper ebenfalls Flüssigkeit entzieht.
Die **axillare Messung** erfolgt für 8 bis 10 Minuten unter der geschlossenen, trockenen Achselhöhle.
Die **sublinguale Messung** darf bei Säuglingen und kleinen Kindern sowie bei Menschen mit Behinderungen oder verwirrten Menschen nur mit einem Digitalthermometer, nicht aber mit den alten Glasthermometern durchgeführt werden.
Am genauesten ist die **rektale Messung**. Dazu wird das Thermometer entweder mit einer Schutzhülle überzogen oder aber hinterher desinfiziert. Um das Thermometer leichter einführen zu können, wird es bzw. die Schutzhülle mit Vaseline oder einer anderen nicht wirkstoffhaltigen Creme eingefettet. Zum Einführen legt sich der Kranke auf die Seite. Babys können auf dem Rücken liegen.
Die Ergebnisse der sublingualen und rektalen Messung stehen nach drei Minuten fest.

Maßnahmen bei Fieber

- häufig nach dem Kranken sehen
- Ruhe, Geborgen- und Sicherheit vermitteln
- Zimmer: Auf angemessene Raumtemperatur achten, Raum evtl. etwas abdunkeln
- regelmäßige Temperatur- und Kreislaufkontrollen durchführen
- Flüssigkeitverluste durch häufiges Anbieten von Getränken ersetzen
- Ganzkörperwaschung (vermehrte Schweißsekretion)
- feuchte Kleidung und Bettwäsche wechseln (wenn es der Zustand des Erkrankten erlaubt)
- bei länger andauerndem Fieber und Verschlechterung des Allgemeinzustandes den Arzt infomieren!

Maßnahmen zur Fiebersenkung

Ein sehr wirksames und bewährtes Hausmittel zur Fiebersenkung sind abkühlende, nasskalte Wadenwickel. Diese dürfen allerdings nie bei kalten Waden Anwendung finden.

Vorgehensweise:
Das Laken muss durch eine wasserdichte Unterlage geschützt werden. Zwei in kaltes Wasser getauchtes Handtücher werden faltenfrei und nicht zu locker, zirkulär um die Wade zwischen Knie und Knöchel angelegt. Dabei ist darauf zu achten, dass beim Wickeln keine Hohlräume entstehen, die zu Kältekammern werden und die Wärmeabgabe verhindern. Wadenwickel 3- bis 4-mal hintereinander für ca. 10 Minuten anwenden.

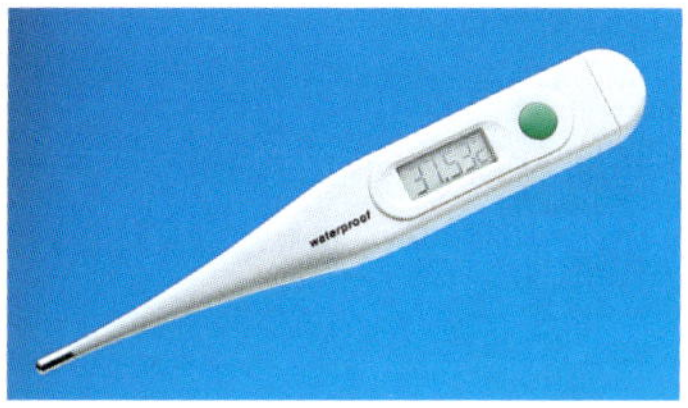

Digitalthermometer

Das Oberbett sollte ebenfalls nur aus einem Laken bestehen. Zum Schutz vor Feuchtigkeit und zur besseren Verdunstung sollte das hintere Drittel über die Bettkante gezogen werden. Zugluft sollte auf jeden Fall vermieden werden.
Sofern medikamentöse Unterstützung nötig ist, empfiehlt sich ein Medikament mit dem Wirkstoff Paracetamol. Dieses Medikament aber nur nach Anweisung und nach der vorgegebenen Dosierung verabreichen.

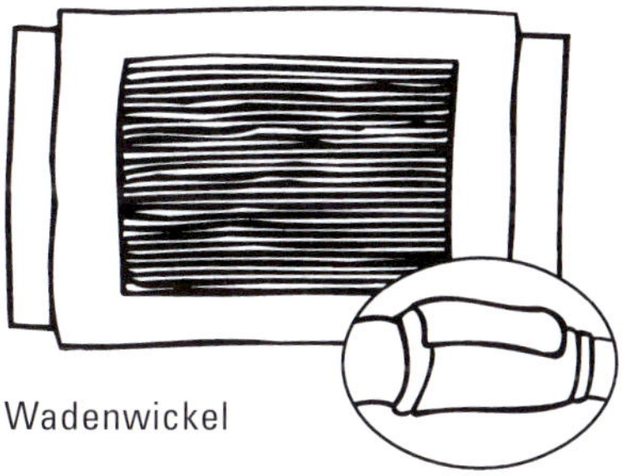

Wadenwickel

Maßnahmen bei Schüttelfrost

Schüttelfrost darf nicht mit einem leichten Kältezittern bei Fieber verwechselt werden. Beim Schüttelfrost kommt es zu einem äußerst starken Kältegefühl, zu grobschlägigem Zittern des ganzen Körpers und zum Zähneklappern. Schüttelfrost wird meist dadurch ausgelöst, dass in kurzer Zeit sehr viele Krankheitserreger in die Blutbahn gelangen. Das Temperaturregulationszentrum reagiert darauf, indem es die Solltemperatur stark heraufsetzt.
Die Isttemperatur (eigentliche Körpertemperatur), die noch relativ niedrig ist, soll jetzt in kürzester Zeit an die Solltemperatur angeglichen werden. Der Körper reagiert darauf mit Herabsetzen der Hautdurchblutung (Engstellung der Blutgefäße) und einer stark gesteigerten Muskelaktivität, um die Isttemperatur an die Solltemperatur anzupassen.

In der Phase des Fieberanstiegs
- Wärmezufuhr durch zusätzliche Decken, warme Bekleidung
- Patienten vor Verletzungen schützen
- Temperatur und Kreislaufkontrollen (Puls/Blutdruck) unterlassen, solange der Patient stark zittert
- Arzt informieren
- Anwesenheit der Betreuungsperson
- Ruhe und Sicherheit vermitteln

Nach dem Schüttelfrost:
- **Wäschewechsel vornehmen**
- **für Ruhe sorgen, damit Patient schlafen und sich erholen kann**

In der Phase des Fieberhöhe
- regelmäßige Temperatur-, Puls- und Blutdruckkontrollen
- Getränke anbieten um Flüssigkeitsverluste zu ersetzen
- entfernen der Wärmequellen
- kühle Abwaschung

In der Phase des Schweißausbruchs (Temperatur sinkt)
- sehr wichtig: die Überwachung des Kreislaufs (Kollapsgefahr, Erschöpfung)
- Zuwendung und Einfühlungsvermögen
- Anwesenheit der Betreuungsperson
- Schweiß abwischen

Ernährung bei Fieber

Der fiebernde Mensch ist meistens nicht sehr hungrig, dafür aber sehr durstig. Am besten eignen sich **ungesüßte Früchtetees** und mit **Mineralwasser** verdünnte Fruchtsäfte. Zuckerhaltige Getränke sind abzulehnen, da sie dem Körper noch mehr Flüssigkeit entziehen. Dies trifft zwar auch auf Salz zu, dennoch benötigt der Körper täglich eine salzhaltige Brühe, da durch das Schwitzen salzhaltige Flüssigkeit (**Elektrolyte**) ausgeschieden wird. Diese Elektrolyte müssen wieder ersetzt werden. Als Nahrung soll **leicht verdauliche, nicht blähende Kost** angeboten werden.

AUFGABEN

1. *Informieren Sie sich über verschiedene Thermometertypen und stellen Sie Vor- und Nachteile in einer Liste zusammen.*
2. *Berichten Sie, bei welchen Erkrankungen Sie selbst Fieber hatten.*
3. *Welche weiteren Nahrungsmittel würden Sie einem Fiebernden anbieten?*
4. *Üben Sie die verschiedenen fiebersenkenden Maßnahmen.*
5. *Informieren Sie sich über die Reinigung der verschiedenen Thermometer.*

Durchfall

Durchfall ist eine Schutzfunktion des Körpers.

Im medizinischen Sinne wird dann von Durchfall (Diarrhö) gesprochen, wenn mehr als dreimal am Tag dünne bis wässerige Stühle auftreten. Der akute Durchfall ist eine Schutzfunktion des Körpers. Eingedrungene Krankheitserreger oder Gifte werden so auf dem schnellsten Wege wieder aus dem Körper ausgeschieden. Die häufigste Ursache von akuten Durchfällen ist in der Regel eine Darminfektion als Folge einer Lebensmittelvergiftung durch unterschiedliche Erreger wie Viren, Salmonellen oder Parasiten. Aber auch Angst, Stress, Antibiotika und bestimmte andere Medikamente können Durchfall verursachen.

Akuter Durchfall wird häufig von Übelkeit, Fieber und Bauchkrämpfen begleitet.

Salmonellen finden sich häufig in Geflügel, Eiern und Softeis (vgl. Band 2 dieser Fachbuchreihe, HT 4202, S. 2, 7)

Maßnahmen bei Durchfall

Zur Behandlung der Symptome kann ein ein- bis zweitägiges Teefasten sinnvoll sein. Wie bei Fieber auch muss die verloren gegangene Flüssigkeit durch Mineralstoffe und Elektrolyte ersetzt werden.
Insbesondere kleine Kinder können sehr schnell austrocknen. Bei Verschlechterung des Allgemeinzustandes muss unbedingt ein Arzt hinzugezogen werden. Dieser entscheidet, ob eine Krankenhauseinweisung erforderlich ist.

Parasiten sind Lebewesen, die sich auf Kosten anderer ernähren. Die am häufigsten auftretenden Darmparasiten sind Würmer.

Vorbeugende Maßnahmen gegen Darminfektionen

- Nahrungsmittel gründlich mit kaltem Wasser abspülen.
- Eierspeisen möglichst sofort verzehren.
- Eier möglichst hart kochen.
- Geflügel fachgerecht zubereiten.
- Lebensmittel kühl lagern.

Erkältungskrankheiten: Schnupfen, Erkältung, »echte« Grippe

Die beste Vorbeugung gegen Erkältungskrankheiten ist eine gesunde, vollwertige und vitaminreiche Kost, ausreichend Bewegung und seelisches Wohlbefinden.
Erkältung droht immer dann, wenn man zu lange in der Kälte steht, friert und womöglich auch noch nass wird. Die eigentliche Ursache für eine Erkältung ist jedoch nicht die Kälte, sondern sind **Bakterien** und **Viren**. Diese können in einen unterkühlten Körper leichter eindringen, weil der äußere Schutz des Immunsystems durchlässiger wird und die Schleimhäute schlechter durchblutet sind.

Durch »Tröpfchen« werden diese Erreger beim Sprechen, Atmen und besonders beim Niesen übertragen.

Die ersten Erkältungsanzeichen sind Kopf- und Gliederschmerzen, erhöhte Temperatur, vermehrtes Niesen, Unwohlsein und Mattigkeit. Im weiteren Verlauf kommen Halsschmerzen, Schnupfen, Entzündungen der Atemwege mit trockenem Reizhusten oder aber verstärkter Sekretbildung hinzu. Ein Sekret (lat. *secretus* = abgesondert) ist ein Absonderungsprodukt.

Häufig sind Nasennebenhöhlenentzündungen oder Entzündungen des Mittelohres Folgen von zu starkem Schnäuzen. Dies geschieht dadurch, dass der abgesonderte Schleim mit zu hohem Druck in die Hohlräume des Kopfes befördert wird.

Die **Influenza** oder »echte Grippe« wird von Viren ausgelöst. Der Verlauf dieser Erkrankung ist ungleich schwerer als der grippale Infekt. Letzterer ist meist schon nach einigen Tagen Bettruhe auskuriert. Bei einer echten Grippe können bis zur Gesundung viele Wochen vergehen.

Teesorten für das Teefasten:

- **Kamillentee**
- **Pfefferminztee**
- **Früchtetee**
- **dünnen schwarzen Tee**

Vor allem bei Kindern, chronisch Kranken und älteren Menschen kann sich die Grippe zu einer gefährlichen Krankheit ausweiten.

Die häufigsten Symptome einer echten Grippe sind:

- *Schweißausbrüche und Schüttelfrost*
- *Fieber über 39 °C*
- *Kopf- und Gliederschmerzen*
- *Schwindelgefühl, Benommenheit, Kreislaufstörungen*
- *Schmerzen unter dem Brustbein*
- *Brennen im Rachen*
- *trockener Reizhusten*
- *verstärkte Sekretbildung*

Maßnahmen bei Erkältungskrankheiten

Auf Nasensprays sollte vorerst verzichtet werden, da sie eine »süchtig« machende Wirkung haben. Die Nasenschleimhäute kommen bald ohne Nasenspray nicht mehr aus und sind ständig geschwollen.
Eine bessere und preiswertere Alternative sind Nasenspülungen mit Kochsalzlösung oder Dampfbäder mit Kamille.

Vorbeugende Maßnahmen

- Angemessen warme Kleidung und Schuhe tragen. Frieren vermeiden.
- Durchnässte Kleidung möglichst sofort wechseln.

AUFGABEN

1. *Erstellen Sie eine Liste über die mögliche Ernährung und die pflegerischen Maßnahmen bei*
   a) Durchfall, b) bei Erkältungen und c) bei Grippe.
   (Beziehen Sie Ihre eigenen Erfahrungen mit ein.)
2. *Welche Argumente sprechen für und welche gegen eine Grippeimpfung? (Informieren Sie sich durch Broschüren der Krankenkassen, beim Hausarzt, im Internet etc.)*
3. *Nennen Sie Möglichkeiten, um sich vor Erkältungen zu schützen.*
4. *Informieren Sie sich in entsprechender Fachliteratur, warum Antibiotika zur Bekämpfung von Virusinfektionen nicht geeignet sind.*

Durch den Blutauswurf des Herzens in die Arterien entstehen Druckwellen, die sich an bestimmten Stellen des Körpers messen lassen. Dieser Stoß wird Puls (lat. pulsus = Stoß) genannt.

Pulsmessung

Zur Krankenbeobachtung gehört auch die Kontrolle des Pulses. Die Pulsfrequenz wird in der Regel an der Speichenschlagader des Handgelenks gemessen.
Sie gibt Auskunft über die Herztätigkeit. Die Pulsfrequenz erhöht sich bei Fieber und bei Belastung des Kreislaufes, z. B. beim Sport. Das Alter eines Menschen hat ebenfalls Einfluss auf die Herzfrequenz.

Mittelwerte für normale Pulszahlen in Ruhe

Neugeborene	120 bis 140 Schläge / Min.
Kinder	90 bis 120 Schläge / Min.
Erwachsene	60 bis 80 Schläge / Min.

Puls fühlen

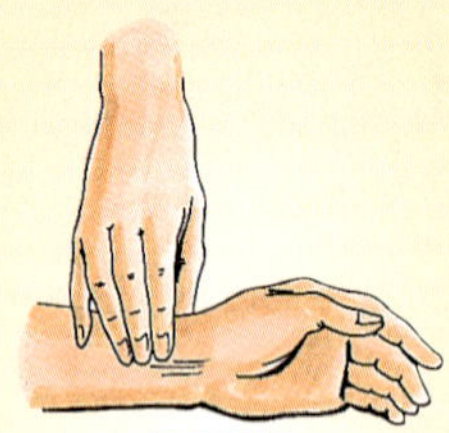

Geeignete Stellen zum Pulsmessen

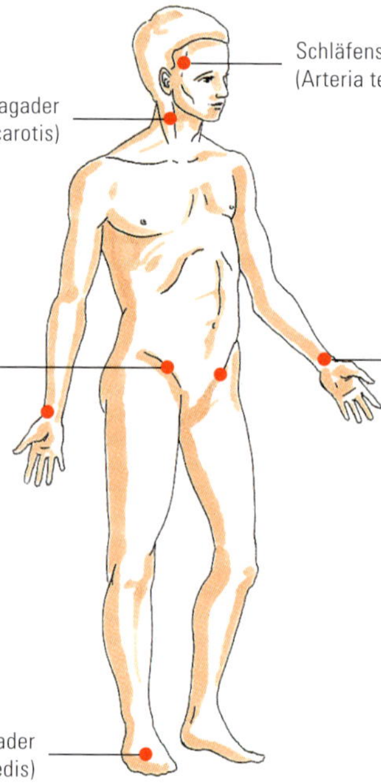

Zur Pulsmessung wird der Unterarm entspannt gelagert. Dann werden Ring- und Mittelfinger – nicht der Daumen – mit leichtem Druck an die Speichenschlagader gelegt und der Puls wird ertastet. Fachkräfte zählen 15 Sekunden und nehmen den ermittelten Wert mal vier.
Für ungeübte Personen ist es besser, eine Minute auszuzählen. Auch Fachkräfte zählen eine Minute, wenn der Puls sehr schnell, sehr langsam oder aber unregelmäßig ist.

AUFGABE

Ertasten Sie zunächst bei sich und danach bei einer anderen Person den Puls. Notieren Sie die gemessenen Werte und vergleichen Sie diese.

3.7 HILFEMASSNAHMEN IM HÄUSLICHEN BEREICH

Hauswirtschafterinnen haben – wie viele andere Berufsgruppen auch – täglich Umgang mit anderen Menschen. Sofern sie für die Betreuung zuständig sind, haben sie auch die direkte Verantwortung für diese Menschen und sind verpflichtet, ihnen in Notsituationen zu helfen.

Kinder, Menschen mit Behinderungen und alte Menschen können Verletzungsgefahren oft schlechter einschätzen als gesunde Erwachsene. Kinder toben viel herum, andere Menschen können aufgrund ihrer Behinderungen Gefahren falsch einschätzen und Verwirrte haben das Gefühl für mögliche Gefahren verloren. Dies betrifft nicht nur große Gefahren wie sorgloser Umgang im Straßenverkehr, sondern insbesondere die vielen Verletzungen durch Stürze und die kleineren möglichen Verletzungen durch scharfe und spitze Haushaltsgegenstände.

Nachfolgend erläuterte Hilfemaßnahmen ermöglichen die Heilung oder dienen zur Überbrückung, bis ein Arzt erreicht ist.

Anlässe für einfache Hilfsmaßnahmen sind:

- **Schnittwunden**
- **Nasenbluten**
- **Insektenstiche, Prellungen, Zerrungen, Quetschungen**

Wichtig ist, Ruhe zu bewahren und schnell und folgerichtig zu reagieren.

3.7.1 VERLETZUNGEN UND IHRE BEHANDLUNG

Schnittwunden

Schnittverletzungen treten insbesondere bei den Personen häufig auf, die beruflich viel mit Schneidwerkzeugen arbeiten, wie z. B. bei der Zubereitung und Verarbeitung von Lebensmitteln.

Jede offene Wunde muss desinfiziert werden!

Wundschnellverband (Heftpflaster)

- Die Wunde und die umgebende Haut mit kaltem Wasser reinigen und eventuell desinfizieren.
- Die umgebende Haut trocknen und mit einem Heftpflaster versehen.
- Die Unterseite des Heftpflasters darf nicht mit den Händen berührt werden.

Beispiele für geeignete Wundschnellverbände

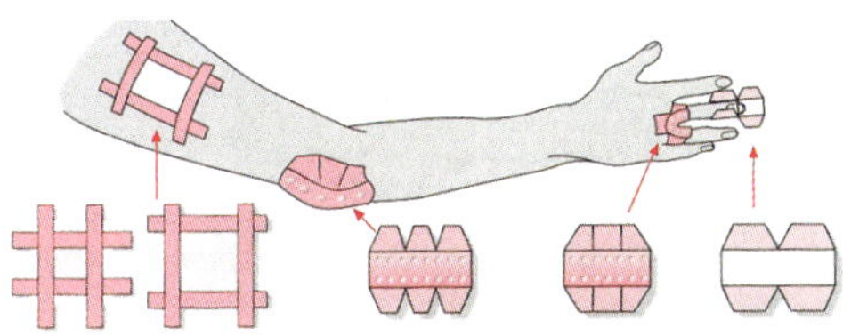

Fingerkuppenverband

Für die oft unangenehmen und recht häufigen Verletzungen der Fingerkuppen oder des Nagelbetts ist ein normales Pflaster weniger geeignet, da es zu leicht abrutscht. In diesem Fall legt man einen Fingerkuppenverband an. Dazu wird ein ca. 8 bis 10 cm langer Pflasterstreifen benötigt, der etwa in der Mitte auf beiden Seiten keilförmig eingeschnitten wird. Anschließend wird der obere Teil über die Fingerkuppe gelegt und das Pflaster befestigt (s. Abb). Personen, die mit Lebensmitteln arbeiten, müssen unbedingt einen Fingerschutz tragen.

Fingerkuppenverband

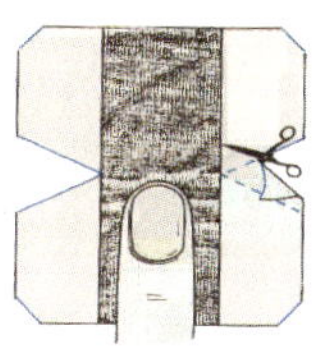

Richtiges Verhalten bei Nasenbluten

Nasenbluten

Ursachen für Nasenbluten können Stürze, Stress oder Entzündungen der Nasenschleimhaut durch Grippe oder Schnupfen sein. Aber auch das Bohren in der Nase kann zu Blutungen führen.

Maßnahmen gegen Nasenbluten

Richtiges Verhalten bei Nasenbluten

Mit nach vorne gebeugtem Oberkörper auf einen Stuhl setzen und beide Nasenflügel mit Daumen und Zeigefinger 10 bis 15 Minuten fest zusammendrücken. Die Atmung erfolgt durch den geöffneten Mund.
Eisbeutel oder kalte feuchte Lappen werden in den Nacken gelegt. Durch den Kältereiz ziehen sich die Blutgefäße in der Nasenschleimhaut zusammen.
In hartnäckigen Fällen können beide Nasenlöcher mit Watte (kein Papier und keine Haushaltstücher!) austamponiert werden.
Wenn die Blutung aufgehört hat, nicht gleich die Nase putzen oder versuchen, die Blutkrusten aus der Nase zu entfernen. Die Blutung könnte erneut beginnen.

Hält die Blutung trotz aller Maßnahmen länger als eine Viertelstunde an oder tritt sie sehr häufig auf, sollte unbedingt ein Arzt die genaue Ursache abklären.

Falsche Verhaltensweisen bei Nasenbluten

Nicht den Kopf in den Nacken und sich auch nicht flach auf den Rücken legen. Das Blut läuft dann in den Rachen und wird verschluckt, was Übelkeit und Erbrechen auslösen kann.

Hummel

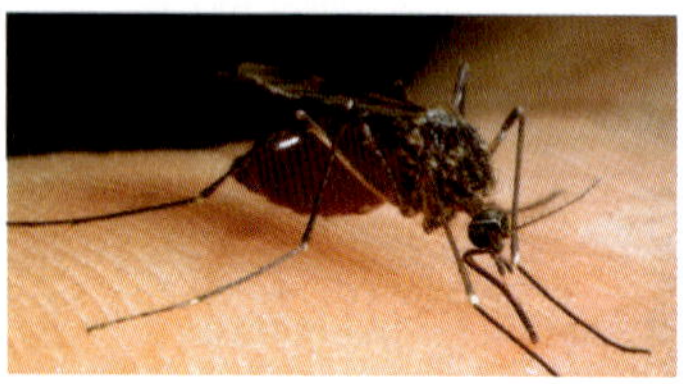

Stechmücke

Insektenstiche

Normalerweise sind Insektenstiche harmlos. Sie können jedoch schmerzhaft sein und Juckreiz verursachen. Bienen- und Wespenstiche sind besonders schmerzhaft und können allergische Reaktionen auslösen. Diese zeigen sich durch rasch zunehmende Rötung und Schwellung, Quaddelbildung und Juckreiz am ganzen Körper. In diesem Fall ist sofort der Notarzt zu verständigen. Bei Insektenstichen im Mundraum sofort Eis lutschen lassen und einen Notarzt aufsuchen (lebensgefährlich)!

Honigbiene

Erste-Hilfe-Maßnahmen bei Insektenstichen

- Beruhigend auf den Betroffenen einwirken.
- Bei einem Bienenstich bleibt der Stachel in der Haut. Dieser sollte vorsichtig mit einer Pinzette entfernt werden.
- Kühlen mit kalten Umschlägen oder Eis.
- Bewährte Hausmittel sind Zwiebeln, Zitronen- oder Gurkenscheiben, die direkt auf den Stich aufgelegt werden.

Wespe

Vorbeugende Maßnahmen

- Glas oder Getränk vor dem Trinken auf Insekten überprüfen.
- Flaschen, Dosen und Gläser, die im Freien stehen, verschließen.
- Geschlossene Schuhe und Socken tragen.
- Kleidung mit langen Ärmeln und langen Hosen tragen.
- Insekten abwehrende Lotionen (z. B. Nelkenöl) auftragen, ohne Flecken auf der Kleidung zu hinterlassen.
- Vor dem Öffnen der Fenster die Lichtquellen löschen.

In Tagungshäusern, Freizeitheimen etc. ist es sinnvoll, verschiedene Mittel zur Vorbeugung und Behandlung von Insektenstichen bereitzuhalten, z. B.:

- Insekten abweisende Duftkerzen
- Moskitospiralen zum Abbrennen
- Insektenschutzcreme
- Creme oder Gel zur Behandlung von Mückenstichen

Schutz vor Insektenstichen bieten:

- Fliegengitter
- Moskitonetze
- Orte meiden, an denen sich viele Wespen sammeln (Abfallcontainer)

Prellungen, Zerrungen und Quetschungen

Prellungen, Zerrungen und Quetschungen entstehen durch Einwirkung stumpfer Gewalt wie Gegenstände, die z. B. auf die Füße fallen, durch Stolpern oder Einklemmen.

Diese Art der Verletzungen erkennt man an

- Schmerzen und damit verbundener Schonhaltung
- langsam zunehmender Schwellung, die sich durch Blutergüsse oft bläulich verfärbt

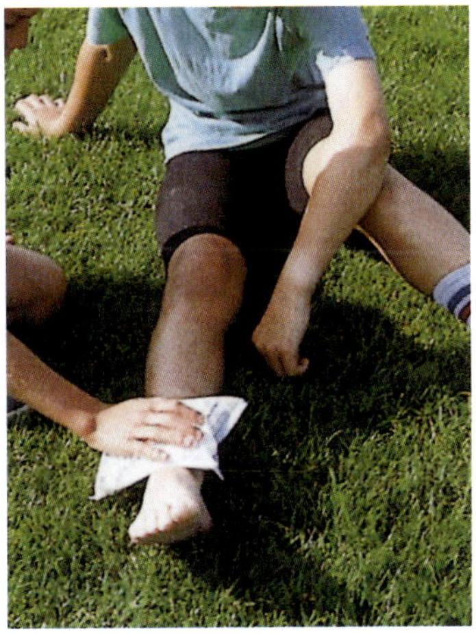

Einsatz von Gelpackung

Erste-Hilfe-Maßnahmen

Die betroffene Stelle kühlen. Dazu eignen sich Gelpackungen, Kühlelemente (in Tuch eingewickelt), kalte Umschläge oder Eiswürfel in einem verschlossenen Plastikbeutel.
Gegebenenfalls wird die verletzte Stelle mit einer elastischen Binde umwickelt und ruhig gestellt. Elastische Binden werden immer zum Herzen hin angelegt, da sie sonst einen Blutrückstau hervorrufen und zusätzlich unnötige Schwellungen verursachen.
Elastische Binden gibt es in verschiedenen Breiten und Längen.
Sehr gut geeignet sind 6 oder 8 cm breite und 4 m lange elastische Binden. Elastische Binden sind reißfest und können wieder verwendet werden.

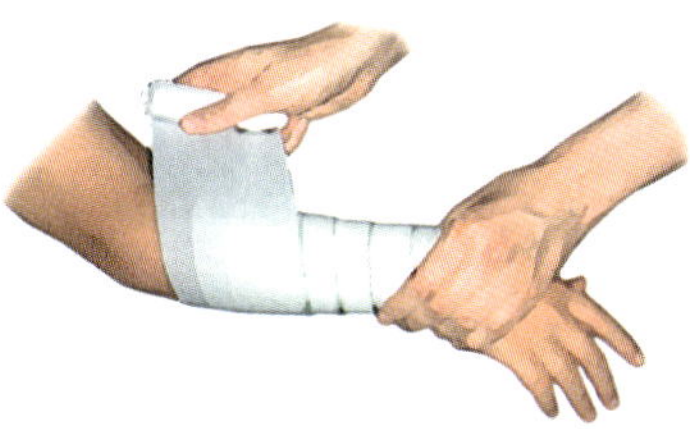

Wickeltechnik:
Immer zum Herzen hin wickeln.

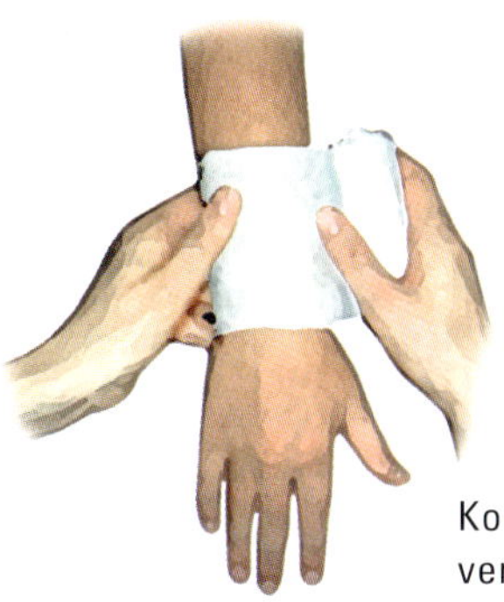

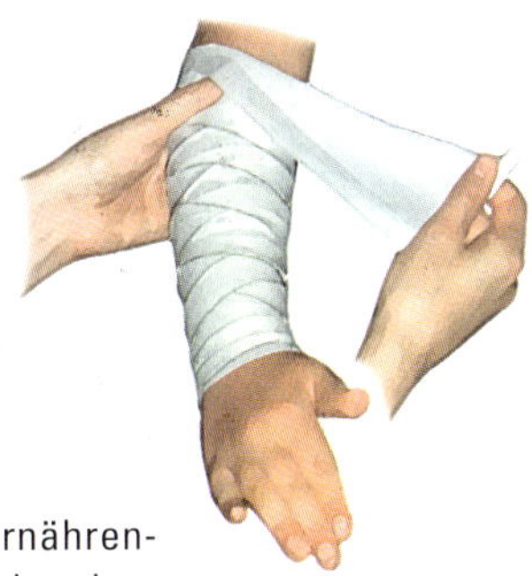

Kornährenverband

Verschluckbare Kleinteile

Vorbeugende Maßnahmen

Die häufigsten Verletzungen entstehen durch das plötzliche Zuschlagen von Türen – auch Autotüren – oder durch andere Gegenstände, bei denen die Finger eingeklemmt werden können. Normale Türen sollten deshalb eine Vorrichtung haben, die verhindert, dass sie unbeabsichtigt zuschlagen. Autotüren sollten eine Kindersicherung haben, sodass sie nur von außen und unter Aufsicht zu öffnen sind. Beim Spielen draußen sollten Kinder festes Schuhwerk tragen. Geeignete Kühlelemente sind immer im Kühlschrank bereitzuhalten.

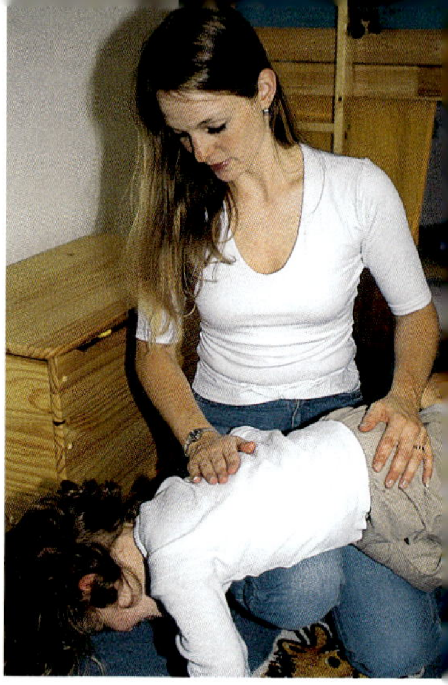

Herausklopfen von Fremdkörpern

Häufig kommt es zu **verschluckten Fremdkörpern**. Insbesondere kleine Kinder stecken gerne alles in den Mund. Äußerst gefährlich sind kleine Gegenstände wie Murmeln, Geldstücke, Erdnüsse etc. Diese können leicht in die Atemwege gelangen und dadurch Würgen und Atemnot auslösen.

Erste-Hilfe-Maßnahmen

Einen nicht sichtbaren Fremdkörper nicht blind mit den Fingern aus dem Mund entfernen. Auf diese Weise wird er möglicherweise noch tiefer hineingeschoben.
Das Kind zum kräftigen Husten auffordern. Der Husten entfernt den Fremdkörper am effektivsten. Gelingt dies nicht, wird das Kind über die Knie gelegt. Der Oberkörper muss herabhängen. Schlagen Sie mit der flachen Hand bis zu fünf Mal maßvoll zwischen die Schulterblätter, um den Hustenreflex auszulösen. Falls die Bemühungen erfolglos waren, muss sofort ein Notarzt verständigt werden. Sollte die Atmung aussetzen, muss eine Atemspende erfolgen.

Verschluss des Mundes durch Druck des Daumens auf die Unterlippe in Richtung Oberlippe

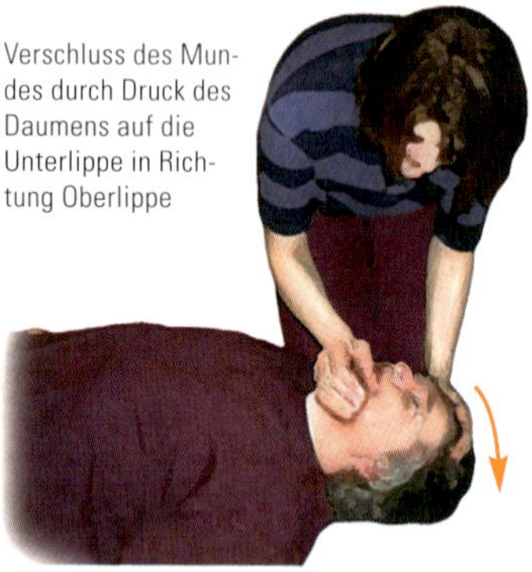

Überstreckung des Kopfes nackenwärts

Vorbeugende Maßnahmen

Kleine Gegenstände aus der Nähe des Kindes entfernen. Auch das Spielzeug ist daraufhin zu untersuchen, ob sich eventuell kleine Gegenstände abdrehen oder abschrauben lassen. Dieses Spielzeug gehört nicht in Kinderhände.

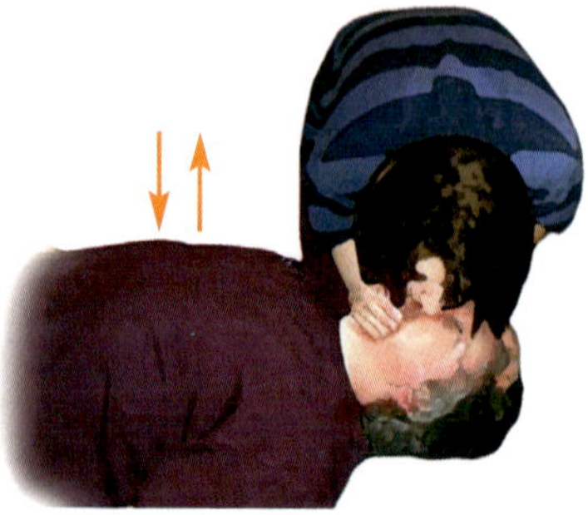

Einblasen der Ausatemluft in die Nase des Patienten

AUFGABEN

1. *Üben Sie das Anlegen einer elastischen Binde am Fuß und am Arm. (Gehen Sie dabei von einem verstauchten Knöchel bzw. einem geprellten Ellenbogen aus.)*
2. *Führen Sie an Modellen oder in Partnerarbeit die Technik des Herausklopfens von Fremdkörpern durch.*
3. *Wiederholen Sie Übungen zur Atemspende aus dem Erste-Hilfe-Kurs. Eventuell lässt sich auch ein Erste-Hilfe-Kurs in der Schule durchführen. Erkundigen Sie sich nach den Möglichkeiten.*

Verbrennungen, Verbrühungen

Verbrennungen und Verbrühungen – gerade in Küchen und Großküchen – sind relativ häufig. Unachtsamkeit, Ungeschicklichkeit oder auch Hektik im Berufsalltag führen zu Verbrühungen, z. B. durch Dampfschwaden, oder Verbrennungen durch Fettspritzer.

Anzeichen für Verbrennungen und Verbrühungen sind:
- Rötung der Haut
- Blasenbildung bei Verbrennungen zweiten Grades
- verkohlte Haut bei Verbrennungen dritten Grades
- sehr starke Schmerzen

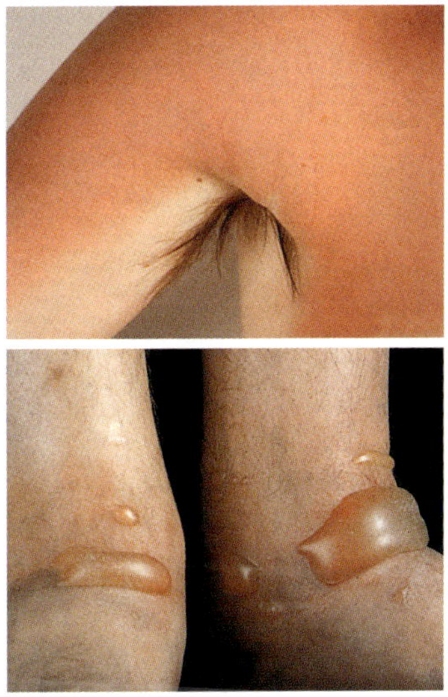

Verbrennungen 1. und 2. Grades

Erste-Hilfe-Maßnahmen

Bei Verbrühungen, z. B. durch heißes Wasser, die Kleidung sofort entfernen. Bei Verbrennungen darf die Kleidung nur dann entfernt werden, wenn sie nicht am Körper festgebrannt ist.
Die betroffenen Stellen unter fließendem kalten Wasser 15 bis 20 Minuten kühlen, bis der Schmerz nachlässt.
Leichtere Verbrennungen oder Verbrühungen, d. h. ohne Blasenbildung, an der Luft heilen lassen und nicht mit einem Pflaster oder Verband abdecken.
Großflächigere Verbrennungen mit einem sterilen Metalline-Brandtuch abdecken. Die mit Metalline beschichtete Seite auf die Haut auflegen und locker mit einer Mullbinde oder einem Dreieckstuch fixieren (s. Hausapotheke).
Bestehende Kleiderbrände mit Decken oder Tüchern ersticken (nicht schlagen), nasse Tücher auflegen und den Betroffenen eventuell auf dem Boden hin- und herwälzen.

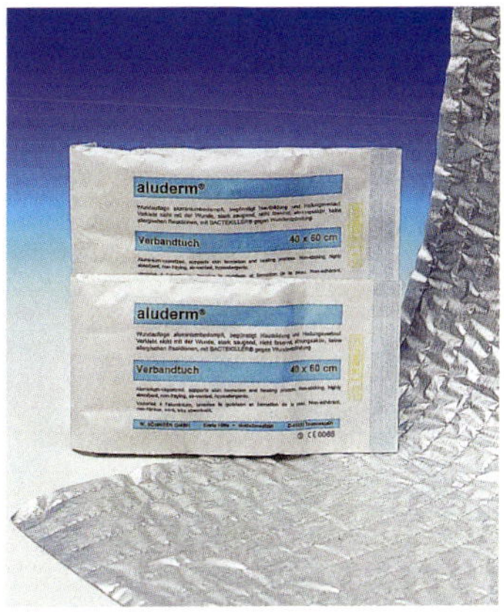

Mit Metalline beschichtetes Brandtuch

Vorbeugende Maßnahmen

Beim Hantieren mit heißen Blechen entsprechende Schutzhandschuhe tragen. Töpfe und Pfannen nicht unbeaufsichtigt lassen.

Kinder verbrühen sich häufig, weil sie Töpfe mit kochendem Inhalt vom Herd ziehen. Deshalb sollte am Herd ein Sicherheitsgitter angebracht sein. Die Stiele von Pfannen und Töpfen sollten immer nach hinten gedreht werden. Die Temperatur von Speisen und Milchflaschen für Säuglinge vor der Nahrungsanreichung selbst überprüfen. In der Mikrowelle erhitzte Getränke und Speisen erwärmen sich nicht gleichmäßig. Sie müssen deshalb zwischendurch umgerührt werden.

Die Warmwassertemperatur sollte am Boiler auf etwa 50 °C eingestellt werden. Das Badewasser vor dem Baden mit einem Thermometer überprüfen. Brennende Kerzen nicht unbeaufsichtigt lassen, Zündhölzer und Feuerzeuge immer kindersicher aufbewahren.

Betrieblicher Brandschutz

Abhängig von der Brandgefährdung und der Grundfläche der Arbeitsstätte ist die erforderliche Zahl **tragbarer Feuerlöscher** in einem Betrieb. Diese Feuerlöscher sind an gut sichtbaren und im Brandfall leicht zugänglichen Stellen anzubringen. Eine ausreichende Zahl von Betriebsangehörigen ist in der Handhabung der Feuerlöscher zu unterweisen. Der **Standort** des Feuerlöschers muss durch das **Brandschutzzeichen** »Feuerlöschgerät« gekennzeichnet sein.

Feuerlöscher

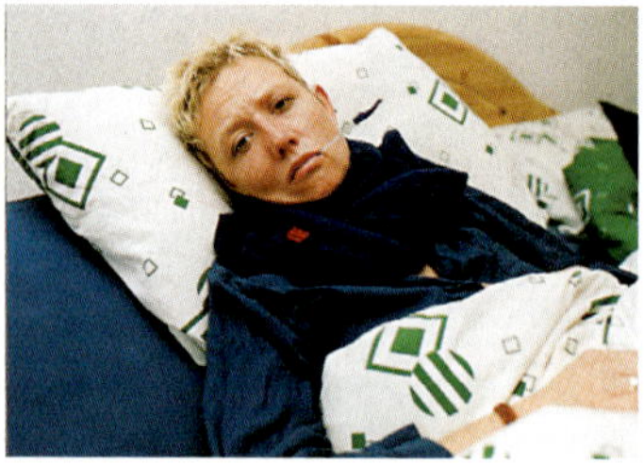

Das Verhalten der Menschen bei gesundheitlichen Störungen oder Erkrankungen ist sehr unterschiedlich. Einige werden ganz still, ziehen sich zurück. Andere machen durch Gestik und Mimik auf ihre Probleme aufmerksam. Andere wiederum schreien auf, jammern, klagen und weinen. Die Personen im Umfeld nehmen die Veränderungen wahr (so sollte es sein!) und müssen handeln.

Dieses Handeln läuft im Allgemeinen wie folgt ab:

1. Sich der verletzten bzw. erkrankten Person zuwenden.
2. Sich nach dem Problem oder den Beschwerden erkundigen.
3. Beruhigend auf die Person einreden und sie nicht alleine lassen.
4. Maßnahmen abwägen und einschätzen, welche erste Hilfe erforderlich ist,
   - die Person in Sicherheit bringen, z. B. hinlegen oder auf einen Stuhl setzen oder die Beine hochlegen und vor Kälte schützen
   - die Wunde verbinden oder mit Pflaster versehen
   - eine in erster Hilfe geschulte Kraft rufen
   - Rettungswagen, evtl. mit Notarzt anfordern

Beim Anfordern eines Rettungswagens sind folgende Angaben zu machen:
- **Unfallort**
- **Unfallhergang**
- **Anzahl der Verletzten**
- **Art der Verletzungen**
- **Name des Anrufers**

3.7.2 HAUSAPOTHEKE UND VERBANDSMATERIAL

Die Unterbringung und Lagerung von Verbandsmaterial in Haushalten sollte in dafür vorgesehenen Schränken erfolgen. Diese sind im Handel z. B. in Sanitätshäusern, Baumärkten etc. erhältlich. Sie sollten an einem kühlen und trockenen Ort aufgehängt werden und verschließbar sowie für Kinder nicht zugänglich sein.
Neben Verbandsmaterial, ähnlich den Angaben für Betriebe, sind in der Hausapotheke u. a. Krankenpflegemittel, Arzneimittel allgemeiner Art und die vom Arzt verordneten individuellen Medikamente untergebracht. Diese sind nicht von anderen Familienmitgliedern zu verwenden, ohne vorher Rücksprache mit dem Arzt gehalten zu haben.

Die verletzte Person und sich selbst durch das Anlegen von Einmalhandschuhen schützen!

In der Hausapotheke sollten enthalten sein:
Verbandsmaterial = Krankenpflegemittel
Tabletten, Salben, Säfte usw. = Arzneimittel

Merke:
Die Einnahme und Anwendung von Medikamenten erfolgt nach ärztlicher Verordnung. Außerdem sind die Vorgaben des Herstellers – siehe Beipackzettel – bzw. die Empfehlungen des Apothekers zu beachten!

Eine Liste mit den wichtigsten Notrufnummern findet in der Innentür der Hausapotheke einen guten Platz.

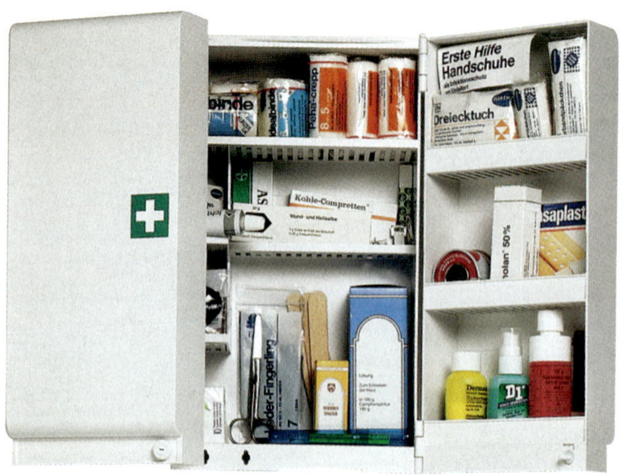

Nicht hinein gehören: Zäpfchen (können schmelzen) und alle eiweißhaltigen Medikamente wie Insulin, Augentropfen, Enzyme etc. Diese gehören in den Kühlschrank.

In der Tür des Hausapothekenschrankes bzw. im Deckel von Verbandskästen sollten die Rufnummern notiert sein von

- Polizei 110
- Feuerwehr und Rettungsleitstelle 112
- ärztlichen Notdiensten (örtliche Rufnummern)
- Apothekendienst
- Gift-Notrufzentrale (0 30) 1 92 40

Nach der Entnahme von Material oder Medikamenten Fehlendes wieder auffüllen und eine halbjährliche Überprüfung durchführen, d. h.:

- auf Vollständigkeit überprüfen
- Verfallsdaten kontrollieren
- Pflaster auf Klebeeigenschaften prüfen
- abgelaufene Medikamente in die Apotheke bringen oder in den Sondermüll geben

Verbandskasten

In Betrieben oder Betriebsräumen muss ein Verbandskasten vorhanden sein, der das erforderliche Verbandsmaterial enthält. Die Größe ist durch DIN-Normen festgelegt. Die benötigte Anzahl von Verbandskästen und deren Größe richten sich nach der Beschäftigtenanzahl im Betrieb, z.B. benötigt ein Betrieb mit bis zu 30 Mitarbeitern einen »kleinen Verbandskasten« nach DIN 13157.

Größere Betriebe müssen einen Krankenraum bzw. eine Liegemöglichkeit nachweisen können.

Die Einnahme von Antibiotika bei bakteriell verursachten Krankheiten sollte nur unter ärztlicher Aufsicht geschehen und nicht vorzeitig abgebrochen werden.

Allergische Reaktionen auf Antibiotika sind nicht selten und können lebensgefährlich sein. Eine erneute Verabreichung ist zu vermeiden!

Medikamente, die im Kühlschrank gelagert werden müssen:

- **Zäpfchen**
- **Augentropfen**
- **Insulin**

AUFGABEN

1. *Unfälle im häuslichen Umfeld:*
   a) Wodurch werden am häufigsten Unfälle ausgelöst?
   b) Wie können Unfälle vermieden werden?
2. *Welche Unfallverhütungsmaßnahmen müssen Sie z.B. bei Ihrer Tätigkeit in der Küche, bei der Hausreinigung beachten?*

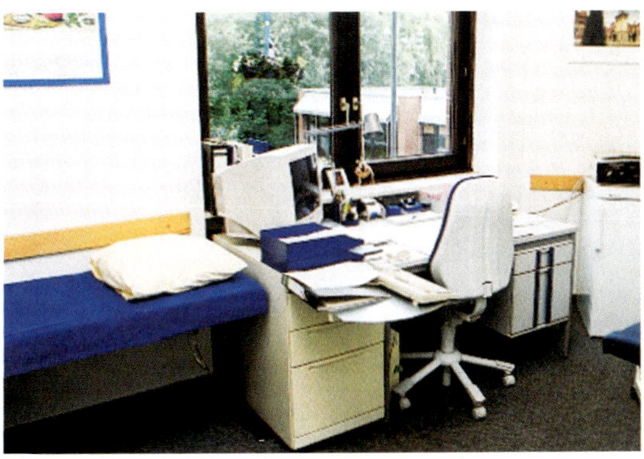

Möglichkeit zur Krankenlagerung in einem Betrieb

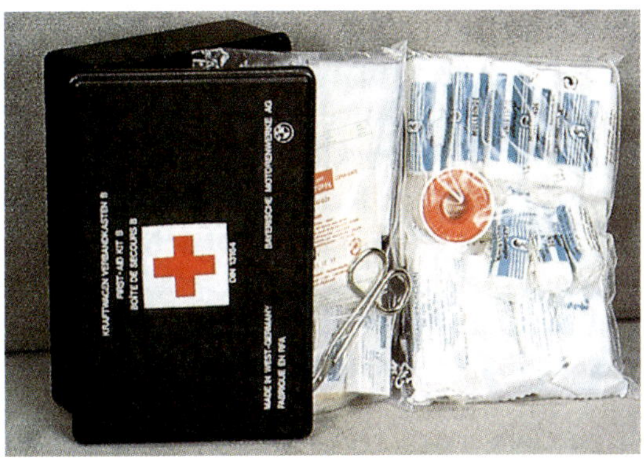

Verbandskasten nach DIN 13157

3.7.3 KRÄUTER ALS HEILMITTEL

Übersicht über einige Kräuter und deren Wirkung und Zubereitung

Alternativen zu den genannten Medikamenten bieten aus Kräutern hergestellte Hausmittel und Tees. Es ist sinnvoll, einen Vorrat an Tees zur Linderung und Heilung gesundheitlicher Störungen in gut verschlossenen Gläsern aufzubewahren.

Pflanzenteile / Kraut		Wirkung
	Fenchel Früchte Samen	■ schleim- und krampflösend ■ beruhigend ■ harntreibend
	Majoran Blätter	■ nervenberuhigend ■ schleimlösend ■ appetitanregend
	Salbei Blätter	■ appetitanregend ■ verdauungsfördernd ■ keimtötend ■ schmerzlindernd ■ beruhigend
	Lavendel Blüten	■ beruhigend ■ schlaffördernd ■ nervenstärkend ■ verdauungsfördernd
	Borretsch Blätter und Blüten	■ schweißtreibend ■ nervenberuhigend ■ stimmungsanregend ■ harntreibend ■ stoffwechselanregend ■ herzstärkend
	Basilikum Blätter	■ antiseptisch ■ appetitanregend ■ verdauungsfördernd
	Pfefferminze Blätter	■ belebend, anregend ■ schmerzlindernd ■ verdauungsfördernd ■ krampflösend
	Kamille Blüten	■ entzündungshemmend ■ krampflösend ■ schmerzstillend ■ beruhigend ■ verdauungsfördernd

Bei akuten Beschwerden können Heilkräuter den Arzt nicht ersetzen.
Sie helfen die kleinen und leichten Beschwerden des Alltags zu lindern.
Die Rücksprache mit dem Arzt ist bei längeren Beschwerden immer notwendig!

Zubereitung/Darreichungsform	Anwendung
Tee, 1–3 Tassen täglich: 1 TL zerstoßene getrocknete Früchte mit ¼ l Wasser aufbrühen, ca. 10 Minuten ziehen lassen	■ als Baby- und Kindertee ■ Blähungen, Koliken ■ gesüßt bei Husten, Bronchitis
Tee: schluckweise als Magentee ungesüßt, mit Honig als Hustentee, 1–2 TL mit ¼ l Wasser überbrühen, 5 Minuten ziehen lassen, abseihen	■ Asthma ■ Schnupfen ■ Magenkrämpfe ■ Geschwüre
Tee – z. B. alle 2 Stunden bei Halsschmerzen: 2 TL Salbeibätter mit ¼ l Wasser überbrühen, zugedeckt 10 Minuten ziehen lassen, abseihen	■ Erkrankungen der Atemwege ■ Mundentzündungen ■ Halsschmerzen ■ Nachtschweiß
2 Tassen Tee am Tag: 1 TL getrocknete Lavendelblüten mit ⅛ l kochendem Wasser übergießen, 5–7 Minuten ziehen lassen, abseihen	■ Kopfschmerzen ■ Nervosität ■ Schmerzen (als Massageöl) ■ Verdauungsstörungen
Sirup 2–3-mal täglich 1 TL: 200 g Blätter und Blüten pürieren, durch ein Sieb geben und ausdrücken, Flüssigkeitsmenge ausmessen und gleiche Menge Zucker und Saft einer Zitrone zugeben. Alles mit dem Schneebesen rühren und langsam einkochen lassen	■ Nierenleiden ■ Herzleiden ■ Rheuma
Tee, 2-mal täglich eine Tasse ungesüßt trinken, 1–2 TL getrocknetes Basilikumkraut mit ¼ l kochendem Wasser übergießen, ca. 10 Minuten ziehen lassen, abseihen	■ Störungen der Verdauungsorgane ■ Blähungen, Krämpfe
Tee schluckweise trinken: 1 EL Pfefferminzblätter mit ¼ l Wasser überbrühen, 10 Minuten ziehen lassen und abseihen	■ krampfartige Schmerzen ■ Blähungen ■ Menstruationsbeschwerden
Tee: 1 EL (3–6 g) mit 500 ml kochendem Wasser übergießen und 8 Minuten ziehen lassen, möglichst heiß trinken	■ Krämpfe ■ Unterleibsbeschwerden ■ Darmträgheit ■ Fieber ■ Schlaflosigkeit/Unruhe

Nur kleine Mengen Kräutertee (bis zu 100 g) lagern und das Verfallsdatum beachten.

Die Kräuter sollten frisch sein, um die volle Wirkung entfalten zu können.

Hauswirtschafterinnen können Hilfestellungen anbieten bei:
- **der Zubereitung von Nahrung**
- **der Tageskostplanung**
- **An- und Auskleiden**
- **Waschen, Duschen oder Baden**
- **der Einkaufsplanung**
- **der Wäschepflege und der Reinigung des Haushaltes**
- **der Vorbeugung von Unfällen**
- **der Erledigung von Verwaltungsaufgaben (Bank, Post)**
- **der Kontaktpflege (Angehörige, Nachbarn, Pflegepersonal, Ärzte)**
- **der Freizeitgestaltung**
- **der Strukturierung von Tagesabläufen**
- **der (unterstützenden) Planung und Durchführung von Festen und Veranstaltungen**

Entlastungsmöglichkeiten in der häuslichen Pflege bieten:
- *Erfahrungsaustausch in Selbsthilfegruppen*
- *Betreuung in Tagesstätten*
- *ambulante Pflegedienste*
- *Kurzzeitpflege in Heimen*

3.8 ALTE MENSCHEN INDIVIDUELL BETREUEN

Jeder Mensch hofft darauf, alt zu werden und möglichst gesund zu bleiben. Es ist jedoch nur wenigen Menschen vergönnt, den 100. Geburtstag bei vollkommener geistiger und körperlicher Gesundheit zu erleben. Mit zunehmendem Alter lässt die körperliche Beweglichkeit nach, das Hör- und Sehvermögen verschlechtern sich und viele alte Menschen leiden zusätzlich an Hirnleistungsstörungen (Demenz) unterschiedlicher Art.

Veränderungen der räumlichen Gegebenheiten, wie z. B. der Umzug in ein Seniorenheim, oder der Verlust von vertrauten Personen können diese Demenz noch erheblich verstärken.

Hinzu kommt, dass sich individuell entwickelte Eigenarten im Alter oft verstärken. War z. B. ein alter Mensch Zeit seines Lebens sehr sparsam, entwickelt sich später oft ein so genannter Verarmungswahn.

Bei jemandem, der nie besonders kontaktfreudig war, kann es passieren, dass er später sämtliche Kontakte oder sogar körperliche Berührungen vehement ablehnt.

Wenn der alte Mensch aufgrund seiner körperlichen oder geistigen Einschränkungen nicht mehr in der Lage ist, sich selbst zu versorgen, benötigt er Hilfestellungen bei den Alltagsverrichtungen. Diese Hilfestellungen können kurzfristig erforderlich sein, z. B. nach einem operativen Eingriff oder nach einem Unfall. Langfristige Betreuungsleistungen und Hilfestellungen sind dann notwendig, wenn gesundheitliche Einschränkungen, die seit der Geburt vorliegen, oder altersbedingte physische und psychische Veränderungen des Gesundheitszustands dies erforderlich machen.

Pflegende Angehörige, zu 95 % sind dies Frauen, benötigen für diese Aufgabe ein außerordentliches Maß an Belastungsfähigkeit, Toleranz, Geduld, Verantwortung und körperlicher Kraft. Meist sind sie dadurch ständig an das Haus gebunden. Alle Aktivitäten für das Familien- und Eheleben müssen sich an dieser Situation orientieren.

Die Betreuung und Pflege der alten Menschen erfolgt vorrangig im Privathaushalt, nur etwa 10 % dieses Personenkreises leben in Einrichtungen wie Altersheimen, betreutem Wohnen.

Brief an Unbekannte

Wittmund, 30.10.1962

Liebes unbekanntes Pflegeteam,
liebe Hauswirtschafterinnen, lieber Koch, liebe Servicekräfte!

Sie haben sich entschlossen, einen Beruf zu wählen, der mit Menschen zu tun hat. Dazu beglückwünsche ich Sie zunächst und wünsche Ihnen, daß dieser Beruf Ihnen das gibt, was Sie sich für sich selbst erhoffen.

Jetzt kümmern Sie sich um mich. Ich bin eine alte, verwirrte Frau. Ich kann mich nicht mehr so äußern, wie ich es gerne möchte. Vielleicht kann ich auch nicht richtig sprechen. Es ist auch damit zu rechnen, daß ich einnässe und einkote. Kurz: ich werde Ihnen Arbeit machen.
Jetzt meine Bitten an Sie:
Helfen Sie mir dabei, mich zurechtzufinden, wenn ich es nicht mehr kann. Zeigen Sie mir den Weg ins Bad, auch wenn Sie ihn mir schon 100-mal gezeigt haben. Ich kann mich offensichtlich nicht erinnern. Vielleicht können Sie mir auch andere Orientierungshilfen geben. Seien Sie ruhig und sprechen Sie geduldig mit mir. Wahrscheinlich haben Sie viel zu tun. Nehmen Sie sich trotzdem die Zeit für mich, die ich brauche.

Lassen Sie mich bitte nicht um alles bitten und betteln. Das demütigt und kränkt mich. Bieten Sie mir unaufgefordert eine Tasse Tee an, helfen Sie mir genauso unaufgefordert über den Flur. Schauen Sie doch einmal, ob meine Brille auch sauber ist. Wenn ich nicht richtig sehen kann, bin ich noch orientierungsloser.

Ich bin alt und krank, aber ich will wenigstens schick sein. Suchen Sie die besten Sachen für mich heraus, die Sie finden können. Fragen Sie mich bitte, ob ich das, was Sie mir empfehlen, auch anziehen möchte. Vielleicht dauert es etwas länger, bis ich antworte. Vielleicht antworte ich Ihnen auch gar nicht, weil ich es nicht mehr kann. Aber versuchen Sie es doch wenigstens.

Was immer Sie dann auch für mich aussuchen mögen - es soll bequem und der Jahreszeit angemessen sein. Ich friere sehr leicht. Ziehen Sie mich bitte immer warm an - wärmer als Sie denken. Geben Sie mir deshalb bitte um Gottes willen auch regelmäßig meine Wärmflasche. Vielleicht rufe ich manchmal nach Norbert. Er war mein Mann, nicht mein Sohn. Wir haben uns sehr geliebt.

Meine Lieblingsgerichte sind Weißkohleintopf - eigentlich alle Kohlarten - und Rouladen. Sehr gerne esse ich auch Spaghetti. Ich mag aber keine Suppen - auch keine Milchsuppen.

Wenn es geht, hätte ich in meinem Zimmer gerne mehrere kleine Lichtquellen, die Gemütlichkeit verbreiten. Auch mag ich gerne Blumen. Es müssen keine gekauften Sträuße sein, ein paar nett zusammengestellte Zweige aus der Natur genügen vollkommen. Könnten Sie wohl darauf achten, daß die Fenster immer sauber geputzt sind? Das war mir immer sehr wichtig.

Als ich noch berufstätig war - ich bin examinierte Krankenschwester - habe ich überwiegend im Nachtdienst gearbeitet. Deswegen bin ich nachts oft wach und schlafe morgens lange. Gestatten Sie mir das bitte auch in Ihrer Obhut.

Ich war immer ein lebenslustiger, optimistischer Mensch. Natürlich bin ich jetzt mißgestimmt. Wo kann ich denn noch am Leben teilhaben? Mein Mann ist wahrscheinlich gestorben, meine wenigen Freunde vermutlich auch. Jetzt bin ich ganz allein und froh, daß wenigstens Sie sich um mich kümmern. Lassen Sie sich von meiner Stimmung aber nicht beeindrucken. Sie ist nicht gegen Sie persönlich gerichtet. Erzählen Sie mir doch trotzdem, was draußen in der Welt vor sich geht. Vielleicht bekomme ich ja mehr davon mit, als Sie denken.

Ich habe schon in früheren Jahren eine Schatzkiste für die Menschen zusammengestellt, die mich einmal im Alter betreuen werden - also auch für Sie. In dieser Schatzkiste liegen Briefe, Bilder, Kassetten, Filme etc. Schauen Sie ruhig hinein. Sie werden vieles über mich erfahren, was Sie gar nicht für möglich gehalten haben. Gehen Sie bitte ganz sorgfältig damit um. Vielleicht lesen Sie einen dieser Briefe, bevor Sie mich jetzt von meinen Ausscheidungen befreien, in denen ich hoffentlich nicht zu lange habe liegen müssen.

Danke für Ihre Hilfe, Ihre Sorgfalt, Ihr Interesse und Ihre Pflege.

Danke für die Zeit, die Sie sich für mich nehmen.

AUFGABEN

1. *Was mag diese Frau dazu veranlasst haben, schon zu Zeiten, in denen sie offensichtlich noch voll im Leben stand, diesen Brief zu verfassen?*
2. *Erstellen Sie selbst einen Brief. Was wäre Ihnen persönlich wichtig? Worauf soll in der Betreuung bei Ihnen geachtet werden? Was mögen Sie nicht?*
3. *Angenommen, die Briefschreiberin wird in einem Seniorenheim aufgenommen. Was müsste die Heimleitung unternehmen, um ihren Wünschen gerecht zu werden?*
   (s. a. S. 83, Schnittstellenproblematik)

3.8.1 VERÄNDERUNGEN DES MENSCHLICHEN KÖRPERS IM ALTER

Bei jedem Lebewesen vollziehen sich natürliche Alterungsprozesse bis hin zum Tod. Dies gilt selbstverständlich auch für den Menschen. Bedingt durch die Informationen der Erbanlagen (Gene), durch Umwelteinflüsse und Ernährung geht der Alterungsprozess unterschiedlich schnell voran.

Viele dieser Veränderungen finden im Körperinneren statt und lassen sich so nicht erkennen. Die Organe arbeiten langsamer, die Gefäßwände der Arterien werden weniger elastisch und weisen Ablagerungen auf (Arteriosklerose). Aufgrund der verengten Gefäße steigt der Blutdruck, dieses wiederum ist ein Risikofaktor für einen Herzinfarkt und / oder einen Schlaganfall.

Rein äußerlich sichtbar ist, dass die Haut dünner wird. Sie ist deshalb weniger elastisch und dadurch faltiger. Die Haare werden grau, die Haltung gebückter und die Knochen brüchiger. Die Zähne sind biologisch für 40 Jahre angelegt, d. h., sie fallen in der Regel ab dem 50. Lebensjahr aus. Die Bewegungen werden langsamer und steifer. Die Muskelmasse verringert sich und wird durch Fettanteile ersetzt. Daraus ergibt sich, dass die körperliche Kraft nachlässt und sich die äußere Körperform verändert. Auch die Sinnesleistungen lassen häufig nach. Bereits ab 40 benötigen viele Menschen eine Lesebrille, weil die Adaptionsfähigkeit der Linse nachlässt. Das Hörvermögen verschlechtert sich und häufig kommt es im höheren Alter zu Gedächtnisstörungen bis hin zum Gedächtnisverlust.

Bei der Betreuung und Pflege von alten Menschen gilt es, mit den Beschwerden zu leben und sie zu akzeptieren, da sie nicht rückgängig gemacht werden können. Es muss nach Möglichkeiten gesucht werden, wie die Fähigkeiten, die noch da sind, gefördert und entwickelt werden können.

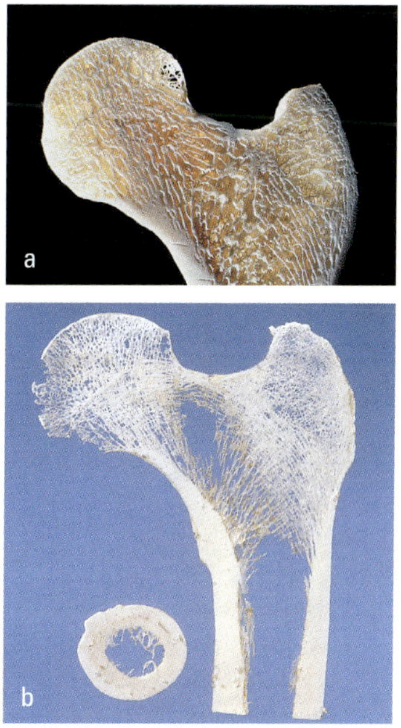

Osteoporose
a) *gesunder Knochen*
b) *Knochen mit einer Osteoporose*

AUFGABEN

1. *Um körperliche Veränderungen am eigenen Leibe nachzuvollziehen und dadurch besser verstehen zu können, sollten Sie folgende Übungen ausführen:*
   - *Gehen Sie mit Gewichten, die an Armen und Beinen befestigt werden, durch den Raum. Öffnen und schließen Sie eine Tür.*
   - *Verschmieren Sie eine Brille mit Seifenlauge und versuchen Sie zu lesen.*
   - *Schneiden Sie ein Graubrot in Scheiben. Benutzen Sie dafür nur eine Hand.*

   Weitere Übungen zur Sinnesleistung finden Sie auf S. 111.
2. *Durchsuchen Sie Zeitschriften oder das Internet (z. B. www.google.de, dann auf Bilder klicken und ein Suchwort, z. B. »alte Menschen« eingeben) nach Bildern von alten Menschen. Bringen Sie jeweils fünf Bilder mit in den Unterricht. Legen Sie alle Bilder in einen Kreis. Suchen Sie sich ein Bild heraus, beschreiben Sie es und begründen Sie, warum Sie sich dieses Bild herausgesucht haben.*
3. *Überlegen Sie, welche Vorteile das Altsein mit sich bringt. Schreiben Sie je ein Stichwort auf eine Karte und heften Sie diese an eine Pinnwand. Ordnen Sie anschließend die Karten und finden Sie übergeordnete Gesichtspunkte. Erstellen Sie eine Collage zum Thema: »Alt sein«.*

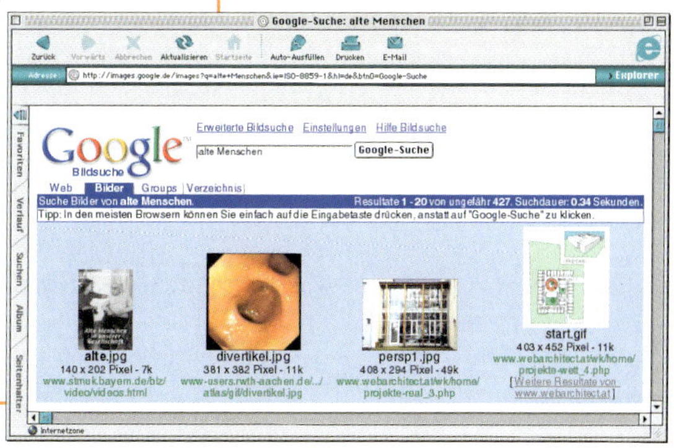

3.8.2 ALTERSBEDINGTE ERKRANKUNGEN

Erkrankungen, die zu erheblichen Bewegungseinschränkungen führen, können sein:

- Morbus Parkinson
- Multiple Sklerose
- Schlaganfall

Die »Zuckerkrankheit« = Altersdiabetes ist eine Erkrankung der Bauchspeicheldrüse und tritt erst nach dem 40. Lebensjahr auf. Neben einer ererbten Disposition für diese Erkrankung gibt es auch erworbene Faktoren, für die man selbst verantwortlich ist. Dazu gehören zu fettreiche und kohlenhydratreiche Ernährung und Bewegungsmangel.

Die Bauchspeicheldrüse produziert u. a. das lebenswichtige Hormon Insulin. Fehlt dieses Hormon oder wird es nur in unzureichender Menge gebildet, kommt es zu einer Erhöhung der Glukose im Blut, da Insulin, sofern es in ausreichender Menge vorhanden ist, Glukose in die Zellen einschleust.
Dadurch sinkt normalerweise der Blutzuckerspiegel.

Möglichkeiten zur personenorientierten Betreuung bei Diabetikern:

- auf Einhaltung der verordneten Diät achten
- Aufstellung eines Wochenplans
- zur Bewegung anregen
- Zeiten genau einhalten
- auf regelmäßige Medikamenteneinnahme achten
- reichlich Getränke anbieten

Die Ernährung führt gelegentlich oder auch dauerhaft zu erhöhten Blutzuckerwerten. (Überzuckerung = Hyperglykämie). Nach körperlicher Belastung oder auch wenn zu wenig Nahrung aufgenommen wurde, kann es zu einer Unterzuckerung (Hypoglykämie) kommen. Die Betroffenen werden unruhig, blass und fangen an zu zittern. In diesem Fall müssen schnell Kohlenhydrate zugeführt werden, um den Blutzucker wieder zu stabilisieren. Der normale Blutzuckerwert beträgt nüchtern 90 bis 120 mg/dl.

Die Folgen eines ständig zu hohen Blutzuckers sind:

- Herz
  Herzschmerzen, Herzinfarkt
- Gehirn
  Gedächtnisstörungen bis zum Schlaganfall
- Augen
  Schädigung des Sehnervs bis zur Erblindung
- Blutgefäßsystem
  offene Beine, Gangrän bis zur Amputation, Nierenschäden bis hin zum Nierenversagen
- Nervensystem
  Kribbeln, Taubheit bis zu Lähmungserscheinungen

Diabetes ist nicht schmerzhaft und wird oft lange Zeit nicht bemerkt. Häufiges Wasserlassen, Müdigkeit, Juckreiz oder Trockenheit der Mund- und Nasenschleimhäute können erste Anzeichen sein. Die Folgen eines langjährigen Diabetes sind jedoch verheerend. Aufgrund der hohen Zuckerkonzentration im Blut verändern sich die Gefäße. Die Durchblutung ist gestört. Ausfallerscheinungen treten an den kleinsten Gefäßen (Kapillaren) auf, die sich z. B. im Auge und an den Füßen befinden. Verletzungen an den Füßen heilen schlecht, oft kommt es zum diabetischen Fuß (Gangrän), d. h., der Fuß wird schwarz und stirbt ab. Blindheit ist ebenfalls eine Folge von Diabetes. Die häufigste Folge von Diabetes ist jedoch ein Herzinfarkt oder Schlaganfall.

Diese Folgeerscheinungen des Diabetes können zum einen durch Gewichtsreduzierung und sportliche Aktivitäten vermieden werden. Zum anderen ist es wichtig, die Diät genau einzuhalten und die verordneten Medikamente einzunehmen bzw. zu injizieren (Insulin).

Demenz

Unter dem Begriff Demenz werden sämtliche Hirnleistungsstörungen zusammengefasst. Darunter fallen leichte Ausfallerscheinungen des Gehirns wie Vergesslichkeit, Konzentrationsstörungen, aber auch schwerwiegende Erkrankungen wie Morbus Alzheimer. Die Ursachen sind vielfältig – häufig handelt es sich um Durchblutungsstörungen des Gehirns. Die Ausfallerscheinungen betreffen zunächst nur das Kurzzeitgedächtnis, das Langzeitgedächtnis bleibt relativ lange erhalten. Diese Menschen können sich oft sehr detailliert an Erlebnisse aus der Jugendzeit erinnern, wissen aber nicht mehr, dass sie gestern Besuch hatten. Es kann vorkommen, dass Demente, die früher eine große Familie hatten, plötzlich einen Tisch für acht Personen decken, obwohl sie schon mehrere Jahre alleine leben.

Betreuung von Demenzpatienten erfordert Geduld und Toleranz

Bei der fortgeschrittenen Demenz kommt es häufig zu Wahnvorstellungen. Plötzlich werden die Erkrankten unruhig, weil sie Angst haben, nicht rechtzeitig zur Schule zu kommen, oder sie erwarten den Besuch der Eltern, die schon lange verstorben sind. Äußerungen wie: »Was willst du denn mit 80 noch in der Schule?« oder »Ihre Eltern sind doch längst tot!« irritieren die Verwirrten nur noch mehr und rufen eventuell auch Aggressionen hervor, weil sie wahrnehmen, dass irgendetwas nicht stimmt.
Besser wäre es, auf das jeweilige Thema einzugehen. Beim Thema Schule könnte man nachfragen, ob der Erkrankte gerne zur Schule gegangen ist, einen strengen Lehrer hatte o. Ä. Bei dem erwarteten Besuch der Eltern böte es sich an, nach der Beziehung zu den Eltern zu fragen.

Orientierungshilfen für Demente:

- **regelmäßiger Tagesablauf**
- **gleich bleibende Ordnung in den persönlichen Dingen**
- **jegliche Art von Veränderungen vermeiden**
- **bebilderte Türschilder**

Im fortgeschrittenen Stadium sind die alten Menschen der realen Welt entrückt, häufig erkennen sie ihre eigenen Angehörigen nicht mehr, wissen nicht, wer sie selbst sind und können sich in ihrer Umgebung nicht mehr zurechtfinden. Sie sind der Vergangenheit enthoben und der Zukunft beraubt.
Aufgabe der Betreuenden ist es u. a., Hilfestellungen bei den Alltagsverrichtungen und räumliche und zeitliche Orientierungshilfen zu geben. Dazu können an den Wohnungstüren Schilder wie »Küche«, »Bad«, »Wohnzimmer« angebracht werden. Auch ist es sinnvoll, in jedem Raum eine große Uhr aufzuhängen. Der Tagesablauf sollte genau strukturiert und immer gleich sein. Jede unnötige Veränderung verwirrt noch mehr.

Die Gefühlswelt der Dementen muss erhalten und respektiert werden. Ein verständnisvoller und rücksichtsvoller Umgang versteht sich daher von selbst.

Bei der Betreuung gilt der Pflegegrundsatz, nach den verbliebenen Möglichkeiten und Fähigkeiten (Ressourcen) Ausschau zu halten und diese entsprechend zu fördern.
Die Überlegung sollte stets sein: Was kann der alte Mensch noch und nicht, was kann er nicht mehr, welche Defizite hat er?
Zu berücksichtigen ist ferner, dass die Gefühlswelt erhalten bleibt, auch wenn die Erkrankten nicht mehr in der Lage sind, ihre Gefühle zu artikulieren. Ein rücksichtsvoller und verständnisvoller Umgang versteht sich daher von selbst.

Merksatz

Bewege zuerst die Seele, dann bewegt sich auch der Körper. (Böhm)

AUFGABEN

1. *Welche personenbezogenen Betreuungsleistungen benötigen an Morbus Parkinson Erkrankte im täglichen Leben? Versuchen Sie, sich über die Symptome zu informieren.*
2. *Informieren Sie sich in der Literatur oder im Internet über Aufgaben und Funktionen des Nervensystems.*
3. *Führen Sie ein Interview mit einem an einer Alterskrankheit erkrankten Menschen durch – evtl. auch mit Angehörigen. Überlegen Sie vorher, was Sie fragen wollen.*
4. *Welche weiteren altersbedingten Erkrankungen kennen Sie? Beschreiben Sie diese.*

Optimistischer alter Mensch

Trauriger alter Mensch

Pflegemodelle sind die Grundlage für die individuelle Pflegeplanung. Hierbei werden die vielfältigen Aktivitäten, die zum Leben gehören, unter verschiedenen Aspekten strukturiert. Hauswirtschaftliche Betreuung unterstützt folgende Aktivitäten:

- *sich pflegen*
- *Essen und Trinken*
- *sich kleiden*
- *für eine sichere und fördernde Umgebung sorgen*
- *kommunizieren*

Die Hilfestellung sollte bewirken:

- *Selbstständigkeit überprüfen*
- *Selbstwertgefühl fördern*
- *Restmobilität erhalten*

3.8.3 HILFE BEI ALLTAGSVERRICHTUNGEN

Für Hauswirtschafterinnen ergeben sich vor allem dann, wenn alte Menschen in Familien, also in Privathaushalten, mitversorgt werden, Notwendigkeiten, Hilfe bei Alltagsverrichtungen zu leisten. In Einrichtungen der stationären Versorgung oder im betreuten Wohnen versorgen Hauswirtschafterinnen zusammen mit den Pflegekräften die Bewohner. Da die Verantwortung für die Pflege in den Händen des Fachpersonals liegt, ergeben sich hier vielerlei Schnittstellen. Es entsteht ein großer Abstimmungsbedarf unter den Mitarbeiterinnen. Bei allen Hilfestellungen wird darauf geachtet, dass den Personen so viel Freiraum wie möglich gelassen wird, die Tätigkeiten selbst auszuführen. Manchmal ist ein Beobachten oder gelegentliches Mitanfassen Hilfestellung genug. Allein die Anwesenheit einer Person kann genug Sicherheit vermitteln. Während der Ausführung von Hilfestellungen sollten diese erklärt werden oder darüber in einem Gespräch informiert werden. Dabei ist es wichtig, auf die Besonderheiten der einzelnen Personen einzugehen und sie zu respektieren. Diese persönliche Einzigartigkeit entwickelt sich aus der Biografie, die durch den persönlichen Lebensverlauf mit seinen soziokulturellen, beruflichen und politischen Erfahrungen geprägt ist. Bilder, die die Bewohner aufgestellt haben, können ein guter Gesprächsanlass sein, um mehr über die Lebensverläufe zu erfahren.
Ein Gespräch ist immer auch eine soziale Beziehung. Dabei muss das Gefühl vermittelt werden, dass man sich wirklich für den Gesprächspartner interessiert. Die Echtheit dieser Bemühungen lässt sich auch am Tonfall der Stimme erkennen. Sofern es notwendig ist, langsam, deutlich und nicht zu leise sprechen.

Hilfestellung beim Anziehen

Ein gepflegtes Aussehen und sorgfältiges Gekleidetsein verbessern das Wohlbefinden jedes Einzelnen.
Es ist für die betreuten Personen schön, wenn bei diesen ganz persönlichen Ritualen diskrete Unterstützung angeboten wird.

Folgende Hilfestellungen werden häufig nachgefragt:

- Wäsche und Kleider bereitlegen
- beim Anziehen einzelner Kleidungsstücke behilflich sein
- Knöpfe oder Reißverschlüsse schließen
- Anziehhilfen bereitlegen

Beim Anziehen werden erst alle Kleidungsstücke so weit als möglich im Sitzen angezogen, dann erst die restlichen im Stehen.

Anziehhilfen

Knöpfhilfe

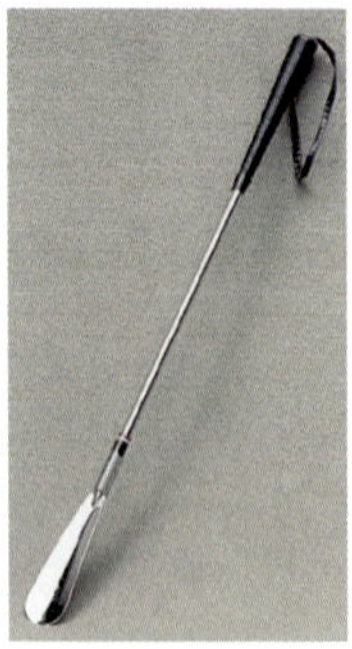

Schuhanzieher

großer Reißverschluss

Hilfestellung beim Essen und Trinken

Für viele alte Menschen ist das Essen ein Höhepunkt im eintönigen Tagesverlauf.
Die bedarfsgerechte Zusammenstellung und Zubereitung der Speisen ist eine Voraussetzung für eine gesunde Ernährung auch im Alter. Bei der Einnahme der Speisen sind oftmals kleine Handgriffe und überlegte Gesten schon genug Hilfestellung, um das selbstständige und genussvolle Essen zu ermöglichen.

Maßnahmen zur Hilfestellung können sein:
- Serviette vorlegen oder mit Klammern befestigen
- soweit möglich nach individuellen Wünschen wie Portionsgröße, Auswahl der Beilagen fragen
- Teller immer in das Blickfeld des Tischgastes stellen
- dem Tischgast das vorgelegte Menü vorstellen, dann erst in mundgerechte Stücke teilen
- Hilfsmittel wie Bestecke oder Teller mit Schieberand zur Verfügung stellen

Auf die Nahrungswünsche von Prothesenträgern sollte unbedingt geachtet werden. Bevorzugt werden Milchprodukte, weich gekochte Eintöpfe, Suppen und alle Nahrungsbestandteile, die durcheinander gerührt und mit der Gabel zerdrückt werden können.

Bei Zahnprothesenträgern ist darauf zu achten:
- **den Kaumöglichkeiten angemessene Lebensmittelauswahl zu treffen**
- **wenn gewünscht, Speisen weich garen, damit sie gut miteinander vermischt werden können**
- **nach dem Essen sorgfältige Zahnhygiene durchführen**

Im Alter ist der Wunsch nach Flüssigkeitsaufnahme leider oft sehr selten. Aber auch ein alter Mensch sollte täglich 1,5 bis 2 l Flüssigkeit zu sich nehmen. Flüssigkeitsmangel führt zur Austrocknung, zu Verdauungsstörungen und ist manchmal die Ursache für geistige Verwirrtheit. Wird dem Körper nicht genügend Flüssigkeit zugeführt, holt er sich seinen Bedarf aus dem Verdauungstrakt, insbesondere aus dem Dickdarm. Dies führt dazu, dass dem Darm Wasser entzogen wird und es zu Verstopfung kommt. Viel körperliche Bewegung und eine ballaststoffreiche Kost sind hier zu empfehlen (vgl. Band 2 dieser Fachbuchreihe, HT 4202, S. 134 f. und S. 161 f.).

Bewährte Verdauungshilfen

Immer wieder Getränke reichen!

Reichlich Trinken verhindert Flüssigkeitsmangel und Austrocknung.

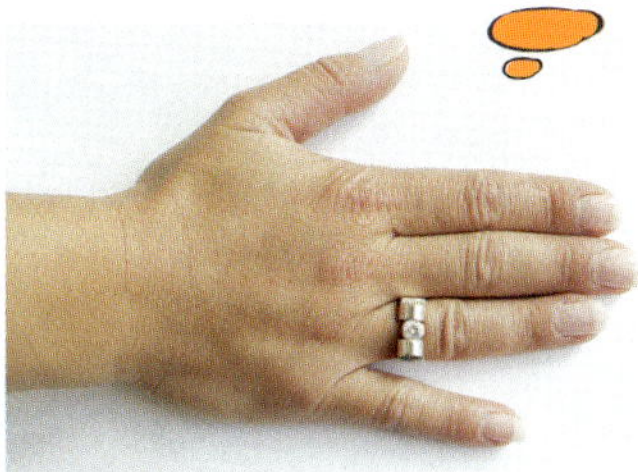

Bei jungen Menschen ist die Haut elastisch und der Wasserhaushalt ausgeglichen. Dies können Sie an sich selbst überprüfen. Ziehen Sie dazu in der Mitte des Handrückens die Haut hoch und beobachten Sie, was nach dem Loslassen passiert.

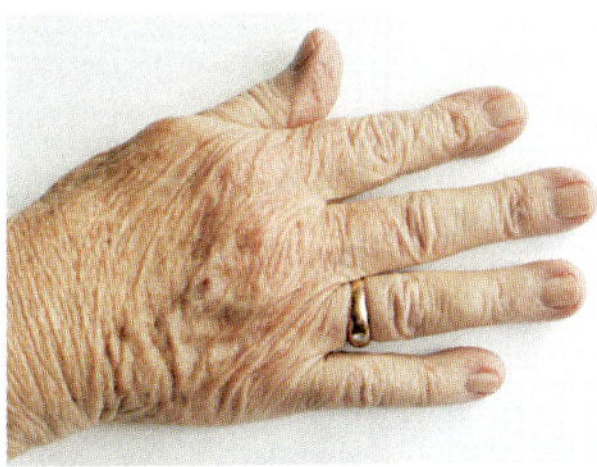

Auch bei älteren Menschen, die ausreichend mit Flüssigkeit versorgt sind, bildet sich die Hautfalte nach einer Sekunde zurück.

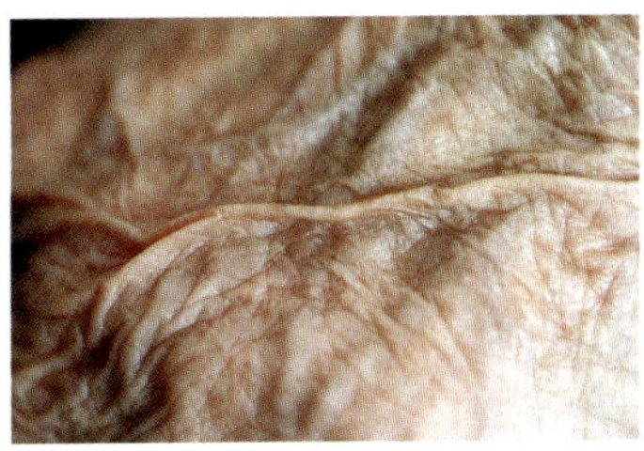

Dauert die Rückbildung der Falte länger, liegt Flüssigkeitsmangel vor.

Einfache Unterstützung

Beim Platzieren der Gäste kann es von Vorteil sein, wenn auch die Mitarbeiterin im Speisesaal weiß, worauf es bei der Hilfestellung zum Aufstehen ankommt oder wie ein Rollstuhl sicher gehandhabt werden kann.
Mithilfe einer einfachen Unterstützung kann dem Bewohner beim Aufstehen oder Gehen Sicherheit gegeben werden. Bei diesem Griff umfasst die rechte Hand von hinten greifend den Oberarm des Bewohners und gleichzeitig umgreift die linke Hand des Helfers den Unterarm.
Beim Schieben eines Rollstuhles ist darauf zu achten, dass dieser immer vor sich hergeschoben wird. So haben der Bewohner und die Hilfsperson eine gute Orientierung. Für Tischgäste im Rollstuhl ist ein genügend breiter Platz am Tisch vorzusehen. Rollstuhl dicht an den Tisch heranfahren und die Bremsen anziehen. Die in einem Rollstuhl sitzende Person hat einen anderen Blickwinkel, bei Gesprächen sollte man sich auf Augenhöhe mit ihr begeben oder sich so vor ihr aufstellen, dass ein Blickkontakt möglich ist.

- Graubrotrinde abschneiden
- Fleisch klein schneiden
- Gemüse passieren
- Mixmilch herstellen
- Suppe kochen
- Nahrung weich kochen
- Möhren fein raspeln

AUFGABEN

1. *Erstellen Sie eine Liste mit 20 Produkten, die Sie einem Zahnprothesenträger anbieten würden. Vergleichen Sie diese mit dem Speiseplan eines Seniorenheimes. Gibt es Abweichungen von Ihrer Liste? Falls ja, welche Gründe lassen sich dafür finden?*
2. *In der linken Spalte sind einige Möglichkeiten dargestellt, Nahrungsmittel seniorengerecht anzubieten. Welche würden Sie bevorzugen – welche eher ablehnen? Begründen Sie Ihre Entscheidung.*
3. *Spielen Sie in einem Rollenspiel eine von Ihnen ausgedachte Situation durch,*
   a) bei der Tischgäste mit unterschiedlichen Beeinträchtigungen nach verschiedenen Hilfen fragen
   oder
   b) bei der Sie den Tischgästen verschiedene Hilfestellungen anbieten.

Keine Gegenstände auf den Fußboden stellen!

- **Der Pflegebedürftige ist immer und vorab über alle Vorhaben zu informieren!**
- **Eine aktive Beteiligung sollte unbedingt ermöglicht werden!**

Hilfestellung bei der Körperpflege

Die Unterstützung kann sowohl beim Waschen am Waschbecken als auch bei bettlägerigen Menschen notwendig werden.

Vor jedem Waschen sind verschiedene Vorbereitungsarbeiten zu treffen:
- Um Durchzug zu vermeiden, sollten alle Fenster geschlossen werden.
- Die Raumtemperatur sollte ca. 20 bis 22 °C betragen.
- Alle benötigten Utensilien werden bereitgestellt. Dadurch wird unnötiges Hin- und Herlaufen während des Waschens vermieden.
- Auf richtige Lichtverhältnisse ist zu achten.
- Das Waschen muss ruhig und konzentriert durchgeführt werden.
- Auf individuelle Wünsche (z. B. bezüglich der Wassertemperatur) ist einzugehen.

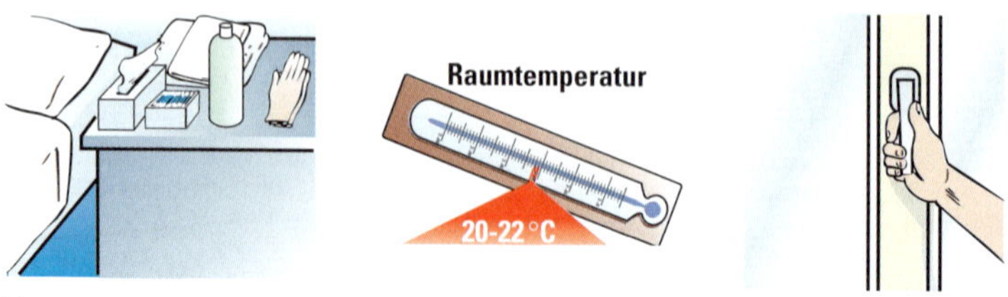

Raumtemperatur auf 20 bis 22 °C erhöhen und Fenster schließen

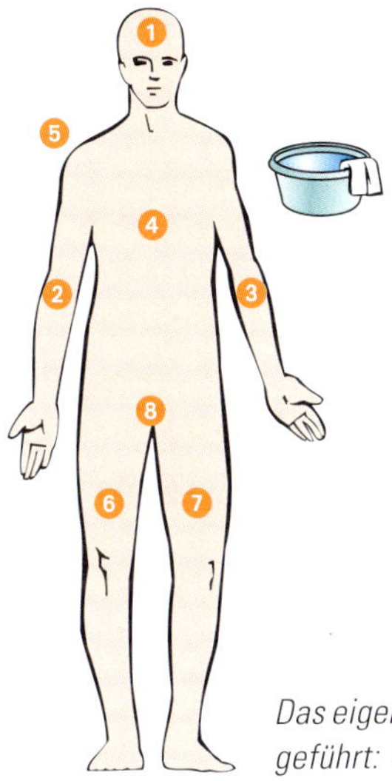

Waschreihenfolge

1. *Gesicht, Augen, Ohren, Hals*
2. *gegenüberliegender Arm/Hand*
3. *diesseitiger Arm/Hand*
4. *Brust und Bauch*
5. *Rücken*
6. *gegenüberliegendes Bein/Fuß*
7. *diesseitiges Bein/Fuß*
8. *Intimbereich*

Die Waschreihenfolge sollte dem Zustand des Patienten/Kunden angepasst werden.

Das eigentliche Waschen im Bett wird wie folgt durchgeführt: Das Kopfkissen wegnehmen und auf einem Stuhl ablegen. Das Laken mit einem Tuch abdecken.

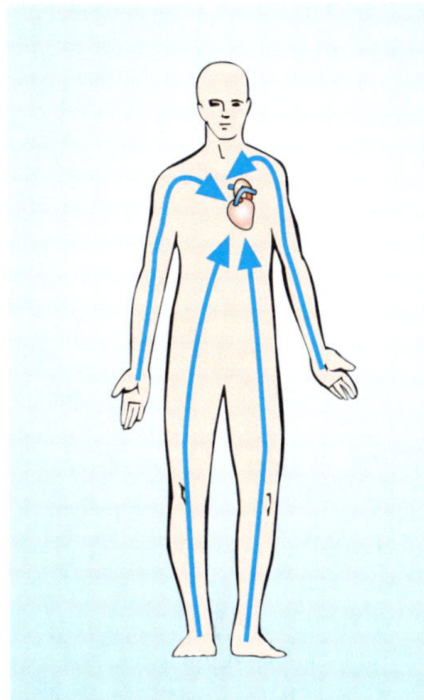

Zuerst wird das Gesicht ohne Seife gewaschen.
Die Reinigung der Augen erfolgt vom äußeren zum inneren Augenwinkel (in Richtung des Tränenflusses wischen). Verklebungen der Augen lassen sich leichter entfernen, wenn feuchte Tupfer (saubere, nicht fasernde Tücher) vor der Reinigung für kurze Zeit auf das geschlossene Auge aufgelegt werden.
Anschließend Ohren und Hals waschen, danach Seife in das Waschwasser geben. Bettdecke des Bewohners bis zur Taille verschieben.
Arme, Oberkörper, Bauch und Rücken waschen und gut abtrocknen.
Anschließend dem Pflegebedürftigen das Nachthemd überziehen (Intimsphäre wahren). Bettdecke auf einem Stuhl ablegen, Beine und Füße waschen und abtrocknen, besonders sorgfältig zwischen den Zehen trocknen.
Jetzt das Waschwasser für die Intimpflege wechseln, einen neuen Waschlappen nehmen und Handschuhe anziehen.
Die Richtung der Reinigung im Intimbereich muss immer von der Harnröhre weg sein, also von vorne nach hinten reinigen (vom Schambein in Richtung Anus). Nach der Reinigung gut abtrocknen, anziehen, bequem betten und zudecken.

Beim Waschen beachten.
Es werden zwei Waschrichtungen unterschieden:

- **Belebende Waschrichtung: entgegen der Haarwuchsrichtung (zum Herzen hin)**
- **Beruhigende Waschrichtung: in Wuchsrichtung der Haare (vom Herzen weg)**

Die beruhigende Waschrichtung wird bei verwirrten, unruhigen Menschen und bei Einschlafstörungen angewendet.

AUFGABEN

1. *Überlegen Sie, welche persönlichen Kompetenzen Hauswirtschafterinnen benötigen, wenn sie Hilfestellungen geben.*
2. *Die abgebildeten Anziehhilfen (s. S. 136) stellen eine Auswahl dar. Welche weiteren Hilfsmittel gibt es für Menschen mit körperlichen Behinderungen?*
   Informieren Sie sich in einem Sanitätshaus.
3. *Überlegen Sie, welche Utensilien Sie vor Beginn des Waschens bereitstellen sollten. Fertigen Sie eine Liste an und vergleichen Sie Ihre Ergebnisse mit denen der Klasse.*
4. *Warum ist es sinnvoll, dass sich alte und kranke Menschen sowie Menschen mit Behinderungen im Rahmen ihrer Fähigkeiten möglichst selbstständig versorgen?*

In Einrichtungen des betreuten Wohnens werden häufig hauswirtschaftliche Fachkräfte als »Hausdamen« beschäftigt, zu deren Aufgabenbereich es auch gehört, Angebote für die Alltags- und Freizeitgestaltung zu machen.

Möglichkeiten für gemeinsame Beschäftigungen sind z. B.:

- *Rezepte aus früheren Zeiten austauschen*
- *über Erinnerungen sprechen*
- *gemeinsam kochen oder backen*
- *einkaufen*
- *vorlesen*
- *Geschichten erzählen*
- *aus der Tageszeitung vorlesen*
- *Bastel- oder Strickrunden*
- *Besuch einer Ausstellung*

3.8.4 MOTIVIEREN UND BESCHÄFTIGEN

Eine aktive, sinnvolle Lebensgestaltung ist besonders für ältere Menschen wichtig. Sofern sie geistig und körperlich dazu in der Lage sind, bieten sich auch politische oder soziale Tätigkeiten, wie Babysitten oder Hausaufgabenbetreuung von Schulkindern, an. Viele ältere Mitbürger engagieren sich in Betreuungsdiensten für Bewohner von Altenheimen. Sie erledigen Besorgungen, gehen mit ihnen spazieren, führen Gespräche oder lesen vor.

Auch eine eigene aktive körperliche Betätigung ist wichtig, um im Alter fit und beweglich zu bleiben. Hierfür bieten sich Ausdauersportarten wie Schwimmen und Fahrradfahren an, um das Herz-Kreislauf-System zu trainieren. Eine regelmäßige Teilnahme an Gymnastikkursen erhält die Beweglichkeit.

Die Aufgabe der Hauswirtschafterin kann darin liegen, bei der Freizeitgestaltung zu beraten sowie zu unterstützen und auf die Einhaltung der Termine zu achten. Dies ist insbesondere dann notwendig, wenn die Freizeitaktivitäten außerhalb des Hauses stattfinden. Werden Beschäftigungsmöglichkeiten innerhalb des Hauses angeboten, obliegt es ihr, den Bedarf an Beschäftigungen zu ermitteln und geeignete Vorschläge zu unterbreiten.
Voraussetzungen dafür sind, dass die jeweilige Lebenssituation und die Fähigkeiten im Hinblick auf den Gesundheitszustand des zu Betreuenden bekannt sind und etwaige Behinderungen oder Beeinträchtigungen wahrgenommen und berücksichtigt werden. Ältere Menschen verlieren schnell das Interesse an einer Beschäftigung, wenn sie über- oder unterfordert werden.

Auch sollten die früheren beruflichen Tätigkeiten bekannt sein, denn vielleicht können die Erfahrungen daraus in ein Beschäftigungsangebot mit einbezogen werden. Hausfrauen beschäftigen sich häufig gerne mit ihnen bekannten Tätigkeiten wie Kartoffelschälen oder Bügeln. Eine ehemalige Lehrerin könnte Unterricht durchführen und ein ehemaliger Gärtner bei der Gartengestaltung und -arbeit behilflich sein.
Oberste Zielsetzung ist dabei, den älteren Menschen zu **motivieren**. Bei bestimmten Themen ist bereits von innen heraus eine Motivation vorhanden, da die Person etwas erreichen, lernen oder vervollständigen möchte. Ein angemessenes Lob und eine anerkennende Würdigung der Leistung lösen positive Empfindungen aus und motivieren zusätzlich.

Grundsätzlich ist es wichtig, Menschen neugierig zu machen und eine gewisse Spannung aufzubauen. Dies kann mündlich geschehen, aber auch durch andere Anreize wie Modelle, Bilder oder Bücher sowie ggf. eine Begleitung zu einer Ausstellung.
Man kann auch bestimmte Dinge vormachen und dadurch Personen zum Mitmachen anregen.

Beschäftigung alter Menschen

AUFGABEN

1. *Überlegen Sie sich fünf Beschäftigungsmöglichkeiten mit alten Menschen.*
2. *Welche Aktivitäten können die geistigen Fähigkeiten im Alter trainieren?*
3. *Welche Beschäftigungen würden Sie für demente Menschen vorschlagen?*

3.8.5 BARRIEREFREI WOHNEN

Am Älterwerden lässt sich nichts ändern, es ist aber möglich, die Umgebung menschenfreundlich und altengerecht zu gestalten, denn ältere Menschen möchten so lange wie möglich in ihrem vertrauten Umfeld bleiben. Dort kennen sie sich aus, haben Freunde und Bekannte und wissen, wo und wie die täglichen Besorgungen zu erledigen sind.

Wohnung und Wohnumfeld müssen deshalb so gestaltet sein, dass sie den Bedürfnissen der älteren Menschen gerecht werden. Häufig gefährden nicht die altersbedingten Erscheinungen, wie z. B. das Nachlassen der Kräfte, oder die altersbedingten Behinderungen, wie z. B. schlechtes Gehen, Sehen oder Hören, die selbstständige Lebensführung, sondern die nicht altengerechten Wohnungen. Diese sind oft zu groß, mangelhaft ausgestattet oder unpraktisch eingerichtet.

In vielen Fällen bedarf es nur kleiner Maßnahmen, die sich in ihrer Wirkung aber als sehr nützlich und hilfreich erweisen, gelegentlich sind aber auch größere Umbau- und Renovierungsmaßnahmen erforderlich, um dem alten Menschen einen Verbleib in seiner gewohnten Umgebung zu ermöglichen.

Leicht zu ändern sind z. B. eine unzureichende Beleuchtung, ein zu glatter Bodenbelag, fehlende Haltegriffe oder ein zu niedriges Bett.

Barrierefreies Wohnen bedeutet:

- *Sicherheit*
- *Bequemlichkeit*
- *Unabhängigkeit*

Praktisch umgesetzt heißt dies:

- *Mängel wahrnehmen und Abhilfen schaffen*
- *Hindernisse und Gefahrenquellen beseitigen*
- *Erleichterungen durch Hilfsmittel vornehmen*
- *alle Maßnahmen möglichst einfach und frühzeitig durchführen*

Beleuchtung

Gelegentlich ist ein Raumtausch schon ein geeignetes Mittel für bessere Wohnbedingungen. Das Wohnzimmer sollte nach Südosten oder Südwesten ausgerichtet sein, da helles Tageslicht und viel Sonne im Wohnraum gerade für ältere Menschen von besonderer Bedeutung sind und sie hier die meiste Zeit des Tages verbringen. Es kann daher sinnvoll sein, das Schlafzimmer, das ehemalige Kinderzimmer oder einen anderen nach Süden ausgerichteten Raum zum Wohnzimmer umzugestalten. Oftmals verschaffen aber auch hellere Gardinen und Vorhänge wesentlich mehr Tageslicht.

Außerdem ist für eine ausreichende Allgemeinbeleuchtung zu sorgen. Die Lichtschalter sollten von allen Türen, vom bevorzugten Sitzplatz und vom Bett aus betätigt werden können und nicht höher als 85 cm über dem Fußboden angebracht sein.
Um zu verhindern, dass im Körperschatten gearbeitet wird, muss an sämtlichen Arbeitsflächen das Licht für Rechtshänder blendfrei von links oder von vorne einfallen.

Ferner sollten genügend Steckdosen vorhanden sein, denn jedes Verlängerungskabel ist ein Sicherheitsrisiko.
Orientierungsleuchten, die z. B. den Boden vor dem Bett beleuchten, sind eine gute Hilfe für Menschen, die nachts häufig aufstehen müssen. Die Orientierungsleuchten können mit einem Bewegungsmelder gekoppelt werden. Er schaltet das Licht automatisch ein, wenn jemand vom Bett aufsteht, und verlöscht es selbstständig nach einer bestimmten Zeit.

Richtig:

Für Rechtshänder soll das Licht von links einfallen.

Falsch:

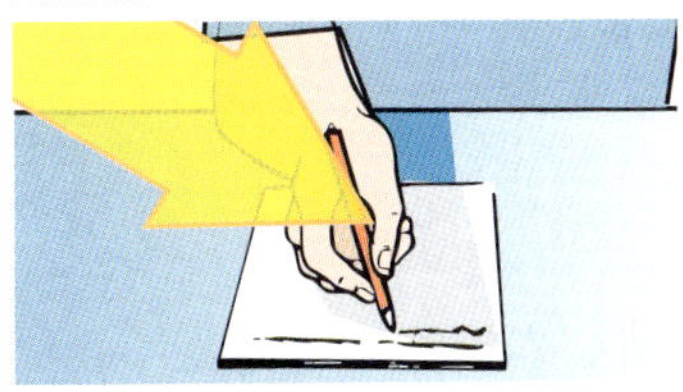

Fällt das Licht von rechts ein, wirft die Hand Schatten.

Weitere wichtige Informationen zum Thema „Beleuchtung" vgl. Band 1 dieser Fachbuchreihe, Wohnen und Reinigen S. 123/124.

Nach der DIN-Norm 18025 Teil 2 für barrierefreies Wohnen müssen ausreichend Bewegungsflächen vorhanden sein, ebenso müssen Bedienelemente wie Haltegriffe und Schalter in 85 cm Höhe angebracht werden.

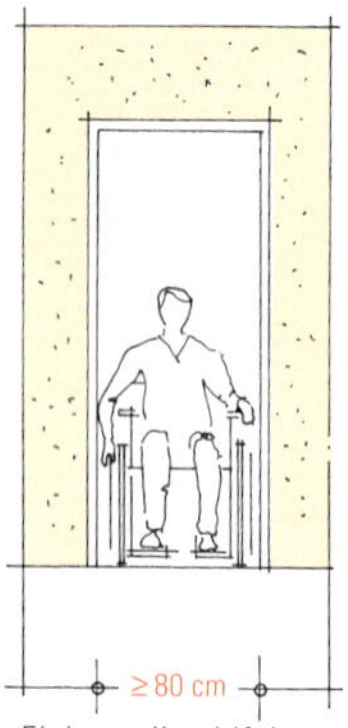

Elektrorollstuhlfahrer benötigen diese lichte Breite zum ungehinderten Durchfahren

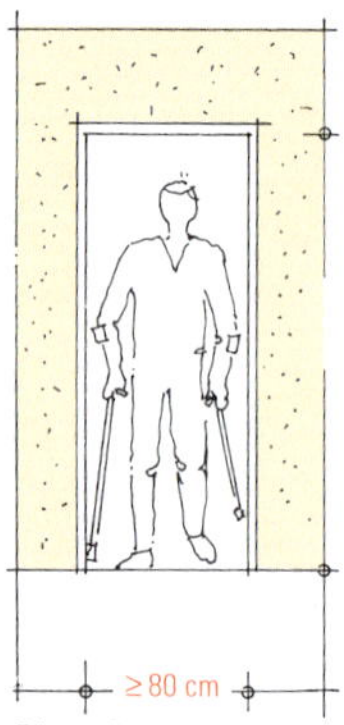

Diese Breite ermöglicht gehbehinderten Personen das sichere Passieren der Tür

Wohnräume

Zu viele Möbel in der Wohnung verstellen notwendige Bewegungsflächen und können zudem zu Gefahrenquellen werden, weil man darüber stolpern oder sich daran stoßen kann.
Sitzmöbel müssen stabil sein, eine Sitzhöhe von ca. 50 cm ermöglicht, dass man gut aufstehen kann. Die Armlehnen sollten eine bequeme Auflagemöglichkeit für die Unterarme haben.
Tische und Kommoden sollten abgerundete Kanten haben und im Bedarfsfall zum Halten oder Abstützen geeignet sein.
Ein Sitzplatz am Fenster mit guter Beleuchtung und mit Blick nach draußen erfreut sich großer Beliebtheit.
Türen in den Wohnungen müssen eine lichte Breite von mindestens 80 cm, Hauseingangs- und Wohnungseingangstüren von mindestens 90 cm haben. Bad- und WC-Türen müssen nach außen aufschlagen.

Schlafzimmer

Das Bett wird zweckmäßigerweise so aufgestellt, dass es von drei Seiten zugänglich ist und dass ein Blick nach draußen möglich ist (s. a. S. 114). Eine Liegehöhe von mindestens 45 cm wird allgemein empfohlen, bei Pflegebetten kann diese verstellt werden, so können die Pflegearbeiten rückenschonend durchgeführt werden. Ein Nachtschrank direkt neben dem Bett und eine gute Beleuchtung ergänzen die Ausstattung.

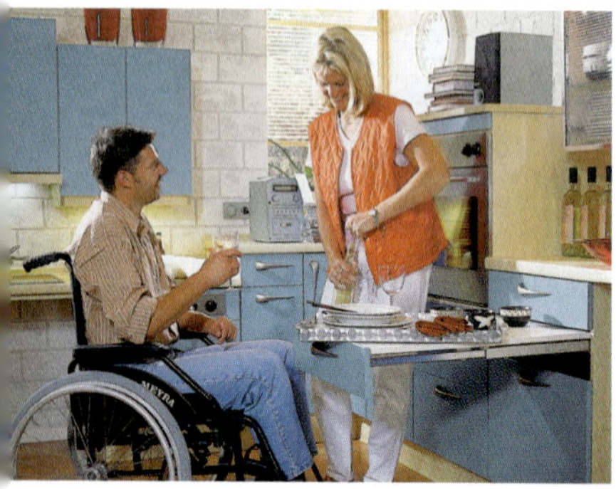

Küche

Ein Arbeitsplatz mit einer Arbeitshöhe von 65 bis 70 cm und ein passender Arbeitsstuhl bieten die Möglichkeit, möglichst viele Arbeiten im Sitzen durchzuführen. Für Rollstuhlfahrer gibt es verschiedene Möglichkeiten, unterfahrbare Arbeitsplätze einzubauen. Bei Schränken sind ausziehbare oder kippbare Schübe oder offene Regale sehr zweckmäßig. Beim Einräumen der Schränke wird darauf geachtet, dass die Dinge, die häufig benutzt werden, gut erreicht werden können. Der Kühlschrank sollte unbedingt in Arbeitshöhe eingebaut sein.

Fußboden

Der Bodenbelag des Wohn- und Schlafraumes soll sicher zu begehen sein. Lose ausgelegte Teppiche müssen rutschfest gemacht werden. Im Fachhandel gibt es Spezialnägel, um Teppiche auf dem Fußboden zu befestigen. Teppichfransen sind eine besondere Stolpergefahr. Gut geeignet sind textile Bodenbeläge mit kurzem Flor, da sie fußwarm und pflegeleicht sind.

Bodenbeläge aus synthetischem Material oder Mischgewebe mit synthetischen Beimengungen sollten antistatisch ausgerüstet sein, um elektrostatische Aufladungen zu vermeiden.

Auch Schwellen an den Türen sind Stolpergefahren. Dichtungsprofile, die nachträglich an der Innen- oder Außenseite des Türblatts befestigt werden, können diese Schwellen überflüssig machen. Für Rollstuhlfahrer eignen sich Metallrampen, die über den Schwellen befestigt werden.

Metallrampen helfen Rollstuhlfahrern Schwellen zu überwinden.

Sanitärräume

Um ein Bad barrierefrei einzurichten, muss neben den offensichtlich vorherrschenden Beeinträchtigungen, wie z. B. Bewegungseinschränkungen, auch an Behinderungen gedacht werden, die auf den ersten Blick nicht als solche zu erkennen sind. Zu nennen sind hier z. B. Wahrnehmungsstörungen durch Einschränkung des Gesichtsfeldes, Farbsehstörungen oder Störungen des Temperaturempfindens. In diesen Fällen wird z. B. ein weißer Lichtschalter auf einer hellen Wand nicht mehr erkannt, die Heiß-/Kalt-Einstellung des Wassermischers kompliziert oder die Orientierung erschwert, weil die Lichtquellen zu schwach sind oder das Bad ungleichmäßig ausgeleuchtet ist.

Neben der Analyse von horizontalen Hindernissen, wie z. B. der Breite der Tür, bedarf es auch einer systematischen Bestandsaufnahme von vertikalen Barrieren. So können eine zu niedrige Toilette, ein unerreichbar hoher Spiegel oder ein zu weit entfernter Toilettenrollenhalter Barrieren sein, die teilweise leicht zu beheben sind.

Einfache Verbesserungsmöglichkeiten für Sanitärräume sind das Anbringen von Haltegriffen und Aufstehhilfen. Zur Erhöhung der Sitzhöhe von Toilettenbecken gibt es verschiedene technische Lösungen.
Auch gibt es mittlerweile Waschbecken, die höhenverstellbar sind, sowie kippbare Spiegel. Bodengleiche Duschen mit Sitz und Haltestangen sind aufwändigere Gestaltungsmaßnahmen oder sollten bei Neueinrichtungen bereits eingebaut werden.

Außerdem sind ausreichende Bewegungsflächen vorzusehen, um sich vor- und rückwärts bewegen und um die eigene Achse drehen zu können.
Die Bewegungsfläche vor einer WC-Anlage muss 120 cm × 120 cm betragen und für Rollstuhlfahrer 150 cm × 150 cm. Diese Fläche ist notwendig, damit auch Betreuungspersonen ausreichend Raum für Hilfestellungen und pflegerische Maßnahmen zur Verfügung haben.

Der Stellenwert eines Badezimmers ist für alte Menschen hoch, weil:
- **der Kontakt mit Wasser wahrnehmungsfördernd ist**
- **lebenslange Gewohnheiten der Körperpflege beibehalten werden können**
- **gepflegte Menschen der Umwelt positive Signale setzen**
- **man sich mit dem eigenen Körper beschäftigen kann**

Weitere wichtige Informationen zum Thema „Wohnräume gestalten" vgl. Band 1 dieser Fachbuchreihe, Wohnen und Reinigen S. 114 bis 141.

AUFGABEN

1. *Wie sollte der Eingangsbereich eines Hauses für alte und/oder gehbehinderte Menschen gestaltet sein? Beziehen Sie in Ihre Überlegungen auch die Tatsache mit ein, dass das Seh- und Hörvermögen nachlässt.*
2. *Ermitteln Sie in Ihrer Klasse, welchen Stellenwert ein Badezimmer hat. Geben Sie dazu bitte Folgendes an:*
   a) wie viel Zeit Sie etwa täglich im Bad verbringen sowie die durchschnittlich ermittelte Zeit innerhalb der Klasse.
   b) welchen Wohlfühleffekt der Aufenthalt im Bad hat. (Vergeben Sie Noten von 1 bis 6 und ermitteln Sie den Durchschnittswert innerhalb Ihrer Klasse.)
   c) was an Ihrem Bad verändert werden müsste, um es altengerecht zu gestalten.
3. *Suchen Sie aus Prospekten altengerechte Sitzmöbel aus und erstellen Sie damit einen kleinen Leitfaden zum Einkauf von Sesseln oder Stühlen.*
4. *Erkundigen Sie sich an Ihrem Wohnort nach Beratungsmöglichkeiten zur Wohnraumanpassung.*

3.8.6 PFLEGEVERSICHERUNG

Die Pflegeversicherung betrifft alle krankenversicherten Bürgerinnen und Bürger. Alle Pflichtmitglieder einer gesetzlichen Krankenkasse werden Mitglieder der Pflegekasse dieser Krankenkasse, auch ohne Antrag.
Freiwillig Versicherte einer gesetzlichen Krankenkasse haben die Wahl zwischen sozialer oder privater Pflegeversicherung, dafür muss aber bei der gesetzlichen Krankenkasse ein Antrag gestellt werden.
Privat Krankenversicherte müssen eine private Pflegeversicherung abschließen.

Die Pflegeversicherung ist die rechtliche Grundlage für die Betreuung älterer, pflegebedürftiger Menschen. Sie ist im Sozialgesetzbuch XI verankert.
Pflegebedürftig im Sinne der Pflegeversicherung sind Menschen, die aufgrund von Erkrankungen in erheblichem Maße fremde Hilfe bei alltäglichen Verrichtungen brauchen. In diesem Zusammenhang werden auch Hilfen bei der hauswirtschaftlichen Versorgung berücksichtigt. Je nach Grad der Pflegebedürftigkeit gehören die Menschen einer der drei Pflegestufen an.
Leistungen der gesetzlichen Pflegeversicherung können sowohl für die Pflege zu Hause als auch für die Pflege in einer Einrichtung in Anspruch genommen werden. Grundsätzlich hat die häusliche Pflege Vorrang vor der stationären Pflege. Deshalb bilden Leistungen zur Verbesserung der häuslichen Pflege den Schwerpunkt des Gesetzes.

Ziele der Pflege

- vorhandene Selbstversorgungsfähigkeiten erhalten und solche, die verloren gegangen sind, reaktivieren
- bei der Leistungserbringung die Kommunikation verbessern
- Menschen mit geistigen und seelischen Behinderungen, psychisch Kranke und geistig verwirrte Menschen sollen sich in ihrer Umgebung und auch zeitlich zurechtfinden
- häusliche Pflege der stationären Pflege vorziehen

Wer ist pflegebedürftig?

Personen, die wegen einer körperlichen, geistigen oder seelischen Krankheit oder Behinderung für die gewöhnlichen und regelmäßig wiederkehrenden Verrichtungen des täglichen Lebens für mindestens sechs Monate in erheblichem oder höherem Maße die Hilfe anderer Personen brauchen.
Solche Krankheiten oder Behinderungen sind:

- Verluste, Lähmungen oder andere Funktionsstörungen am Stütz- und Bewegungsapparat
- Funktionsstörungen der inneren Organe oder der Sinnesorgane
- Störungen des zentralen Nervensystems, wie Antriebs-, Gedächtnis- oder Orientierungsstörungen, sowie endogene Psychosen, Neurosen oder geistige Behinderungen

Was gehört zur Pflege?

Die Pflege muss entweder als Unterstützung, teilweise oder vollständige Übernahme der Verrichtungen oder aber als Beaufsichtigung oder Anleitung bei der Durchführung folgender Tätigkeiten dienen:

im Bereich der Körperpflege:

- Waschen / Duschen / Baden
- Zahnpflege / Kämmen / Rasieren
- Darm- oder Blasenentleerung

im Bereich der Ernährung:

- mundgerechtes Zubereiten der Nahrung
- Aufnahme der Nahrung

im Bereich der Mobilität:
- Aufstehen und Zu-Bett-Gehen
- An- und Auskleiden
- Stehen / Gehen
- Treppensteigen
- Verlassen der Wohnung und Wiederaufsuchen der Wohnung

im Bereich der hauswirtschaftlichen Versorgung:
- Einkaufen / Kochen / Spülen
- Reinigen der Wohnung
- Wechseln und Waschen der Wäsche und Kleidung
- Heizen

Pflegestufe	Pflegeleistungen	Finanzielle monatliche Unterstützung
I Erhebliche Pflegebedürftigkeit	▶ mind. 1× täglich Hilfe bei mind. 2 Verrichtungen aus einem oder mehreren Bereichen der Körperpflege, Ernährung oder der Mobilität ▶ zusätzlich mehrfach in der Woche Hilfe bei der hauswirtschaftlichen Versorgung ▶ wöchentlicher Zeitaufwand der Pflegeperson mind. 1,5 Std./Tag im Durchschnitt	Sachleistung: 384,00 € Geldleistung: 205,00 €
II Schwerpflegebedürftigkeit	▶ mind. 3× täglich Hilfe bei der Körperpflege, Ernährung oder der Mobilität ▶ zusätzlich mehrfach in der Woche Hilfe bei der hauswirtschaftlichen Versorgung ▶ wöchentlicher Zeitaufwand der Pflegeperson mind. 3 Std./Tag im Durchschnitt	Sachleistung: 921,00 € Geldleistung: 410,00 €
III Schwerstpflegebedürftigkeit	▶ Pflegeperson muss jederzeit unmittelbar erreichbar sein (Tag und Nacht) ▶ zusätzlich mehrfach in der Woche Hilfe bei der hauswirtschaftlichen Versorgung ▶ wöchentlicher Zeitaufwand der Pflegeperson mind. 5 Std./Tag im Durchschnitt	Sachleistung: 1 432,00 € in Härtefällen: 1 918,00 € Geldleistung: 665,00 €

Ergänzende Leistungen zur häuslichen Pflege

Ersatzpflegekraft, falls eine Pflegeperson ausfällt	1× pro Jahr bis zu 4 Wochen	bis 1 432,00 € pro Jahr
Tages- und Nachtpflege in teilstationären Einrichtungen, wenn die häusliche Pflege nicht ausreicht	Pflegestufe I Pflegestufe II Pflegestufe III	bis 384,00 € monatlich bis 921,00 € monatlich bis 1 432,00 € monatlich
Kurzzeitpflege in einer vollstationären Einrichtung für Überbrückungszeiten	1× pro Jahr bis zu 4 Wochen für alle Pflegestufen	bis 1 432,00 € pro Jahr

Stationäre Pflege

Seit dem 1. Juli 1996 erhält jeder, der in einem Pflegeheim untergebracht ist, Leistungen der Pflegeversicherung. Diese betragen in der

Pflegestufe I	bis 1023,00 € monatlich
Pflegestufe II	bis 1279,00 € monatlich
Pflegestufe III	bis 1432,00 € monatlich
in Härtefällen	bis 1688,00 € monatlich

Die Kosten für Unterkunft, Verpflegung und Zusatzleistungen muss der Pflegebedürftige selbst tragen.

Soziale Absicherung von Pflegepersonen

Pflegepersonen werden jetzt stärker unterstützt und auch sozial abgesichert. Sie erhalten einen Beitrag zur Rentenversicherung, dessen Höhe vom Grad der Pflegebedürftigkeit abhängt und zwischen 100 und 300 € monatlich liegt. Außerdem sind Pflegepersonen unfallversichert.

Zur Feststellung der Pflegebedürftigkeit wird bei der zuständigen Pflegekasse ein Antrag gestellt.

Beiträge für die Pflegeversicherung

- **Erwerbstätige** zahlen 1,7% des Bruttogehaltes. Die Beiträge zur Pflegeversicherung werden von den Versicherten und Arbeitgebern je zur Hälfte getragen. Als Ausgleich für die finanzielle Mehrbelastung der Arbeitgeber wurde ein Feiertag gestrichen.
- **Kinder und Ehegatten,** deren Einkommen unter 325,00 € monatlich liegen, sind im Rahmen der Familienversicherung beitragsfrei mitversichert.
- **Rentner** zahlen den gleichen Prozentsatz wie Erwerbstätige. Die Hälfte dieses Betrages wird von der Rente abgezogen, die andere Hälfte trägt die Rentenversicherung.
- **Sozialhilfeempfänger,** deren Krankenversicherungsbeiträge bereits vom Sozialamt bezahlt werden, bekommen auch die Pflegeversicherungsbeiträge vom Sozialamt.
- **Arbeitslose** (also Bezieher von Arbeitslosengeld, Arbeitslosenhilfe, Eingliederungsgeld, Eingliederungshilfe für Spätaussiedler, Unterhaltsgeld und Altersübergangsgeld) erhalten die Beiträge von der Bundesanstalt für Arbeit.

3.9 BETREUUNGSAUFGABEN IN DER HAUSWIRTSCHAFT

Aspekte für Betreuungsaufgaben:

Bis auf wenige Ausnahmen treffen alle Antworten auf die Hauswirtschaft zu. Dies verdeutlicht die Vielfalt der Betreuungsaufgaben!

Die zu erbringenden Betreuungsleistungen sowie der daraus resultierende physische, zeitliche und soziale Aufwand können sehr unterschiedlich sein. Sie sind abhängig von der zu betreuenden Einzelperson bzw. Personengruppe. Es handelt sich dabei um Menschen jeder Altersstufe in sehr unterschiedlichen Lebensphasen und sehr voneinander abweichenden Entwicklungen (Sozialisationen). Darüber hinaus muss auf Angehörige und Freunde eingegangen werden. Außerdem dürfen das Betreuungspersonal, die Mitarbeiter – und letztlich auch man selbst – nicht unberücksichtigt bleiben.
Aus den Beziehungen und dem Miteinander von gesunden, unterstützungsbedürftigen und kranken Personen ergeben sich die vielfältigen Bedürfnisse und Anforderungen. Neben einer selbstverständlichen Fachkompetenz ist bei der Ausführung von Betreuungsaufgaben die Sozialkompetenz von entscheidender Bedeutung.

Die Betreuungsleistungen beziehen sich im Wesentlichen auf soziale Bedürfnisse, wie Zuwendung, Geborgenheit, Ansprache, Anerkennung, Kontakte, Hilfe und Unterstützung bei Beschäftigungs- und Unterhaltungsangeboten sowie bei der Freizeitgestaltung.
Um bei einer Dienstleistung ein personenorientiertes und befriedigendes Gesamtergebnis zu erzielen, müssen Alter, Gesundheitszustand, Leistungsfähigkeit, Anlass, persönliche Wünsche, Vorstellungen und Erwartungen berücksichtigt werden. Bei der Erfüllung von Betreuungsaufgaben sind in den meisten Fällen sowohl Versorgungs- als auch Betreuungsleistungen zu erbringen.

3.9.1 BEISPIELE FÜR BETREUUNGSAUFGABEN

Kindergeburtstag / Feier mit Jugendlichen

Bei der Beschäftigung von und mit Kindern sind die Bedürfnisse dieser Gruppe zu ermitteln. Für eine Kindergeburtstagsfeier müssen nicht nur die Speisen, Getränke und Dekorationen der Altersgruppe und dem Thema bzw. den Wünschen des Geburtstagskindes entsprechend ausgewählt und abgesprochen werden, sondern es muss auch eine auf das Alter abgestimmte sinnvolle Beschäftigung – ein Rahmenprogramm – zusammengestellt werden.

Das Programm sollte folgende Voraussetzungen erfüllen:

- Spaß und Freude bereiten
- Interesse wecken
- Spannung erzeugen
- etwas Neues, Anderes, Besonderes darstellen
- nicht unter- bzw. überfordern
- für jeden Teilnehmer etwas anbieten
- kleine Preise/Gewinne vorsehen

Während des Ablaufs muss darauf geachtet werden, dass ausreichend Betreuungspersonen zur Unterstützung bei der Einnahme von Speisen bzw. beim Spielen zur Verfügung stehen, damit jedes Kind Beachtung findet und sich wohl fühlt.

Wird die Aufgabe gestellt, einen Grillabend für eine Jugendgruppe im Rahmen einer Tagung im Jugendgästehaus zu planen und durchzuführen, sind ähnliche Aspekte zu berücksichtigen. Hier stellt sich auch wieder die Frage: »Was essen und trinken die Jugendlichen gerne und wie kann der Abend gestaltet werden?« Es handelt sich hier ebenfalls um die Verknüpfung von Versorgungs- und Betreuungsleistungen.

Gästeempfang

In einer Ferienpension werden Gäste erwartet. Sie müssen empfangen und begrüßt werden. Auch diese Situation beinhaltet vielseitige Betreuungsaufgaben.

Es muss alles vorbereitet sein hinsichtlich der Belegung der Zimmer bzw. der Appartements. Das Informationsmaterial über die Umgebung und ein Hausprospekt bzw. Handzettel liegen bereit. Der Ansprechpartner bei Fragen wird genannt. Die Gäste sollen sich schnell zurechtfin-

Öffnungszeiten:
MO Ruhetag
DI–SA 14–22 Uhr
SO ab 10 Uhr
und nach Vereinbarung

Tel. 06543/123 Fax 1234
e-mail: hof-heide@t-online.de

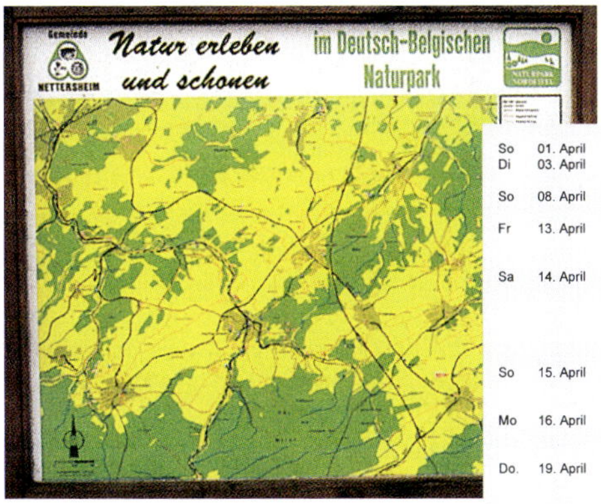

Termine April 2001

So	01. April	Brunch
Di	03. April	Bäuerinneninfo H. Koch referiert ü. Tierkrankheiten
So	08. April	Brunch
Fr	13. April	Karfreitag geöffnet ab 14.00 Uhr
Sa	14. April	gemütliches Beisammensitzen am Osterfeuer auf Hof Heide Osterfeuer an der Grillhütte in Höringhausen Veranstalter: Jugendfeuerwehr
So	15. April	Ostersonntag geöffnet ab 14.00 Uhr
Mo	16. April	Ostermontag Brunch ab 10.00 Uhr
Do.	19. April	Gesprächskreis mit Brigitte Paul Thema: Hildegard v. Bingen ab 19.30 Uhr
So.	22. April	Brunch geöffnet ab 10.00 Uhr

Merke:
Um die Interessen und Wünsche derjenigen, für die etwas organisiert werden soll, zu befriedigen
- *einen Fragebogen erstellen,*
- *ihn an Personen/Gruppen ausgeben,*
- *die Ergebnisse auswerten,*
- *diese in die Planungen einbeziehen.*

den und mit ihrem Urlaubsquartier zufrieden sein. Das bedeutet, dass sie herzlich begrüßt, freundlich und höflich angesprochen werden und ihnen hilfsbereit und zuvorkommend begegnet wird.

Beschäftigung im Seniorenheim

In einem Seniorenheim kann die gemeinsame Zubereitung von Mahlzeiten als eine aktivierende Beschäftigung angeboten werden. Für und mit den Bewohnern wird die Entscheidung getroffen, was zubereitet werden soll. Dabei sind ernährungsphysiologische, jahreszeitliche, regionale und personenbezogene Aspekte bei der Auswahl der Gerichte zu berücksichtigen.

Hergestellt werden könnten:
- *Salate für die Mittagsmahlzeit*
- *Kuchen für den Kaffeenachmittag*
- *Brot für das Abendessen*
- *Lieblingsgerichte der Bewohner*
- *Kleingebäck für die Vorratsdose im Aufenthaltsraum*

Es muss herausgefunden werden, wer welche Tätigkeiten und Aufgaben übernehmen kann oder wer welche Fähigkeiten besitzt, die eingebracht werden können. Die gemeinsame Zubereitung einer Mahlzeit kann so für jeden zu einem Erfolgserlebnis führen und das Selbstwertgefühl stärken. Vielleicht entwickelt sich eine regelmäßig wiederkehrende Veranstaltung daraus.

Tue etwas für andere Menschen, ohne den Auftrag zu haben! Die Überraschung und Freude der anderen werden dich angenehm berühren!

Situationen am Arbeitsplatz

Auf Situationen am Arbeitsplatz bezogen, können Betreuungsaufgaben die Ausgestaltung von Jubiläums- oder Geburtstagsfeiern von Mitarbeitern betreffen. Andererseits beziehen sie sich darauf, anderen Mitarbeitern eine angenehme Atmosphäre zu schaffen oder eine Freude zu bereiten, ohne diesbezüglich einen Auftrag gehabt zu haben. Es kann sich dabei z. B. um einen schön gedeckten Tisch für das Frühstück im Personalraum handeln, u. a. geschmückt mit einem Blumenstrauß oder einer kleinen Überraschung für die Mitarbeiter.
In allen Beispielen soll erreicht werden, dass sich die Menschen wohl fühlen. Das bedeutet für die ausführenden Fachkräfte, sich auf deren Wünsche und Erwartungen einzulassen und sich intensiv mit der Aufgabe zu befassen. Dafür ist u. a. die Erarbeitung von Organisations- und Arbeitsplänen sehr nützlich.

Die Fachkraft muss
- sich auf die jeweilige Situation einstellen
- umfassende Informationen beschaffen
- die Eigenheiten der Personengruppen herausfinden und akzeptieren
- Alter, Leistungsfähigkeit und Gesundheitszustand berücksichtigen
- Geduld im Umgang mit den Personen aufbringen
- das gesetzte Ziel konsequent verfolgen

Bitte beachten:
Die optimale Erfüllung der Dienstleistung zur Zufriedenheit der Kunden wird wesentlich beeinflusst durch eine gute Organisation sowie von der Aufgeschlossenheit und Wendigkeit der hauswirtschaftlichen Fachkräfte.

3.9.2 ORGANISATION VON BETREUUNGSAUFGABEN

Diese kurz dargestellten Beispiele machen deutlich, dass die Vorbereitung und Durchführung der Betreuungsaufgaben an die hauswirtschaftlichen Fachkräfte besondere Anforderungen stellen und häufig im Zusammenhang stehen mit der Speisen- und Getränkeversorgung sowie mit der Gestaltung von Räumen.

Um die Feier bzw. Veranstaltung oder das gemeinsame Tun zum Erfolg zu führen, sind Organisationspläne, Checklisten und Arbeitsablaufpläne hilfreich. Sie schaffen Sicherheit bei der Durchführung und helfen, Pannen, Hektik und unnötige Kosten weitestgehend zu vermeiden.

In den **Organisationsplänen** werden die erforderlichen Vorbereitungsarbeiten erfasst.
Zeitpläne werden erstellt, der Ablauf wird notiert und evtl. ein Team von Mitarbeitern zusammengestellt.
Des Weiteren bieten **Checklisten** die Möglichkeit, schnell und zügig einzutragen bzw. abzuhaken, was erledigt ist oder was noch getan werden muss. Sie dienen somit als Kontrollinstrument.
Werden Betreuungsaufgaben bearbeitet, sind die Organisations- und Zuständigkeitsstrukturen des Betriebes zu beachten. Die notwendigen Entscheidungen müssen mit der Leitung abgestimmt sein. Die Organisationspläne und Checklisten sind mit den betroffenen Personen und beteiligten Mitarbeitern zu besprechen und Änderungsvorschläge aufzunehmen. Die aufgabenbezogenen Arbeitsablaufpläne können im Team oder von den betreffenden Mitarbeitern erarbeitet werden. Außerdem sind die Ziele und die Qualitätsanforderungen zu erfassen, die erreicht werden sollen.

Raster für einen Organisationsplan:

Aufgabe / Auftrag:
(mit genauen Angaben über Wünsche, Erwartungen, Besonderheiten)

Alter der Gäste / Gruppe: ____________________ Besonderheiten: ____________________

Zeitleiste / Zeitplan

Raumwahl / Platz	▸ Themengerecht alters- und personenbezogene Auswahl treffen unter Berücksichtigung der betrieblichen Möglichkeiten.	▸ Sofort nach Auftragserteilung die Raumbelegung vormerken.
Materialauswahl	▸ Fehlendes Material oder Raumausstattungsgegenstände beschaffen (Stühle, Geschirr, Gläser, Bestecke usw.).	▸ Früh genug Material anfordern, von außerbetrieblichen Unternehmen den Lieferzeitraum ermitteln.
Gestaltung	▸ Dekorations- und Ausgestaltungsmöglichkeiten des Raumes auflisten, wie Blumen- und Raumschmuck, evtl. Sitzordnung vorbereiten, behindertengerechte Bedingungen schaffen.	▸ Je nach Dekorationsausstattung kann schon einige Zeit vor Beginn der Veranstaltung mit den Vorbereitungen begonnen werden.
Speisen- und Getränkeangebot	▸ Unter Berücksichtigung der Aufgabenstellung bzw. des Auftrages oder der Auswertung der Befragung entsprechend die Auswahl treffen, Bestellungen ausführen, Einkauf planen.	▸ Klären, wann was benötigt wird, entsprechend die Ware bestellen bzw. einkaufen.
Unterhaltung, Beschäftigung	▸ Spiele, Bastelarbeiten, Lesungen, Wettbewerbe vorbereiten oder die Veranstaltung an sich ist bereits die Beschäftigung.	▸ Je nach Thema kann eine langfristige Planung erforderlich sein – z. B. bei Referenten, Ausflugsfahrten, Exkursionen. Ansonsten Ideen sammeln und 5–6 Tage vorher eine Auswahl treffen und Material bereitlegen.
Arbeitsverteilung	▸ Erfassen, wer welche Tätigkeiten übernehmen kann, möglicherweise Teilnehmer mit einplanen und sie informieren, Mitarbeiter beteiligen.	▸ Je nach Übernahme von Aufgaben und persönlichen Vorstellungen erledigen.

In der Zeitleiste oder dem Fristenplan wird aufgeführt, zu welchem Zeitpunkt welche Aufgabe erledigt werden sollte. Was muss z. B. drei bis vier Wochen vor dem Termin und was kann zwei Tage vor der Veranstaltung erledigt werden?

Außerdem sind Arbeitspläne zu erstellen. Anhand eines Rasters werden die einzelnen Punkte, wie Raumgestaltung, Speisen- und Getränkeangebote, bzw. ein Rahmenprogramm festgelegt und daraus Arbeitsablaufpläne entwickelt.

Beispiel für einen Arbeitsablaufplan:

Ausgangssituation: Im Jugendgästehaus soll am letzten Abend eine Grillfete stattfinden. Die Getränke werden von dem Jugendleiter besorgt, das Grillgut wird von der Küchenleiterin vorbereitet.
Die Auszubildende erhält den Auftrag, einen sättigenden Salat herzustellen. Für die Zubereitung soll ein Arbeitsablaufplan erstellt werden.

Anzahl: 22 Personen
Alter: 14 bis 17 Jahre

1. ▶ Rezeptauswahl treffen
2. ▶ Zutatenliste aufstellen
   ▶ feststellen, welche Zutaten vorhanden sind
   ▶ fehlende Zutaten beschaffen
3. ▶ Arbeitsablaufplan für einen Nudelsalat (Rezept × 6)

Arbeitsgang/Zeit	Ablauf	Bemerkungen/Begründungen
Vorbereitungsarbeiten Von … bis …	Arbeitskleidung anlegen, Hygienemaßnahmen vor Beginn beachten, Arbeitsplatz einrichten: ▶ Lebensmittel auswiegen, ausmessen usw. ▶ Arbeitsgeräte wie Schüsseln, Schneidebrett, Messer usw. bereitstellen.	Die Nudeln am Vormittag garen und auskühlen lassen.
Hauptarbeiten Von … bis …	**Herstellung des Nudelsalates:** Alle Zutaten nach Rezeptangabe vorbereiten, vermengen, abschmecken. ▶ Vorbereitungsarbeiten können sich beziehen auf entsprechende Schneidetechniken, Garverfahren usw. ▶ Anrichteschüsseln und Anlegebesteck bereitstellen und evtl. Garnierungen vorbereiten. ▶ Den Salat kühl stellen und vor dem Anrichten abschmecken.	Lebensmittelhygiene beachten, insbesondere bei der Verwendung von Mayonnaise.
Nacharbeiten Von … bis …	▶ Arbeitsplatz aufräumen und reinigen. ▶ Am Abend den gekühlten Salat anrichten.	

Eine Checkliste oder Kontrollliste beinhaltet die Zusammenstellung wichtiger Fakten, die bei bestimmtem Aufgaben bzw. betrieblichen Abläufen die Arbeiten überschaubarer darstellen und vereinfachen.

Beispiel eines Rasters für eine Checkliste:

Standort: Grillplatz mit Unterstand, Bänken, Stühlen auf dem betriebseigenen Gelände des Jugendgästehauses.

Thema:	**Grillfete für eine Jugendgruppe**			
Datum/ Zeitplan/ Zeitvorgabe	**Erledigt**		**Bemerkungen/ Hinweise**	**Unterschrift**
		Grillplatz und Rost reinigen und herrichten		
		Grillkohle und Anzünder bereitlegen		
		Arbeitsgeräte und Handschuhe bereitlegen		
		Brandschutz überprüfen		
		Aluminiumschalen und Spieße bereitstellen		
		Dekorationen zusammenstellen		
		Beleuchtung überprüfen		
		Geschirr und Bestecke abgezählt bereitstellen		
		Servietten und Kerzen bereitstellen		
		Gläser/Becher bereitstellen		
		Abfallbehälter bereitstellen		
		Sonstiges:		

Betreuungsaufgaben mit dem MindManager strukturieren

Vor der Planung einer umfassenden Betreuungsaufgabe bietet es sich an, sich eine Übersicht über alle Gestaltungsmöglichkeiten zu verschaffen. Durch Umfragen können Interessen, Vorlieben oder Abneigungen in Erfahrung gebracht werden.
Als Strukturierungshilfe und zur Informationsübersicht kann z. B. die Darstellungsform mittels MindManager verwendet werden.
Eine vereinfachte Version steht vielen Schulen als »MindManager Smart«-Version kostenlos zur Verfügung.
Die Planung der Umfrage könnte dann wie folgt aussehen:

AUFGABEN

Stellen Sie diese Planung mit »MindManager Smart« oder »MindManager« nach. Folgen Sie dabei den unten beschriebenen Schritten oder klicken Sie auf **Hilfe** *im »MindManager«-Programm.*

Übung

1. *Titelsymbol einfügen*
   Klicken Sie unten links **Titel** *an und wählen Sie aus der dann erscheinenden Symbolegalerie das entsprechende Symbol durch Anklicken aus. Halten Sie es fest und ziehen Sie es über den bereits vorhandenen Titel in der Grundeinstellung.*

2. *Text in Titel einfügen*
   Klicken Sie den ausgewählten Titel an, bis er grau hinterlegt ist. Geben Sie dann den Text des Titels wie abgebildet ein. Der Titel erscheint zunächst in einer Zeile und geht über das Titelbild hinaus. Um den Text auf drei Zeilen zu verteilen, gehen Sie mit dem Cursor hinter »Aktivitäten« bzw. »Wintermonate«, drücken Sie dazu die Pfeiltaste über AltGr und die Umschalttaste.

3. *Titelbild vergrößern oder verkleinern*
   Gehen Sie mit dem Cursor in den Titel. Beim Klicken der linken Maustaste erscheint ein Pfeilsymbol ✥.
   Jetzt können Sie den Titel beliebig vergrößern oder verkleinern, indem Sie in Pfeilrichtung hin- und hergehen.

4. *Hauptidee einfügen*
   In der Grundeinstellung sind bereits einige Haupttäste eingefügt. Gehen Sie mit einem Doppelklick auf **Hauptidee einfügen**, *bis es grau hinterlegt ist.*
   Markieren Sie den Text und entfernen Sie ihn. Geben Sie jetzt Ihren eigenen Text, z. B. »Spielenachmittage« ein. Wenn Sie einen neuen Zweig mit einer Hauptidee einfügen wollen, klicken Sie mit der rechten Maustaste auf einen bereits vorhandenen Zweig und wählen Sie aus dem Pulldown-Menü **Nebenzweig einfügen** *durch Anklicken aus.*

Übung

AUFGABEN

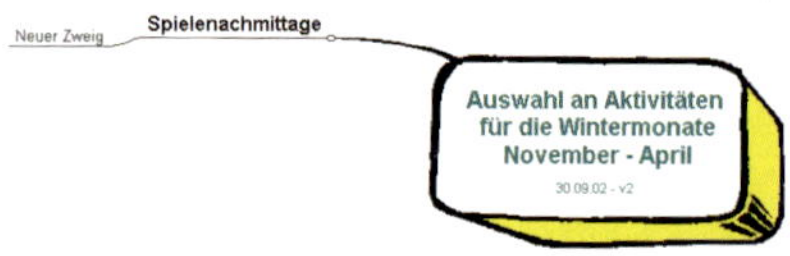

5. *Details hinzufügen*
Klicken Sie mit der rechten Maustaste auf Hauptideen, bis es blau hinterlegt ist. Wählen Sie aus dem dann erscheinenden Pulldown-Menü **Zweig einfügen** *aus. Entfernen Sie die vorhandenen Worte* **Detail einfügen** *durch einen Doppelklick auf diese und geben Sie Ihren eigenen Text ein, z. B. »Brettspiele«.*

6. *Einem Detail ein weiteres Detail hinzufügen*
Klicken Sie z. B. am Hauptast «Sportliche Aktivitäten« auf »Schwimmen«, bis es blau hinterlegt ist. Klicken Sie mit der rechten Maustaste auf **Zweig hinzufügen** *und geben Sie Ihren Text »Hallenbad« ein.*

7. *Zweig an eine andere Stelle setzen*
Am Ende der dicken Hauptäste befinden sich kleine weiße Rechtecke. Klicken Sie eines dieser Rechtecke an, bis der zum Zweig gehörende Text blau-rötlich hinterlegt ist.
Halten Sie den Cursor fest und schieben Sie den Zweig an eine andere Stelle Ihrer Wahl. Diese Vorgehensweise benutzen Sie auch dann, wenn Sie einen Zweig verkürzen oder verlängern möchten.

8. *Symbole einfügen*
Klicken Sie unten rechts z. B. auf **Personen**, *wenn Sie die Abbildung zum Hauptast »Computer« einfügen wollen. Wählen Sie die entsprechende Abbildung durch Anklicken aus und ziehen Sie sie an die gewünschte Stelle. Wenn die Schrift »Computer« in Rot erscheint, ist das Bild fest mit dem Hauptzweig verbunden. Falls Sie später den Zweig an eine andere Stelle schieben, verschiebt sich die Abbildung automatisch mit.*
Möchten Sie die Abbildung löschen oder vom Zweig trennen und an eine andere Stelle schieben, klicken Sie das Bild mit der rechten Maustaste an und wählen **vom Zweig trennen** *oder* **löschen**.

9. *Farbige Hervorhebungen*
Klicken Sie die Textstelle an, die farbig hervorgehoben werden soll, bis sie blau hinterlegt ist. Wählen Sie dann auf der linken Seite eine Farbe unter **Hervorheben** *durch Anklicken aus.*
Sollen die Hauptäste hervorgehoben werden, klicken Sie den Text des Hauptastes an, bis er blau hinterlegt ist. Suchen Sie sich dann auf der linken Seite unter Farben durch Anklicken die gewünschte Farbe aus.

10. *Drucken*
Klicken Sie das Symbol für **Drucken** *in der oberen Menüleiste an.*

11. *Speichern*
Klicken Sie in der oberen Menüleiste **Datei** *an. Wählen Sie aus dem dann erscheinenden Pulldown-Menü* **Speichern unter** *aus und geben Sie Ihrer Datei unter* **Dateiname** *einen entsprechenden Namen, wie z. B. »Winteraktivitäten Seniorenheim«. Klicken Sie dann auf* **Speichern**.

Die Nutzung des Internets für Betreuungsaufgaben

Das Internet kann auch dazu dienen, sich schnell Informationen über bestimmte Pflegehilfsmittel, Krankheiten usw. zu beschaffen. Für Senioren, die sich einsam fühlen, kann der Chat im Internet ein positiver Zeitvertreib sein.
Wenn eine Internetadresse zum Themengebiet bekannt ist, geben Sie diese in die obere Leiste ein. Wenn Sie keine passende Internetadresse kennen, müssen Sie sich von Suchmaschinen die entsprechenden Internetadressen aufzeigen lassen. Adressen häufig genutzter Suchmaschinen sind z. B. www.google.de, www.yahoo.de, www.lycos.de oder www.metager.de.

Geben Sie dann den gesuchten Begriff, z. B. »Alzheimer Erkrankung« ein. Je präziser die Angaben zum Suchbegriff sind, desto geringer ist die Anzahl der erscheinenden Titel. Wenn Sie z. B. nur »Alzheimer« eingeben, erhalten Sie ca. 1.650.000 Angaben, darunter auch z. B. englische oder italienische Texte. Geben Sie aber »Alzheimer Erkrankung« ein, erhalten Sie nur noch 8.720 Titel.

Genauso verhält es sich, wenn Sie auf der Suche nach geeigneten Chatmöglichkeiten für Senioren sind. Geben Sie »Seniorenchat« ein, erhalten Sie 32 Suchergebnisse, für »Seniorenchat Deutsch« nur noch 10.

Grillfete für eine Jugendgruppe

Gehen Sie von der Annahme aus, dass die auf S. 152 erstellte Checkliste ausgehängt werden soll, damit sich die entsprechenden Kollegen in diese Liste eintragen können.
Erstellen Sie dazu mit dem PC eine eigene Checkliste.

Erstellen Sie ein Tabelle mit dem Programm Excel. Sollten Sie darüber nicht verfügen, gehen Sie bitte wie folgt vor:

1. Klicken Sie in der oberen Menüleiste auf **Tabelle** und dann auf **Tabelle einfügen**. Es ist grundsätzlich sinnvoll, zunächst auf dem leeren Blatt mit der Cursortaste eine Leerzeile einzufügen, denn nur dann können Sie noch einen Text einfügen, der nicht in der Tabelle erscheint bzw. nicht die Tabelle verschiebt.
2. Geben Sie dann in dem Pulldown-Menü die Anzahl der benötigten Zeilen und Spalten an und bestätigen Sie mit **OK**.

3. Das Thema »Grillfete für eine Jugendgruppe« soll als Überschrift in der ersten Tabellenzeile deutlich hervortreten und die Spalten sollen nicht in der Zeile erscheinen.
   Markieren Sie hierfür die komplette erste Zeile der Tabelle, klicken Sie in der Menüleiste auf **Tabelle** und im Pulldown-Menü auf **Zellen verbinden**. Wählen Sie anschließend aus der oberen Menüleiste die Schriftart und -größe aus, z. B. **Times New Roman/Schriftgröße 18**. Außerdem klicken Sie auf **F** (= fett) in der oberen Menüleiste, um die Überschrift noch mehr hervorzuheben.
4. Geben Sie in den jeweiligen Spalten den entsprechenden Text ein.

Übung

AUFGABEN

Notieren Sie, welches Wissen bzw. welche Kenntnisse und Fähigkeiten erforderlich sind, um diese Betreuungsaufgabe lösen zu können!
Bedenken Sie Themen wie z. B. Kommunikation, Lebensphasen und Lebenssituationen, Methodenwahl, Fach- und Sozialkompetenzen.
Beschreiben Sie kurz, in welcher Phase welches Thema im Mittelpunkt steht.

Führen Sie Beispiele in Gruppenarbeit durch.

- *Wählen Sie Anlässe für hauswirtschaftliche Betreuung in Ihrer Lerngruppe aus. Planen Sie eventuell die Zusammenarbeit mit Ihren Betrieben.*
- *Formulieren Sie die Aufgabe. Erfassen Sie die Ziele, die Sie für die zu betreuenden Personen und die Sie für sich und das Team selbst erreichen möchten bzw. sollten. Erarbeiten Sie die erforderlichen Organisationspläne und Checklisten. Stellen Sie die Ergebnisse im Plenum vor.*

Setzen Sie ein oder zwei Beispiele gemeinsam um, wie z. B.:

- *Erstellen Sie einen Organisationsplan und eine Checkliste für eine Geburtstagsfeier eines Kindergartenkindes. Es sind sieben Kinder zur Geburtstagsfeier am 10. November eingeladen.*
- *Eine Mitschülerin absolviert ihre Ausbildung in einer Altenwohnanlage. Es sind der Wunsch und die Bitte von der Hausleitung geäußert worden, gemeinsame Veranstaltungen mit einigen Bewohnern durchzuführen. Anfang März übernimmt eine Gruppe diese Aufgabe.*
- *Eine Auszubildende in einem Privathaushalt wird damit beauftragt, für einen Zeitraum von acht Tagen die gehbehinderte Großmutter, die rege am Familienleben teilnimmt, zu betreuen. Eine Mitarbeiterin eines Pflegedienstes kommt am Morgen und Abend zur Entlastung, da die beiden Kinder ebenfalls zu versorgen und zu betreuen sind.*
- *Die Mitarbeit hauswirtschaftlicher Fachkräfte wird bei regionalen und internationalen Veranstaltungen oder Aktionen, wie z. B. beim Tag der Hauswirtschaft, dem Weltkindertag und den Umweltwochen in der Stadt, gewünscht. Planen Sie die Mitarbeit.*

ANHANG

AUSZÜGE AUS GESETZESTEXTEN

BETREUUNGSRECHT

Das Gesetz zur Reform des Rechts der Vormundschaft und Pflegschaft für Volljährige (Betreuungsgesetz – BtG) vom 12. September 1990 (Bundesgesetzblatt, Teil I, Seite 2002) ist am 1. Januar 1992 in Kraft getreten. Es hat erhebliche Verbesserungen für erwachsene Mitbürger gebracht, die früher unter Vormundschaft oder Gebrechlichkeitspflegschaft standen, und beinhaltet auch für die jetzige Tätigkeit der früheren Vormünder und Pfleger als Betreuer viele Vorteile.

Das Gesetz regelt die Betreuung von Erwachsenen, die aufgrund einer psychischen Krankheit oder einer körperlichen, geistigen oder seelischen Behinderung ihre Angelegenheiten nicht oder teilweise nicht selber regeln können.

Das frühere Recht war geprägt durch ein Nebeneinander von Vormundschaft und Gebrechlichkeitspflegschaft. Vormundschaft und Pflegschaft dauerten oft lebenslang, weil Vorschriften für eine regelmäßige Überprüfung fehlten. Seit Inkrafttreten des Betreuungsgesetzes kann niemand mehr entmündigt werden.

Eine Betreuung kann nur angeordnet werden, wenn bei der betroffenen Person eine Hilfsbedürftigkeit vorliegt, die auf einer der folgenden, im Gesetz (BGB § 1896 Abs. 1) genannten Krankheiten oder Behinderungen beruht:

- psychische Krankheiten
- geistige Behinderungen
- seelische Behinderungen
- körperliche Behinderungen

Ein Betreuer wird nur bestellt, wenn eine Person nicht in der Lage ist, sich ausreichend um die eigenen Belange zu kümmern. Dabei muss zunächst festgestellt werden, ob nicht andere Hilfestellungen möglich sind, wie die Unterstützung durch Familienangehörige, Bekannte oder soziale Dienste. Diese Hilfen sind vorrangig in Anspruch zu nehmen.

In der Regel ist die Bestellung eines Betreuers auch nicht gerechtfertigt, wenn es nur darum geht, dass jemand z. B. seinen Haushalt nicht mehr führen oder die Wohnung nicht mehr verlassen kann. In diesem Fall sind praktische Hilfen notwendig, z. B. durch jemanden, der die Wohnung sauber hält oder sich um das Essen kümmert. Hierfür wird jedoch kein gesetzlicher Vertreter gebraucht.

Betreuer dürfen nur für die Aufgabenbereiche bestellt werden, in denen eine Betreuung tatsächlich erforderlich ist (BGB § 1896 Abs. 2). Bereiche, die die Betroffenen eigenständig erledigen können, dürfen nicht den Betreuern übertragen werden. Was die Betreuten noch selbst tun können und wofür sie einen gesetzlichen Vertreter benötigen, wird in einem gerichtlichen Verfahren festgestellt.

Die Bestellung eines Betreuers ist keine Entrechtung. Sie hat nicht zur Folge, dass der Betreute geschäftsunfähig wird. Die Wirksamkeit der von ihm abgegebenen Erklärungen wird, wie bei allen anderen Personen auch, nur danach beurteilt, ob er deren Wesen, Bedeutung und Tragweite einsehen und sein Handeln danach ausrichten kann. Ist diese Einsicht nicht mehr vorhanden, dann ist der Betreute »im natürlichen Sinne« – unabhängig von der Betreuerbestellung – geschäftsunfähig (BGB § 104 Nr. 2).

Der Betreuer hat die Aufgabe, den Betreuten in dem ihm übertragenen Wirkungskreis zu vertreten. Er hat die Stellung eines gesetzlichen Vertreters; dies gilt auch, wenn er im Namen des Betreuten Prozesse führt (BGB § 1902). Von seiner Vertretungsbefugnis werden aber nur die Handlungen innerhalb des ihm zugewiesenen Aufgabenkreises erfasst. Wenn der Betreuer feststellt, dass der Betreute auch in anderen Bereichen Unterstützung durch einen gesetzlichen Vertreter braucht, darf er hier nicht einfach tätig werden. Er muss vielmehr das Vormundschaftsgericht unterrichten und dessen Entscheidung abwarten. Nur in besonders eiligen Fällen kann er als Geschäftsführer ohne Auftrag handeln. Auch alle anderen Umstände, die im Hinblick auf den Erforderlichkeitsgrundsatz cinc Einschränkung oder Aufhebung der gerichtlichen Entscheidung ergeben könnten, hat er dem Vormundschaftsgericht mitzuteilen (BGB § 1901, Abs. 5). Ist sich der Betreuer nicht sicher, ob eine bestimmte Handlung in seinen Aufgabenbereich fällt, empfiehlt sich eine Rückfrage beim Vormundschaftsgericht.
Ein besonderes Kennzeichen des Betreuungsrechts ist darin zu sehen, dass es die persönlichen Angelegenheiten der betroffenen Menschen gegenüber den Vermögensangelegenheiten in den Vordergrund rückt. Das persönliche Wohlergehen des ihm anvertrauten Menschen darf dem Betreuer – unabhängig von seinem Aufgabenkreis – nie gleichgültig sein.

(Die hier aufgeführten Beschreibungen des Betreuungsrechts sind entnommen aus der Broschüre »Das Betreuungsrecht« vom Bundesministerium der Justiz, Stand Januar 2000.)

Der Betreuer wird vom Vormundschaftsgericht bestellt. Dabei muss nach Möglichkeit eine einzelne Person ausgewählt werden (BGB § 1897 Abs. 1). Dies kann eine dem Betroffenen nahe stehende Person, ein Mitglied eines Betreuungsvereins oder eine sonst ehrenamtlich tätige Person sowie ein selbstständiger Berufsbetreuer, ein Angestellter eines Betreuungsvereins oder ein Beschäftigter der zuständigen Betreuungsbehörde sein.

Schweigepflicht

Die Schweigepflicht ist die Pflicht zur Geheimhaltung von Tatsachen. Die Verpflichtung zur Verschwiegenheit kann sich aufgrund des Arbeits- bzw. Tarifvertrages ergeben. Für Angestellte im öffentlichen Dienst ist die Verschwiegenheitspflicht im § 9 des Bundesangestelltentarifvertrags festgeschrieben. Sie bedeutet, dass jemand, der während seiner Berufstätigkeit Informationen über Personen, deren Krankheiten etc., aber auch über finanzielle Angelegenheiten erhält, gegenüber Dritten der Schweigepflicht unterliegt.

MUTTERSCHUTZGESETZ – MuSchG

Alle Frauen, die in einem Arbeitsverhältnis stehen, genießen während der Schwangerschaft und nach der Geburt einen besonderen Schutz.

Das Mutterschutzgesetz bewahrt die schwangere Frau und die Mutter vor Kündigung und in den meisten Fällen auch vor vorübergehender Minderung des Einkommens. Es schützt darüber hinaus die Gesundheit der (werdenden) Mutter und des Kindes vor Gefahren am Arbeitsplatz.

Die Mutterschutzfrist beginnt sechs Wochen vor dem berechneten Geburtstermin und endet regulär acht Wochen, bei medizinischen Frühgeburten und Mehrlingsgeburten zwölf Wochen nach der Entbindung. Bei medizinischen Frühgeburten, also in der Regel bei einem Geburtsgewicht von unter 2.500 Gramm, und seit dem Inkrafttreten des neuen Mutterschutzgesetzes am 20. 06. 2002 auch bei sonstigen vorzeitigen Entbindungen verlängert sich die Mutterschutzfrist nach der Geburt um die Tage, die vor der Entbindung nicht in Anspruch genommen werden konnten. Somit haben alle Arbeitnehmerinnen einen Anspruch auf eine Mutterschutzfrist von insgesamt mindestens 14 Wochen.

Weitere wichtige Bestimmungen des Mutterschutzgesetzes sind, dass im Falle eines Beschäftigungsverbotes die werdende Mutter ihren bisherigen Durchschnittsverdienst (Mutterschutzlohn) erhält. Während der Mutterschutzfristen vor und nach der Geburt und für den Entbindungstag bekommen Frauen Mutterschaftsgeld von der Krankenkasse und einen Arbeitgeberzuschuss.

Bei der Berechnung des Arbeitgeberzuschusses zum Mutterschaftsgeld sind Verdiensterhöhungen, die während der Mutterschutzfristen wirksam werden, zu berücksichtigen.

Allen Frauen, einschließlich den nicht in der gesetzlichen Krankenkasse versicherten schwangeren Arbeitnehmerinnen, muss ohne Kürzung des Arbeitsentgelts Freizeit für notwendige ärztliche Vorsorgeuntersuchungen, die nur während der Arbeitszeit möglich sind, gewährt werden.

Die Mutterschutzfristen und andere mutterschutzrechtliche Beschäftigungsverbote zählen bei der Berechnung des Erholungsurlaubs als Beschäftigungszeiten.

Kleinbetriebe erhalten von der gesetzlichen Krankenkasse 100 % der wesentlichen Arbeitgeberkosten im Mutterschaftsfall erstattet.

Die Verpflichtung des Arbeitgebers zum Schutz der Mütter am Arbeitsplatz ergibt sich ergänzend aus der Mutterschutzrichtlinienverordnung vom 15. April 1997.

BUNDESSOZIALHILFEGESETZ – BSHG

Das Bundessozialhilfegesetz regelt die Sozialhilfe. Grundsatz ist die Hilfe zur Selbsthilfe (BSHG § 1). Sozialhilfe erhält nicht, wer sich selbst helfen kann oder die notwendige Hilfe von anderen, zum Beispiel von unterhaltspflichtigen Angehörigen oder anderen Sozialleistungsträgern, erhalten kann (BSHG § 2). Die Sozialhilfe unterscheidet die Hilfe zum Lebensunterhalt und die Hilfe in besonderen Lebenslagen. Die Einkommens- und Vermögensverhältnisse werden bei der Sozialhilfe einbezogen (BSHG §§ 76–89). Zuständig sind die örtlichen (Sozialamt) und überörtlichen Sozialhilfeträger (Landessozialamt, Landschaftsverband).

Hilfe zum Lebensunterhalt wird in der Regel Personen gewährt, deren Einkommen niedriger ist als der Regelsatz und die Kosten der Unterkunft (so genanntes Existenzminimum). Die Hilfe betrifft vor allem Ernährung, Unterkunft, Kleidung, Körperpflege, Hausrat, persönliche Bedürfnisse des täglichen Lebens und die Teilnahme am sozialen und kulturellen Leben (BSHG § 12).

Hilfen in besonderen Lebenslagen (BSHG § 27) umfassen je nach individueller Ausgangssituation z. B.: Hilfe zum Aufbau oder zur Sicherung der Lebensgrundlage, vorbeugende Gesundheitshilfe, Krankenhilfe, Hilfe für werdende Mütter, Eingliederungshilfe für Menschen mit Behinderungen, Blindenhilfe, Hilfe zur Pflege, Hilfe zur Weiterführung des Haushalts sowie Altenhilfe.

Die Eingliederungshilfe für Menschen mit Behinderungen ist von besonderer Bedeutung, wenn kein anderer Reha-Träger vorrangig zuständig ist. Diese Hilfe soll die Folgen einer Behinderung beseitigen oder mildern oder eine drohende Behinderung verhüten, Menschen mit Behinderungen in die Gesellschaft eingliedern, ihnen die Ausübung einer angemessenen beruflichen Tätigkeit ermöglichen und sie weitgehend von Pflege unabhängig machen. Dazu zählt auch die Versorgung mit Hilfsmitteln (z. B. technische Hilfen, behinderungsgerecht ausgestattetes Fahrzeug), sofern diese nicht von der Krankenkasse übernommen wird. Die Eingliederungshilfe kann von Menschen mit Behinderungen auch bei einer schulischen Berufsausbildung oder einem Studium in Anspruch genommen werden. Durch die Eingliederungshilfeverordnung zum BSHG sind der Umfang und die Voraussetzungen der Hilfe geregelt.

JUGENDARBEITSSCHUTZGESETZ – JArbSchG

Auszug einiger Paragraphen aus dem Jugendarbeitsschutzgesetz, in der Fassung der Bekanntmachung vom 12. April 1976 im Bundesgesetzblatt (BGBl. I 1976, S. 965), zuletzt geändert durch Artikel 36 des 4. Euro-Einführungsgesetzes vom 21. Dezember 2000 (BGBl. I 2000, S. 1993)

§ 1 Geltungsbereich

(1) Dieses Gesetz gilt für die Beschäftigung von Personen, die noch nicht 18 Jahre alt sind
1. in der Berufsausbildung,
2. als Arbeitnehmer oder Heimarbeiter,
3. mit sonstigen Dienstleistungen, die der Arbeitsleistung von Arbeitnehmern oder Heimarbeitern ähnlich sind,
4. in einem der Berufsausbildung ähnlichen Ausbildungsverhältnis.

(2) Dieses Gesetz gilt nicht
1. für geringfügige Hilfeleistungen, soweit sie gelegentlich
a) aus Gefälligkeit,
b) aufgrund familienrechtlicher Vorschriften,
c) in Einrichtungen der Jugendhilfe,
d) in Einrichtungen zur Eingliederung von Menschen mit Behinderungen
erbracht werden,
2. für die Beschäftigung durch die Personensorgeberechtigten im Familienhaushalt.

§ 2 Kind, Jugendlicher

(1) Kind im Sinne dieses Gesetzes ist, wer noch nicht 15 Jahre alt ist.

(2) Jugendlicher im Sinne dieses Gesetzes ist, wer 15, aber noch nicht 18 Jahre alt ist.

(3) Auf Jugendliche, die der Vollzeitschulpflicht unterliegen, finden die für Kinder geltenden Vorschriften Anwendung.

§ 3 Arbeitgeber

Arbeitgeber im Sinne dieses Gesetzes ist, wer ein Kind oder einen Jugendlichen gemäß § 1 beschäftigt.

§ 4 Arbeitszeit

(1) Tägliche Arbeitszeit ist die Zeit vom Beginn bis zum Ende der täglichen Beschäftigung ohne Ruhepausen (§ 11).

(2) Schichtzeit ist die tägliche Arbeitszeit unter Hinzurechnung der Ruhepausen (§ 11).

(...)

(4) Für die Berechnung der wöchentlichen Arbeitszeit ist als Woche die Zeit von Montag bis einschließlich Sonntag zugrunde zu legen. Die Arbeitszeit, die an einem Werktag infolge eines gesetzlichen Feiertags ausfällt, wird auf die wöchentliche Arbeitszeit angerechnet.

(5) Wird ein Kind oder ein Jugendlicher von mehreren Arbeitgebern beschäftigt, so werden die Arbeits- und Schichtzeiten sowie die Arbeitstage zusammengerechnet.

§ 5 Verbot der Beschäftigung von Kindern

(1) Die Beschäftigung von Kindern (§ 2 Abs. 1) ist verboten.

(2) Das Verbot des Absatzes 1 gilt nicht für die Beschäftigung von Kindern
1. zum Zwecke der Beschäftigungs- und Arbeitstherapie,
2. im Rahmen des Betriebspraktikums während der Vollzeitschulpflicht,
3. in Erfüllung einer richterlichen Weisung.

(...)

(3) Das Verbot des Absatzes 1 gilt ferner nicht für die Beschäftigung von Kindern über 13 Jahre mit Einwilligung des Personensorgeberechtigten, soweit die Beschäftigung leicht und für Kinder geeignet ist. Die Beschäftigung ist leicht, wenn sie aufgrund ihrer Beschaffenheit und der besonderen Bedingungen, unter denen sie ausgeführt wird
1. die Sicherheit, Gesundheit und Entwicklung der Kinder,
2. ihren Schulbesuch, ihre Beteiligung an Maßnahmen zur Berufswahlvorbereitung oder Berufsausbildung, die von der zuständigen Stelle anerkannt sind, und
3. ihre Fähigkeit, dem Unterricht mit Nutzen zu folgen, nicht nachteilig beeinflusst. Die Kinder dürfen nicht mehr als zwei Stunden täglich, in landwirtschaftlichen Familienbetrieben nicht mehr als drei Stunden täglich, nicht zwischen 18 und 8 Uhr, nicht vor dem Schulunterricht und nicht während des Schulunterrichts beschäftigt werden. Auf die Beschäftigung finden die §§ 15 bis 31 entsprechende Anwendung.

(4) Das Verbot des Absatzes 1 gilt ferner nicht für die Beschäftigung von Jugendlichen (§ 2 Abs. 3) während der Schulferien für höchstens vier Wochen im Kalenderjahr. Auf die Beschäftigung finden die §§ 8 bis 31 entsprechende Anwendung.

(4a) Die Bundesregierung hat durch Rechtsverordnung mit Zustimmung des Bundesrates die Beschäftigung nach Absatz 3 näher zu bestimmen.

(4b) Der Arbeitgeber unterrichtet die Personensorgeberechtigten der von ihm beschäftigten Kinder über mögliche Gefahren sowie über alle zu ihrer Sicherheit und ihrem Gesundheitsschutz getroffenen Maßnahmen.

(5) Für Veranstaltungen kann die Aufsichtsbehörde Ausnahmen gemäß § 6 bewilligen.

§ 7 Beschäftigung von nicht vollzeitschulpflichtigen Kindern

Kinder, die der Vollzeitschulpflicht nicht mehr unterliegen, dürfen
1. im Berufsausbildungsverhältnis,
2. außerhalb eines Berufsausbildungsverhältnisses

nur mit leichten und für sie geeigneten Tätigkeiten bis zu sieben Stunden täglich und 35 Stunden wöchentlich beschäftigt werden. Auf die Beschäftigung finden die §§ 8 bis 46 entsprechende Anwendung.

Beschäftigung Jugendlicher

Arbeitszeit und Freizeit

§ 8 Dauer der Arbeitszeit

(1) Jugendliche dürfen nicht mehr als acht Stunden täglich und nicht mehr als 40 Stunden wöchentlich beschäftigt werden.

(2) Wenn in Verbindung mit Feiertagen an Werktagen nicht gearbeitet wird, damit die Beschäftigten eine längere zusammenhängende Freizeit haben, so darf die ausfallende Arbeitszeit auf die Werktage von fünf zusammen-

hängenden, die Ausfalltage einschließenden Wochen nur dergestalt verteilt werden, dass die Wochenarbeitszeit im Durchschnitt dieser fünf Wochen 40 Stunden nicht überschreitet. Die tägliche Arbeitszeit darf hierbei achteinhalb Stunden nicht überschreiten.

(2a) Wenn an einzelnen Werktagen die Arbeitszeit auf weniger als acht Stunden verkürzt ist, können Jugendliche an den übrigen Werktagen derselben Woche achteinhalb Stunden beschäftigt werden.

(3) In der Landwirtschaft dürfen Jugendliche über 16 Jahre während der Erntezeit nicht mehr als neun Stunden täglich und nicht mehr als 85 Stunden in der Doppelwoche beschäftigt werden.

§ 9 Berufsschule

(1) Der Arbeitgeber hat den Jugendlichen für die Teilnahme am Berufsschulunterricht freizustellen. Er darf den Jugendlichen nicht beschäftigen
1. vor einem vor 9 Uhr beginnenden Unterricht; dies gilt auch für Personen, die über 18 Jahre alt und noch berufsschulpflichtig sind,
2. an einem Berufsschultag mit mehr als fünf Unterrichtsstunden von mindestens je 45 Minuten, einmal in der Woche,
3. in Berufsschulwochen mit einem planmäßigen Blockunterricht von mindestens 25 Stunden an mindestens fünf Tagen; zusätzliche betriebliche Ausbildungsveranstaltungen bis zu zwei Stunden wöchentlich sind zulässig.

(2) Auf die Arbeitszeit werden angerechnet
1. Berufsschultage nach Absatz 1 Nr. 2 mit acht Stunden,
2. Berufsschulwochen nach Absatz 1 Nr. 3 mit 40 Stunden,
3. im Übrigen die Unterrichtszeit einschließlich der Pausen.

(3) Ein Entgeltausfall darf durch den Besuch der Berufsschule nicht eintreten.

§ 10 Prüfungen und außerbetriebliche Ausbildungsmaßnahmen

(1) Der Arbeitgeber hat den Jugendlichen
1. für die Teilnahme an Prüfungen und Ausbildungsmaßnahmen, die aufgrund öffentlich-rechtlicher oder vertraglicher Bestimmungen außerhalb der Ausbildungsstätte durchzuführen sind,
2. an dem Arbeitstag, der der schriftlichen Abschlussprüfung unmittelbar vorangeht,

freizustellen.

(2) Auf die Arbeitszeit werden angerechnet
1. die Freistellung nach Absatz 1 Nr. 1 mit der Zeit der Teilnahme einschließlich der Pausen,
2. die Freistellung nach Absatz 1 Nr. 2 mit acht Stunden. Ein Entgeltausfall darf nicht eintreten.

§ 11 Ruhepausen, Aufenthaltsräume

(1) Jugendlichen müssen im Voraus feststehende Ruhepausen von angemessener Dauer gewährt werden. Die Ruhepausen müssen mindestens betragen
1. 30 Minuten bei einer Arbeitszeit von mehr als viereinhalb bis zu sechs Stunden,
2. 60 Minuten bei einer Arbeitszeit von mehr als sechs Stunden.

Als Ruhepause gilt nur eine Arbeitsunterbrechung von mindestens 15 Minuten.

(2) Die Ruhepausen müssen in angemessener zeitlicher Lage gewährt werden, frühestens eine Stunde nach Beginn und spätestens eine Stunde vor Ende

der Arbeitszeit. Länger als viereinhalb Stunden hintereinander dürfen Jugendliche nicht ohne Ruhepause beschäftigt werden.

(3) Der Aufenthalt während der Ruhepausen in Arbeitsräumen darf den Jugendlichen nur gestattet werden, wenn die Arbeit in diesen Räumen während dieser Zeit eingestellt ist und auch sonst die notwendige Erholung nicht beeinträchtigt wird.

§ 12 Schichtzeit

Bei der Beschäftigung Jugendlicher darf die Schichtzeit (§ 4 Abs. 2) 10 Stunden, im Bergbau unter Tage 8 Stunden, im Gaststättengewerbe, in der Landwirtschaft, in der Tierhaltung, auf Bau- und Montagestellen 11 Stunden nicht überschreiten.

§ 13 Tägliche Freizeit

Nach Beendigung der täglichen Arbeitszeit dürfen Jugendliche nicht vor Ablauf einer ununterbrochenen Freizeit von mindestens 12 Stunden beschäftigt werden.

§ 14 Nachtruhe

(1) Jugendliche dürfen nur in der Zeit von 6 bis 20 Uhr beschäftigt werden.

(2) Jugendliche über 16 Jahre dürfen
   1. im Gaststätten- und Schaustellergewerbe bis 22 Uhr,
   2. in mehrschichtigen Betrieben bis 23 Uhr,
   3. in der Landwirtschaft ab 5 Uhr oder bis 21 Uhr,
   4. in Bäckereien und Konditoreien ab 5 Uhr

   beschäftigt werden.

(3) Jugendliche über 17 Jahre dürfen in Bäckereien ab 4 Uhr beschäftigt werden.

(4) An dem einem Berufsschultag unmittelbar vorangehenden Tag dürfen Jugendliche auch nach Absatz 2 Nr. 1 bis 3 nicht nach 20 Uhr beschäftigt werden, wenn der Berufsschulunterricht am Berufsschultag vor 9 Uhr beginnt.

(...)

§ 15 Fünf-Tage-Woche

Jugendliche dürfen nur an fünf Tagen in der Woche beschäftigt werden. Die beiden wöchentlichen Ruhetage sollen nach Möglichkeit aufeinander folgen.

§ 16 Samstagsruhe

(1) An Samstagen dürfen Jugendliche nicht beschäftigt werden.

(2) Zulässig ist die Beschäftigung Jugendlicher an Samstagen nur
   1. in Krankenanstalten sowie in Alten-, Pflege- und Kinderheimen,
   2. in offenen Verkaufsstellen, in Betrieben mit offenen Verkaufsstellen, in Bäckereien und Konditoreien, im Friseurhandwerk und im Marktverkehr,
   3. im Verkehrswesen,
   4. in der Landwirtschaft und Tierhaltung,
   5. im Familienhaushalt,
   6. im Gaststätten- und Schaustellergewerbe.

(...)

(3) Werden Jugendliche am Samstag beschäftigt, ist ihnen die Fünf-Tage-Woche (§ 15) durch Freistellung an einem anderen berufsschulfreien Arbeitstag derselben Woche sicherzustellen. In Betrieben mit einem Betriebsruhetag in der Woche kann die Freistellung auch an diesem Tag erfolgen, wenn die Jugendlichen an diesem Tag keinen Berufsschulunterricht haben.

(4) Können Jugendliche in den Fällen des Absatzes 2 Nr. 2 am Samstag nicht acht Stunden beschäftigt werden, kann der Unterschied zwischen der tatsächlichen und der nach § 8 Abs. 1 höchstzulässigen Arbeitszeit an dem Tag bis 13 Uhr ausgeglichen werden, an dem die Jugendlichen nach Absatz 3 Satz 1 freizustellen sind.

§ 17 Sonntagsruhe

(1) An Sonntagen dürfen Jugendliche nicht beschäftigt werden.

(2) Zulässig ist die Beschäftigung Jugendlicher an Sonntagen nur

1. in Krankenanstalten sowie in Alten-, Pflege- und Kinderheimen,
2. in der Landwirtschaft und Tierhaltung mit Arbeiten, die auch an Sonn- und Feiertagen naturnotwendig vorgenommen werden müssen,
3. im Familienhaushalt, wenn der Jugendliche in die häusliche Gemeinschaft aufgenommen ist.

(...)

(3) Werden Jugendliche am Sonntag beschäftigt, ist ihnen die Fünf-Tage-Woche (§ 15) durch Freistellung an einem anderen berufsschulfreien Arbeitstag derselben Woche sicherzustellen. In Betrieben mit einem Betriebsruhetag in der Woche kann die Freistellung auch an diesem Tag erfolgen, wenn die Jugendlichen an diesem Tag keinen Berufsschulunterricht haben.

§ 18 Feiertagsruhe

(1) Am 24. und 31. Dezember nach 14 Uhr und an gesetzlichen Feiertagen dürfen Jugendliche nicht beschäftigt werden.

(2) Zulässig ist die Beschäftigung Jugendlicher an gesetzlichen Feiertagen in den Fällen des § 17 Abs. 2, ausgenommen am 25. Dezember, am 1. Januar, am ersten Osterfeiertag und am 1. Mai.

(3) Für die Beschäftigung an einem gesetzlichen Feiertag, der auf einen Werktag fällt, ist der Jugendliche an einem anderen berufsschulfreien Arbeitstag derselben oder der folgenden Woche freizustellen. In Betrieben mit einem Betriebsruhetag in der Woche kann die Freistellung auch an diesem Tag erfolgen, wenn die Jugendlichen an diesem Tag keinen Berufsschulunterricht haben.

§ 19 Urlaub

(1) Der Arbeitgeber hat Jugendlichen für jedes Kalenderjahr einen bezahlten Erholungsurlaub zu gewähren.

(2) Der Urlaub beträgt jährlich

1. mindestens 30 Werktage, wenn der Jugendliche zu Beginn des Kalenderjahres noch nicht 16 Jahre alt ist,
2. mindestens 27 Werktage, wenn der Jugendliche zu Beginn des Kalenderjahres noch nicht 17 Jahre alt ist,
3. mindestens 25 Werktage, wenn der Jugendliche zu Beginn des Kalenderjahres noch nicht 18 Jahre alt ist. Jugendliche, die im Bergbau unter Tage beschäftigt werden, erhalten in jeder Altersgruppe einen zusätzlichen Urlaub von drei Werktagen.

(3) Der Urlaub soll Berufsschülern in der Zeit der Berufsschulferien gegeben werden. Soweit er nicht in den Berufsschulferien gegeben wird, ist für jeden Berufsschultag, an dem die Berufsschule während des Urlaubs besucht wird, ein weiterer Urlaubstag zu gewähren.

(4) Im Übrigen gelten für den Urlaub der Jugendlichen § 3 Abs. 2, §§ 4 bis 12 und § 13 Abs. 3 des Bundesurlaubsgesetzes. Der Auftraggeber oder Zwischenmeister hat jedoch abweichend von § 12 Nr. 1 des Bundesur-

laubsgesetzes den jugendlichen Heimarbeitern für jedes Kalenderjahr einen bezahlten Erholungsurlaub entsprechend Absatz 2 zu gewähren; das Urlaubsentgelt der jugendlichen Heimarbeiter beträgt bei einem Urlaub von 30 Werktagen 11,6 vom Hundert, bei einem Urlaub von 27 Werktagen 10,3 vom Hundert und bei einem Urlaub von 25 Werktagen 9,5 vom Hundert.

(...)

Beschäftigungsverbote und -beschränkungen

§ 22 Gefährliche Arbeiten

(1) Jugendliche dürfen nicht beschäftigt werden

1. mit Arbeiten, die ihre physische oder psychische Leistungsfähigkeit übersteigen,
2. mit Arbeiten, bei denen sie sittlichen Gefahren ausgesetzt sind,
3. mit Arbeiten, die mit Unfallgefahren verbunden sind, von denen anzunehmen ist, dass Jugendliche sie wegen mangelnden Sicherheitsbewusstseins oder mangelnder Erfahrung nicht erkennen oder nicht abwenden können,
4. mit Arbeiten, bei denen ihre Gesundheit durch außergewöhnliche Hitze oder Kälte oder starke Nässe gefährdet wird,
5. mit Arbeiten, bei denen sie schädlichen Einwirkungen von Lärm, Erschütterungen oder Strahlen ausgesetzt sind,
6. mit Arbeiten, bei denen sie schädlichen Einwirkungen von Gefahrstoffen im Sinne des Chemikaliengesetzes ausgesetzt sind,
7. mit Arbeiten, bei denen sie schädlichen Einwirkungen von biologischen Arbeitsstoffen im Sinne der Richtlinie 90/679/EWG des Rates vom 26. Novemver 1990 zum Schutze der Arbeitnehmer gegen Gefährdung durch biologische Arbeitsstoffe bei der Arbeit ausgesetzt sind.

(2) Absatz 1 Nr. 3 bis 7 gilt nicht für die Beschäftigung Jugendlicher, soweit

1. dies zur Erreichung ihres Ausbildungszieles erforderlich ist,
2. ihr Schutz durch die Aufsicht eines Fachkundigen gewährleistet ist und
3. der Luftgrenzwert bei gefährlichen Stoffen (Absatz 1 Nr. 6) unterschritten wird.

(...)

(3) Werden Jugendliche in einem Betrieb beschäftigt, für den ein Betriebsarzt oder eine Fachkraft für Arbeitssicherheit verpflichtet ist, muss ihre betriebsärztliche oder sicherheitstechnische Betreuung sichergestellt sein.

(...)

GESETZ ZUR VERHÜTUNG UND BEKÄMPFUNG VON INFEKTIONSKRANKHEITEN BEIM MENSCHEN

(Infektionsschutzgesetz – IFSG)

Ziel des IFSG ist es, den Schutz der Bevölkerung vor ansteckenden Krankheiten zu verbessern. Alle Beteiligten werden dabei zur Eigenverantwortung aufgefordert. So bestimmt § 34 Abs.1 des IFSG, dass Personen, die an einer Infektionskrankheit leiden oder verlaust sind, keine Lehr-, Erziehungs-, Pflege-, Aufsichts- oder sonstige Tätigkeit ausüben dürfen, bis nach ärztlichem Urteil eine weitere Verbreitung nicht mehr stattfindet. Den Betroffenen ist ein Merkblatt auszuhändigen zur Belehrung über diese Information. Die Belehrung mit Ausgabe eines Merkblattes muss alle zwei Jahre wiederholt werden.

(BGBl. I 2000 S. 1045)
Artikel 1 des Gesetzes zur Neuordnung seuchenrechtlicher Vorschriften – (Seuchenrechtsneuordnungsgesetz – SeuchRNeuG vom 20. Juli 2000)

§1 Zweck des Gesetzes

(1) Zweck des Gesetzes ist es, übertragbaren Krankheiten beim Menschen vorzubeugen, Infektionen frühzeitig zu erkennen und ihre Weiterverbreitung zu verhindern.

(2) Die hierfür notwendige Mitwirkung und Zusammenarbeit von Behörden des Bundes, der Länder und der Kommunen, Ärzten, Tierärzten, Krankenhäusern, wissenschaftlichen Einrichtungen sowie sonstigen Beteiligten soll entsprechend dem jeweiligen Stand der medizinischen und epidemiologischen Wissenschaft und Technik gestaltet und unterstützt werden. Die Eigenverantwortung der Träger und Leiter von Gemeinschaftseinrichtungen, Lebensmittelbetrieben, Gesundheitseinrichtungen sowie des Einzelnen bei der Prävention übertragbarer Krankheiten soll verdeutlicht und gefördert werden.

§2 Begriffsbestimmungen

Im Sinne dieses Gesetzes ist

1. *Krankheitserreger*
   ein vermehrungsfähiges Agens (Virus, Bakterium, Pilz, Parasit) oder ein sonstiges biologisches transmissibles Agens, das bei Menschen eine Infektion oder übertragbare Krankheit verursachen kann,
2. *Infektion*
   die Aufnahme eines Krankheitserregers und seine nachfolgende Entwicklung oder Vermehrung im menschlichen Organismus,
3. *übertragbare Krankheit*
   eine durch Krankheitserreger oder deren toxische Produkte, die unmittelbar oder mittelbar auf den Menschen übertragen werden, verursachte Krankheit,
4. *Kranker*
   eine Person, die an einer übertragbaren Krankheit erkrankt ist,
5. *Krankheitsverdächtiger*
   eine Person, bei der Symptome bestehen, welche das Vorliegen einer bestimmten übertragbaren Krankheit vermuten lassen,

6. *Ausscheider*
eine Person, die Krankheitserreger ausscheidet und dadurch eine Ansteckungsquelle für die Allgemeinheit sein kann, ohne krank oder krankheitsverdächtig zu sein,
7. *Ansteckungsverdächtiger*
eine Person, von der anzunehmen ist, dass sie Krankheitserreger aufgenommen hat, ohne krank, krankheitsverdächtig oder Ausscheider zu sein,
8. *nosokomiale Infektion*
eine Infektion mit lokalen oder systemischen Infektionszeichen als Reaktion auf das Vorhandensein von Erregern oder ihrer Toxine, die im zeitlichen Zusammenhang mit einer stationären oder einer ambulanten medizinischen Maßnahme steht, soweit die Infektion nicht bereits vorher bestand,
9. *Schutzimpfung*
die Gabe eines Impfstoffes mit dem Ziel, vor einer übertragbaren Krankheit zu schützen,
10. *andere Maßnahme der spezifischen Prophylaxe*
die Gabe von Antikörpern (passive Immunprophylaxe) oder die Gabe von Medikamenten (Chemoprophylaxe) zum Schutz vor Weiterverbreitung bestimmter übertragbarer Krankheiten,
11. *Impfschaden*
die gesundheitliche und wirtschaftliche Folge einer über das übliche Ausmaß einer Impfreaktion hinausgehenden gesundheitlichen Schädigung durch die Schutzimpfung; ein Impfschaden liegt auch vor, wenn mit vermehrungsfähigen Erregern geimpft wurde und eine andere als die geimpfte Person geschädigt wurde,
12. *Gesundheitsschädling*
ein Tier, durch das Krankheitserreger auf Menschen übertragen werden können,
13. *Sentinel-Erhebung*
eine epidemiologische Methode zur stichprobenartigen Erfassung der Verbreitung bestimmter übertragbarer Krankheiten und der Immunität gegen bestimmte übertragbare Krankheiten in ausgewählten Bevölkerungsgruppen,
14. *Gesundheitsamt*
die nach Landesrecht für die Durchführung dieses Gesetzes bestimmte und mit einem Amtsarzt besetzte Behörde.

§3 Prävention durch Aufklärung

Die Information und Aufklärung der Allgemeinheit über die Gefahren übertragbarer Krankheiten und die Möglichkeiten zu deren Verhütung sind eine öffentliche Aufgabe. Insbesondere haben die nach Landesrecht zuständigen Stellen über Möglichkeiten des allgemeinen und individuellen Infektionsschutzes sowie über Beratungs-, Betreuungs- und Versorgungsangebote zu informieren.

PFLEGELEISTUNGSERGÄNZUNGSGESETZ §§ 45a SGB IX ff.

Seit 01. Januar 2002 gibt es ein neues Gesetz (PflEg § 45 SGB XI), das vorsieht, Betreuungsleistungen von bis zu 460 Euro jährlich zu erstatten. Anspruchsberechtigt ist, wer mindestens in der Pflegestufe 1 ist und zusätzlich vom Medizinischen Dienst geprüft wurde, ob die pflegebedürftige Person in ihrer Alltagskompetenz erheblich eingeschränkt ist.

In dem neuen Gesetz sind 13 »Fähigkeitsstörungen« (s. u.) aufgeführt, von denen wenigstens zwei Bereiche (davon mindestens einmal aus einem der Bereiche 1 bis 9) auf die pflegebedürftige Person zutreffen müssen, um die neuen Leistungen zu erhalten. Diese werden nicht, wie das Pflegegeld, bar ausgezahlt, sondern nur gegen Vorlage von Rechnungen für Betreuungsleistungen erstattet, wie sie beispielsweise die Offenen Hilfen (z. B. der Lebenshilfe Würzburg) erbringen. Interessant ist auch, dass die 460 Euro pro Jahr nicht verfallen, sondern auf Antrag mit ins nächste Jahr übernommen werden können.

Folgende »Fähigkeitsstörungen« sind maßgebend:

1. unkontrolliertes Verlassen des Wohnbereichs,
2. Verkennen oder Verursachen gefährdender Situationen ,
3. unsachgemäßer Umgang mit gefährlichen Gegenständen oder potenziell gefährdenden Substanzen,
4. tätlich oder verbal aggressives Verhalten in Verkennung der Situation,
5. im situativen Kontext inadäquates Verhalten,
6. Unfähigkeit, die eigenen körperlichen und seelischen Gefühle oder Bedürfnisse wahrzunehmen,
7. Unfähigkeit zu einer erforderlichen Kooperation bei therapeutischen oder schützenden Maßnahmen als Folge einer therapieresistenten Depression oder Angststörung,
8. Störungen der höheren Hirnfunktion (Beeinträchtigungen des Gedächtnisses, herabgesetztes Urteilsvermögen), die zu Problemen bei der Bewältigung von sozialen Alltagsleistungen geführt haben,
9. Störung des Tag-/Nacht-Rhythmus,
10. Unfähigkeit, eigenständig den Tagesablauf zu planen und strukturieren,
11. Verkennen von Alltagssituationen und inadäquates Reagieren auf Alltagssituationen,
12. ausgeprägtes labiles oder unkontrolliert emotionales Verhalten,
13. zeitlich überwiegend Niedergeschlagenheit, Verzagtheit, Hilflosigkeit oder Hoffnungslosigkeit aufgrund einer therapieresistenten Depression.

Wichtig: Die neue Leistung nach § 45 SGB XI steht zusätzlich neben Pflegegeld und Urlaubs- und Verhinderungspflege zu.

BILDQUELLENVERZEICHNIS

Aktion »Das Sichere Haus«, Hamburg: S. 107/3
Alno AG, Pfullendorf: S. 142/2
Altec GmbH, Singen: S. 142/4
Apetito Restauration Vertrieb & Service GmbH & Co.KG, Rheine: S. 12; 80/1
Artothek, Weilheim: S. 55/1
Bichler, Thomas, Radolfzell am Bodensee: S.48; 58/2; 91/1; 137/3
Blinden- und Sehbehindertenverein Hamburg e. V., Hamburg: S. 110/1-3
Brüder Siegel GmbH, Leipheim: S. 31/10
Deganius – Kräuter für Pferde, Wackersdorf: S. 137/2
Deutsche Gesellschaft für Hauswirtschaft e. V., Aachen: S. 17/4; 18/1
Deutscher Gewerkschaftsbund, Berlin: S. 14/2
DGT Medizinmöbel & Objekteinrichtungen, Torgelow: S. 114
Edition Michael Fischer »Wie zeichne ich einen Kopf und ein Porträt«, José M. Parramón: S. 49/1–4
Freese, E., Janssen, A., Morgenstern A.: HT 4831 Betreuung – Umgang mit Menschen, Verlag Handwerk und Technik, Hamburg: S. 62 (Ernst und Hans Barlach GbR Lizenzverwaltung, Hamburg, Lachende Alte, Bronze – 1937, Frierende Alte, Stukko getönt , 1937)
Getty Images Deutschland GmbH, München: S. 61/1; 66
Gewerkschaft Nahrung-Genuss-Gaststätten, Hamburg: S. 19/4
Gieseking, Ralph, Hamburg: S. 132
Grafik-Atelier-Güther, Bermatingen: S. 29; 30/6; 31/1,2,8,9; 124/3,4; 137/2
Graf-Zeppelin-Gymnasium, Friedrichshafen: S. 51/1
Heimat- und Geschichtsverein Steindorf e. V., Wetzlar: S. 88/6
Heinrich-Blickle GmbH & Co.KG, Rosenfeld: S. 31/13
Henkel-Ecolab Deutschland GmbH, Düsseldorf: S. 31/12
Herterich, Petra, Ostfriesen-Zeitung, Leer: S. 5/1
Hestia Pharma GmbH, Mannheim: S. 117/1
Höll-Stüber, E.: HT 4202 Hauswirtschaft Ernähren und Verpflegen, Verlag Handwerk und Technik, Hamburg: S. 26; 81/6 (Fladung, Uli, St.-Barbara-Klinik, Hamm/Westf.); 82/2 (Unternehmensgruppe Dienste für Menschen, Stuttgart)
Hotelwäsche Erwin Müller GmbH & Co.KG, Wertingen: S. 113/1
Industriegewerkschaft Bauen-Agrar-Umwelt, Frankfurt: S. 19/2
International Federation for Home Economics, Bonn: S. 17/3
Johnson & Johnson, Düsseldorf: S. 105
Kinderkasten e. V., Magdeburg: S. 24; 93/2; 103/1; 104/2
Klug, S., Simpfendörfer D.: HT 4213 Haushaltsführung und Haushaltspflege, Verlag Handwerk und Technik, Hamburg: S. 30; 107/1 (Techniker Krankenkasse, Hamburg); 125
Koch, E., Neumann, Chr., Schmidt, Dr. W.: HT 4755 Sozialpflege, Verlag Handwerk und Technik, Hamburg: S. 50/3 (Georg-Thieme-Verlag, Stuttgart); 81/5 (Deutsche Presse Agentur, Frankfurt); 81/4 (Mauritius, Fotograf: Hubatka, Mittenwald)
Krausen, Scott, Düsseldorf: S. 114/1
Krüper, Werner, Steinhagen: S. 5/2; 7; 40/1; 54/1,2; 68; 72; 73; 75/1; 81/3; 85; 86/1; 91/2; 95/1; 96/3; 104/1; 108; 111; 115; 122/1; 126/1; 127; 135; 137/1,3,4,5; 140/1,2; 137/4–6
Landeswirtschaftskammer Weser-Ems: S. 10
Lego Deutschland, München: S. 103/2
Lenhardt, Cornelia, Hanhofen: S. 77
Medizinmöbel und Objekteinrichtungen, Torgelow: S. 114/2
Meyra, Wilh. Meyer GmbH & Co.KG, Kalletal-Kalldorf: S. 136/3–5; 143/1
Morgenstern, A.: HT 4832 Gesundheitspflege praktisch, Verlag Handwerk und Technik, Hamburg: S. 28/5; 29/11; 114 (Grafik-Atelier-Güther, Bermatingen); 123/2-4; 124/3,4; 138 (Grafik-Atelier-Güther, Bermatingen); 127
Nielandt, Birga, Hamburg: S. 65
nurnatur, München: S. 129
Okapia KG, Frankfurt/M.: S. 122/2-5, 133/1 (Manfred Kage)
Pampers, Wien: S. 104/3
Permaclean Textil-Mietservice GmbH, Düsseldorf: S. 34/2
Raffles Hotel Vier Jahreszeiten, Hamburg: S. 34/4
Reinbacher, Lothar Dr. med., Kempten: S. 133/2
Ruppert-Schäffer, Martha, Gießen: S. 6
Schmid, Rudi, Hamburg: S. 96/2; 118
Schürr Schuhvertrieb, Schwarzenbach a. d. Saale: S. 34/1
Seminar zur »Umsetzung der Lebensmittelhygiene-Verordnung«, 1998: S. 36
Simpfendörfer-Trieschmann, D.: HT 4201 Hauswirtschaft Wohnen und Reinigen, Verlag Handwerk und Technik, Hamburg: S. 28/1; 40/4; 81/2 (Pflegezentrum an der Metter, Bietigheim-Bissingen); HT 4863 Soziale Dienste Verstehen und Erziehen, Verlag Handwerk und Technik, Hamburg: S. 93/3
Streifensand, F. M., Sitzmöbel- und Tischfabrik GmbH & Co.KG, Wendelstein: S. 30/1
Ungerer, Prof. Dr. O.: HT 4181 Der gesunde Mensch, Verlag Handwerk und Technik, Hamburg: 117/2 (Meier, Marlies, Hamburg); 125/1,2 (Hoting E., Dr. med., Hamburg)
Verbraucherzentrale Bundesverband (vzbv) e. V., Berlin: S. 19/1
Verbraucherzentrale Nordrhein-Westfalen, aus »Das Haushaltsbuch«, Köln: S. 21/2; 22/1
ver.di Bundesvorstand, Berlin: S. 14/1; 19/3
Verein zur Förderung des Fairen Handels, Transfair, Köln: S. 33
Verlag Neuer Merkur GmbH, aus »rhw«, 1/2002: S. 1/2; 2; 78; aus »rhw« 2/2000: S. 63/2; aus »rhw« 10/2001: S. 60/1
W. Söhngen GmbH, Taunusstein: S. 125/3,4
Werksitz GmbH W. Milewski, Zeil am Main: S. 30/7
Wetrock GmbH, Düsseldorf: S. 32/3
Wichern-Schule, Hamburg: S. 51/2
WMF AG, Geislingen/Steige: S. 31/11
YKK Deutschland GmbH, Mainhausen: S. 136/4
Zefa Visual Media GmbH, Hamburg: S. 58/1
Ziegler's Schlemmer-Service, Stuttgart: S. 4/1

LITERATURVERZEICHNIS

Kapitel 1

Bundesumweltministerium, Umweltpolitik-Umwelt 1994, Politik für eine nachhaltige, umweltgerechte Entwicklung

Dettmer, Prof. Dr. H. (Hrsg.): Wirtschaftslehre für hauswirtschaftliche Betriebe, Hamburg 2000

Deutsche Gesellschaft für Qualität: Begriffe zum Qualitätsmanagement, Frankfurt

Greinert, W.-D.: Das duale System der Berufsausbildung in der Bundesrepublik Deutschland, Stuttgart 1995

Hauff, V.: Der Brundtland-Bericht der Weltkommission für Umwelt und Entwicklung, Greven

Rabenstein, B., Reichel, R., Thanhoffer, M.: Das Methoden-Set, Münster 1995

Wottreng, S.: Handbuch Handlungskompetenz, Einführung in die Selbst-, Sozial- und Methodenkompetenz, Frankfurt 1999

Informationsmaterial der Landwirtschaftskammer Weser-Ems, Oldenburg

Rationelle Hauswirtschaft – rhw, 5/2001, München

Seminarunterlagen der AWO zum Thema: Umsetzung der Lebensmittelhygiene-Verordnung

Kapitel 2

Allhoff, D.-W.: Rhetorik & Kommunikation, Regensburg 1998

Freese, E., Janssen, A., Morgenstern, A.: Betreuung – Umgang mit Menschen, Hamburg 2001

Klippert, H.: Kommunikationstraining, Weinheim 1998

Miller, R.: Schritte zum fairen Gespräch, Lichtenau

Schüler-Duden / Die Pädagogik, Die Psychologie, Mannheim

Schulz von Thun, F.: Miteinander reden, Band 1, Reinbek 1999

Vopel, K.: Interaktionsspiele für Jugendliche, Teil 2, Hamburg

Wolff, I.: Umgangsformen, Niedernhausen

Kapitel 3

»Altenpflege« – Zeitschrift, Ausgabe 2/2000

Ambulante Pflegedienste – Johannes Carstensen – Viöl.htm

Bischoff-Wanner, C., Dielmann, G, u. a.: Gesetzes- und Staatsbürgerkunde für Pflegeberufe, Neckarsulm 1995

Böhm, E.: Psychobiographisches Pflegemodell nach Böhm, Wien 1999

Deutscher Blindenverband: Siehste??- Broschüre

Deutsches Rotes Kreuz (DRK), Erste Hilfe, 1999

Deutscher Schwerhörigenbund e. V.: Der DSB ist für Sie da. Aufgaben, Organisation und Perspektiven- Broschüre

Grundbedürfnisse von Kindern, dpa 02. 09. 2001

Freese, E., Morgenstern, A., Janssen, A.: Betreuung, Hamburg 2001

Hansen, Schleicher: Theorie der Sozialpflege, Troisdorf 1997

Hobmeier, H.(Hrsg.): Psychologie, Troisdorf

Höll-Stüber, E.: Hauswirtschaft nach Lernfeldern, Ernähren und Verpflegen, Hamburg 2002

Höll-Stüber, E., Dachroth, S.: Gesundheit – Krankheit, Ein Balanceakt, Hamburg 2001

Juchli, J.: Pflege, Stuttgart 1997
Koch, E., Neumann, C., Schmidt, W.: Sozialpflege, Hamburg 2001
Kreile, G.: Altenpflege, Pflegeübersichtspläne, Hamburg 1997
Kreß, H., Kreß, V., Simpfendörfer (Hrsg.): Soziale Dienste, Verstehen und Erziehen, Hamburg 2004
Laufer, M., Ullmann, K., Simpfendörfer (Hrsg.): Soziale Dienste – Familien unterstützen, Hamburg 2004
Martin, E., Werner, C.: Niedersächsisches Landesinstitut für Fortbildung und Weiterbildung im Schulwesen und Medienpädagogik (NLI) Materialiensammlung zum handlungsorientierten Unterricht im Fach »Didaktik der Haus- und Familienpflege«, Hildesheim 1996
Materialien für die zweijährige Fachschule Sozialpädagogik:
– Praktische Ausbildung im Heim, 1994
– Praktische Ausbildung im Kindergarten, 1993
Meier, R.: Elementare Pflege von kranken, alten und behinderten Menschen, Troisdorf 1996
Meves, C.: Erziehen, Lernen, München 1995
Morgenstern, A.: Gesundheitspflege praktisch, Hamburg 2001
Niedersächsisches Kultusministerium, Materialien für berufsbildende Schule
Osborn, C., Schweitzer, P., Tilling, A.: Erinnern, Eine Anleitung zur Biographiearbeit mit alten Menschen, Freiburg 1997
Pflegedidaktik unterrichten – aber wie?, Stuttgart 1996
Pschyrembel Klinisches Wörterbuch, Berlin 1998
Rationelle Hauswirtschaft – rhw, 1/2002
Schützendorf, E.: In Ruhe verrückt werden dürfen, Frankfurt 1991
Simpfendörfer, D.: Hauswirtschaft nach Lernfeldern, Wohnen und Reinigen, Hamburg 2002
Simpfendörfer, D., Ullmann, K.: Familienpflege, Familien unterstützen – den Alltag bewältigen, Hamburg 2002
Sobotka, M.: Hauswirtschaftliche Alltagskultur mitgestalten und Arbeitsorganisation im Team, Salzburg 1997
Strecker, D.: Kinderunfälle – Erkennen, vorbeugen, helfen, Weinheim 1998
Ungerer, O.: Der gesunde Mensch, Hamburg 2003
Ungerer, O., Zenneck, H.-U.: Altenpflege-Geriatrie, Hamburg 2002
Volland, I.: Altenpflege, Pflegestandards, Hamburg 2002
vom Wege, B., Wessel, M., u. a.: Kinderpflege und Erziehung, Troisdorf 1996
www.giftnotruf.de/pflanzen.htm
www.mdk-sh.de
www.sozialstation-achern.de

GLOSSAR

Alltagsverrichtungen
Täglich anfallende, sich wiederholende Lebensnotwendigkeiten / Tätigkeiten, Betreuungen, Versorgungen, Hilfestellungen

Antimikrobiell
Direkte oder verzögerte Abtötung von Bakterien, Viren und Pilzen

Axillar
(lat. *axilla* = Achsel)

Bewertungskriterien
Merkmale / Kennzeichen als Maßstab für das Bewerten / Begutachten von z. B. Arbeitsergebnissen

Biografie
(bio: Wortteil mit der Bedeutung Leben, Lebensvorgänge; *-grafie:* Wortteil mit der Bedeutung Aufzeichnungs-, Darstellungsverfahren); Lebensbeschreibung

Demenz
Oberbegriff für die Minderung erworbener intellektueller Fähigkeiten als Folge einer Hirnschädigung mit kognitiven Störungen, Störungen der Wahr-nehmung, Gedächtnis-, Denk-, Sprach- und Orientierungsstörungen

Dialog
Von zwei Personen oder Personengruppen geführtes wechselseitiges Gespräch, mit dem Ziel, die Standpunkte kennen zu lernen bzw. auszutauschen

Dienstleistung
Angebot bzw. Inanspruchnahme von sach- und personenbezogenen Leistungen

Dokumentation / dokumentieren
Schriftliches Festhalten von Beobachtungen und Tätigkeiten

Duales System
Ausbildung im Betrieb mit begleitendem Berufsschulunterricht

Elektrolyte
(griech. *lytos* = gelöst), Verbindungen von Säuren, Basen und Salzen in den Körperflüssigkeiten

Ergonomie
Wissenschaft von den Leistungsmöglichkeiten und -grenzen des arbeitenden Menschen sowie der besten wechselseitigen Anpassung zwischen dem Menschen und seinen Arbeitsbedingungen

Fachkompetenz
Fachlich versiert / qualifiziert sein, sich Fachwissen angeeignet haben und umsetzen können

Gen
Kleinste Vererbungseinheit

Holophrasen
Äußerungen eines Kindes, die nur aus einem Wort bestehen

Hygiene
Gesundheitslehre; Maßnahmen zur Sauberhaltung

Individualisierung
Der Mensch sieht hauptsächlich sich selbst und seine Interessen und Bedürfnisse. Andere Menschen sind weniger wichtig

Individuell
Auf den einzelnen Menschen – das Individuum – bezogen, auf seine Bedürfnisse und speziellen Verhältnisse abgestimmt, ihm angemessen und entsprechend

Individuum
Der Mensch in seiner jeweiligen Besonderheit

Intramuskulär
(lat. *intra* = innerhalb/hinein),
(lat. *Muskulus* = Muskel),
intramusculär = in den Muskel hinein (meistens Gesäßmuskel)

Inneres Handeln
Vorausschauendes Denken, im Geiste werden mögliche Folgen, Konsequenzen etc. von noch nicht ausgeführten Handlungen vollzogen

Kognitive Denkleistung
(lat. *cognitio* = Erkennen); Erkennen eines Gegenstandes

Kommunikation
Verständigung untereinander

Kompetenz
Fähigkeit, Vermögen, Zuständigkeit

Lalleme
Erste sprachliche Lautäußerungen eines Kindes, die zumeist aus einzelnen Vokalen oder Konsonanten bestehen

Logopäde / Logopädin
Ausübender eines medizinischen Hilfsberufs, der Diagnostik, Therapie und Beratung bei Stimm- Sprech-, Sprach- und Hörstörungen durchführt

Methodenkompetenz
In der Lage sein, z. B. aus der Vielzahl von Lernmethoden die geeignetste für die Bewältigung einer Aufgabe auswählen zu können

Mikrobizid
Keimtötend

Mikrofungizid
Pilztötend

Morbus Alzheimer
(lat. *Morbus* = Krankheit),
Hirnleistungsstörung, die bevorzugt bei Frauen auftritt. Zunächst Nachlassen des Kurzzeitgedächtnisses, später Unruhe, Orientierungsstörungen bis hin zum Gedächtnisverlust

Morbus Parkinson
(lat. *Morbus* = Krankheit),
Morbus Parkinson = Erkrankung des Nervensystems

Motorik
Kontrollierte, willkürliche Bewegungsvorgänge
- **Grobmotorik**
  Bewegungen des gesamten Körpers
- **Feinmotorik**
  Bewegung von Fingern, Zehen und Gesicht

Multiple Sklerose
(lat. *multiplex* = vielfach), (griech. *Skler* = hart, trocken), (griech. *Osis* = Wortende mit der Bedeutung Krankheit), Multiple Sklerose = entzündliche Erkrankung des Zentralen Nervensystems (ZNS)

Nonverbal
Etwas nicht durch Sprache, sondern durch Gestik, Mimik oder optische Zeichen vermitteln

Objektiv
Sachlich, nicht von Gefühlen und Vorurteilen bestimmt, unvoreingenommen, unparteiisch

Ökologie
Wechselbeziehungen zwischen den Lebewesen und ihrer Umwelt; ungestörter Haushalt der Natur

Ökonomie
Wirtschaftlichkeit

Osteoporose
(lat. *os* = Knochen), (griech. *poros* = Loch, Öffnung)
Verminderung des Knochengewebes durch gesteigerten Knochenabbau

Personenorientierte Betreuungsleistungen
Dienstleistungen, die auf die Wünsche und Bedürfnisse der zu betreuenden Person(en) gerichtet sind

Physiologische Bedürfnisse
Grundlegende körperliche Bedürnisse wie Essen, Trinken und Schlafen

Professionalität / professionell
Eine Tätigkeit fachmännisch, als Sachkenner (gewerbsmäßig) ausführen; eine Fachkraft, ein Experte sein

Pubertät
(lat. pubertas = Geschlechtsreife)

Puls
(lat. *pulsus* = Stoß); durch den Blutauswurf des Herzens in die Arterien entstehende Druckwellen, die sich an bestimmten Stellen des Körpers messen lassen

Qualifikation
Können, Befähigung und Eignung; berufliche Fähigkeiten besitzen, sich aneignen.

Qualitätsstandards
Diese werden in Leistungsbeschreibungen erfasst. Sie garantieren eine gleichbleibende Qualität / Güte und sind Richtschnur und Maßstab

Rectal
(lat. *rektum* = Mastdarm)

Recyclebare Verpackungen
Wiederaufbereitungsfähige und wiederverwertbare Materialien

Reflex
Direkte und unmittelbare Reaktion auf einen Reiz

Reflexion
Das Nachdenken und vergleichende, prüfende, abwägende Betrachten einer Sache

Ressourcen
Reserven, Rücklagen, Bestände

Schlüsselqualifikation
grundlegende Fähigkeiten und Fertigkeiten

Sekret
(lat. *secretus* = abgesondert); Absonderungsprodukt

Soziale Interaktion
Die durch Kommunikation vermittelte gegenseitige Beeinflussung von Menschen, um das Handeln, Verhalten und die Einstellungen oder der Gruppe zu verändern

Sozialkompetenz
Kontaktfähig und interessiert sein, mit anderen Menschen auskommen, zu Kompromissen und zur Zusammenarbeit (Kooperation) bereit sein

Sozialisation
Entwicklungsstufe des Menschen

Stigmatisierung
Jemandem bestimmte, von der Gesellschaft negativ besetzte Merkmale zuordnen, ihn benachteiligen und ausgrenzen

Stoffwechsel
Auf-, Um- und Abbau von Stoffen innerhalb des Organismus

Subjektiv
Von persönlichen Gefühlen, Interessen, Vorurteilen bestimmt, voreingenommen, befangen, unsachlich

Subkutan
(lat. *sub* = unter), (lat. *cutis* = Haut)
subcutan = unter die Haut

Sublingual
(lat. *sub* = unter), (lat. *lingua* = Zunge),
sublingual = unter der Zunge

Teamfähigkeit
In der Lage sein, mit anderen Personen zusammen eine Aufgabe bewältigen / erledigen zu können.

Umgangsformen
Formen / Spielregeln / Verhaltensweisen für den Umgang mit anderen Menschen

SACHWORTVERZEICHNIS